向光生长
新零售企业未来运营之路

吉红江 著

中国书籍出版社

图书在版编目（CIP）数据

向光生长：新零售企业未来运营之路 / 吉红江著. -- 北京：中国书籍出版社，2021.1
　ISBN 978-7-5068-8104-3

Ⅰ.①向… Ⅱ.①吉… Ⅲ.①零售企业 - 运营 - 研究 Ⅳ.① F713.32

中国版本图书馆 CIP 数据核字（2020）第 222626 号

向光生长——新零售企业未来运营之路
吉红江　著

责任编辑	姜　佳
责任印制	孙马飞　马　芝
封面设计	唐甜甜
出版发行	中国书籍出版社
地　　址	北京市丰台区三路居路 97 号（邮编：100073）
电　　话	（010）52257143（总编室）　（010）52257140（发行部）
电子邮箱	eo@chinabp.com.cn
经　　销	全国新华书店
印　　刷	威海三鹰印务有限公司
开　　本	880mm×1230mm　1/32
字　　数	270 千字
印　　张	14.75
版　　次	2021 年 1 月第 1 版　2021 年 1 月第 1 次印刷
书　　号	ISBN 978-7-5068-8104-3
定　　价	98.00 元

版权所有　翻印必究

人总是要有点梦想，并用一生去探索、追寻和奋斗，这样的人生才不虚此行。

　　坚持是一种品质，很多事情都是你坚持了，才会有更多的机会。

　　思想，只有分享，才有价值。

　　谢谢零售行业的朋友，没有你们，就不会有这本书。

　　感谢一直以来的读者，让我有足够的信心继续写下去。

—— **吉红江**

专家推荐

（以下排名不分先后）

随着近年来全面数字化，移动互联和社交媒体的迅速崛起，现代零售正面临着一场巨变，在这场巨变中蕴藏着许多新的机会，然而抓住这些机会的难度会增加，对实体零售的管理人员提出更高的要求，因为要学得更多，计划和执行要更快，以及会面对更频繁更复杂的关于有限资源分配的决策。当今中国拥有着全世界最大的零售消费市场以及强大的制造业，再加上新技术的高速发展，能让一些新的品牌、新的业务迅速从 0 成长为 X 的规模体量，然而最难的是从 0 到 1，如何从零突破，如何取得阶段性成功后如何有归零心态再次启程。作者常年深耕于实体零售，同时学习各种赋能零售的新技术，最难能可贵的是他坚持帮助零售商解决如何从 0 到 1。2020 年初一场突如其来的新冠疫情对零售业及带来了负面影响，也带来了正面的影响，加深了我们对人、货、场的认识，所有零售商都面临一个挑战，如何让自己的货品以最低的运营成本找到最有需要的人完成第一单体验，并让他们经常复购。在技术革新面前，货和场都能突破原来传统固定的物理空间，发达的物流行业能让实体零售商管理好更多的商品，更高的周转，以前是竞争对手，今天也许是合作伙伴，共享选品，共享库存和配送能力，实体零售同时拥有线上业务已经不是新鲜事了。对于如何找到"人"，新技术给了我们很多灵感，中国消费者每天使用手机上网超过 5 个小时，社交媒体、游戏、外卖、在线教育等，如何能让零售商的商品精准地找到这些应用场景的消费者并把他们转化成自己的客户。最后我希望这本著作带给读者的价值是具备一种能力，既能够管理好一家小型实体零售店，也能够驾驭上百人的中大型零售企业，让我们继续保持学习热情,撸起袖子加油干,共同见证中国零售业的蓬勃发展。

李岩川 亚马逊中国区副总裁

通过社交媒体认识吉红江先生已经是很多年前的事情了。那时候,他还在一家知名的IT分销商担任高管,而我则长期研究和报道IT渠道,刚好有交集。除了分销业务上的成功,更令我敬佩的是他对业余爱好的专业投入。零售并不是他的本质工作范畴,但他投入了很多业余时间来跟踪研究,尤其是撰写了大量分析文章,令我这个专业的科技媒体工作者都自愧弗如。近年来,吉先生持续不断地在零售领域付诸心血,甚至于把爱好变成了职业。而我由于工作重心转向企业级IT领域,对零售行业的关注并不是很多。但从行业数字化角度来看,零售行业正在成为先锋者和引领者,这与在之前信息化时代的落后形成了强烈反差。当下,整个社会都卷入了数字化浪潮,数字化和智能化的时代正在到来。在这个新的时代,零售业也呈现了很多新的特点。消费者体验和数字科技,则是其中最重要的两个方面。注重消费者体验,一直是零售业的根基,自打市场经济以来就是如此,但在数字化时代表现得尤为突出。如今,以90后和00后为代表的数字化原生代,正在逐步成为主力消费群体。他们已经习惯了数字化的生活方式,网络直播、短视频、小红书等新兴营销模式,由此应运而生。未来,各种更加贴近消费者体验的新形式,还会不断出现。对于消费者体验的关注,不仅表现在零售市场,在企业级市场同样如此。即使是企业级的信息系统,采购决策者和系统使用者也是个人,其营销方式和产品开发都需要从个人行为模式的角度加以雕琢。比如,社交媒体已经成为企业IT市场的主流营销渠道,如今的软件设计也更为重视使用体验,等等。云计算、大数据、物联网、人工智能等数字科技对零售业的影响,则可以表现在产品和运营两个层面。在产品层面,越来越多的物联网终端设备、智能音箱产品、VR/AR产品、数字医疗产品走进了零售店面。这些都是数字技术的最新应用成果，以产品化的方式进入到千家万户。与此同时，零售商的运营方式也受到了数字技术的巨大影响。我们能够看到，很多零售商的信息系统都是以 SaaS 服务的方式获取的，基于消费者行为大数据分析的数字营销正在兴起，采用物联网传感器构建的智能灯光和影像系统也开始进入零售卖场。这些新兴的数字技术，越来越深入地改变着零售的营销模式、赢利模式，甚至决定零售商的生死存亡。上述观点，只是我一个业外人士的粗浅认识，仅供抛砖引玉。大家要想获得真正的真知灼见还请阅读吉红江先生的新作《向光而生——新零售企业未来运营之路》。这本书是吉先生对新零售常年深入跟踪和专业研究的成果，呈现了很多零售业的新思维、新模式和新方法。不只是零售商，所有从事消费品研发、生产和销售的相关人士，都可以从中获得很好的借鉴。

于洪涛 资深科技媒体人，新媒体《科技商业》创始人，前《电脑商报》和《商业伙伴》杂志总编辑

做零售一年入门、三年入行、五年入道、八年入定、十年入化，定力和独门秘籍都是靠磨炼出来的，这句话用于吉红江先生身上可谓是恰如其分。作为一名资深的零售人，凭着对零售业的热爱和执着，通过不断地践行和潜心研究，又用了接近三年时间，吉红江先生打磨出了继《零售风口》之后的，第二本零售行业的"独门秘籍"《向光生长——新零售企业未来运营之路》又即将出版发行。而此时正逢新冠疫情，许许多多的零售服务企业面临生存、转型、发展的压力和难题，都在寻求突围的方向和方案，此书的出版可谓恰逢其时又会具有与众不同的价值和意义。《向光生长》主要从传统零售行业核心本质的"人货场、进销存、人财物"九字诀要素入手展开，通过大量的走访调研、分析思考和案例剖析论证，结合行业趋势的变化、技术的发展，形成"人货场运营、技术利、多快好省"新的十字诀零售理论体系和新零售未来发展运营的新要素及解决方案，本书又基于这"十

字诀"总结形成了如何通过零售前端的"人货场",运用好"技术利"的技术和手段,以达到"多快好省"的目标。并且通过大量鲜活的案例一一进行对应分析、解读和指导,使人读之易懂、学之易行、用之易成,这也正是体现了作者吉先生一贯的情怀和风格,即立足本质、大道至简,好的不一定是对的,简单直接有效的才是正确的,这恰恰是本书的精髓所在。近期与吉先生会面做了一次深度的交流(本人作为一名从事零售多年的业内人士,定期会邀请吉先生会面进行头脑风暴,主要还是从吉先生那里了解和学习零售行业的最新变化和动态,并且展开一些讨论)会面时感觉到吉先生依然是"痴心不改",希望自己能为零售行业做些有价值和有意义的事情,尤其是针对当下在疫情之后,新零售转型的大潮中更是时不我待,我想这本书的出版正好可以实现吉先生的痴心和初心。《向光生长——新零售企业未来运营之路》既是一本新零售的理论书,更是一本实战实用的指导类工具书。零售行业各个阶层的从业人员都值得一读。尤其是对目前面临生存转型发展压力的中小零售企业,可以说是一本教科书、案头书。希望这本书既能让一些零售行业的"后浪"持续创新前行,也能让零售行业的"前浪"行稳致远,超越"后浪",这也不枉吉先生的一片痴心。

辛克侠 原宏图高科总裁,原汇银科技集团合伙人&CEO

2019年中国社零总额首破40万亿,新零售进入万亿市场。供应链、支付、数据、金融、物流五大基础设施齐头并进,给零售新模式的探索以强大的体系支撑。在此基本面下,锐意创新者有之,强套概念甚至强造概念者亦有之。本文作者吉总既有上市公司零售板块的操盘实践,又常年耕耘不辍,对海量新生模式进行剖析复盘和深度思考。读一读本书,看看私域、直播等繁花似锦的手段背后,零售底层要素:规模、成本、效率在如何优化和平衡。

陈 筠 新希望消费生态链总裁

新零售本质上代表的是一种更高效率的零售，新零售升级的探索是一个持续优化提升零售效率和消费者体验的过程。现今互联网、智能化发展、用户习惯的改变都不断对零售提出新的课题。本书作者通过全面深度地阐释零售系统化运营与管理的逻辑，以及对商业发展趋势的分析和新零售思维、消费变化的研究反思，帮助大家意识到快速变化中零售发展的新机会，拓展对新零售的洞察深度。同时引入大量不同零售店和企业的详细分析案例，相信此书会为新零售趋势下的决策者和从业者提供战略业务的决策参考以及商业实践的落地方法。

陈鸿睿　云南九机科技有限公司创始人&CEO

只要有需求，就会有零售。零售之道不变，而零售方式时时改变。新零售生存之道就是：向光而生，顺势而为。我们面临着一个急剧变化的信息产业革命时代。各行各业信息化大潮风起云涌，新的信息化工具快速涌现，新零售的模式层出不穷。如何在这个快速变化的潮流中立足和赢得更大机遇？唯有站在零售一线，面对现实，面对变化，真实地感受、理解和顺应这种变化。勤奋而善于思考的吉先生一直在零售一线观察、体验零售的变化，总结最新的零售经验和模式，并把自己的成果结集成册，无私分享给大家，非常令人敬佩。我也为所有有缘的读者感到庆幸，庆幸大家能够有机会学习和了解吉先生关于新零售的真知灼见和宝贵建议。如果有一点对你有启发，你就多了一个在新零售浪潮中获胜的机会。祝你向光而生，顺势而为，踏浪前行。

孔庆斌　原联想集团大联想学院院长

作为一家新国货品牌，我们一直思考如何在不断进化的新零售环境下，找到合适自己的发展之路，因为任何优秀的产品必须通过有效的方式展示给用户，让用户用最佳的方式体验到品牌品质、设计、人性化等特点，虽然吉老师在书中虽然研究的是零售，但是对于新国货品牌的推广与销售亦有更多的帮助。

严佑春　广东罗曼智能科技股份有限公司董事长

新互联网经济下，传统零售行业和其他很多业态一样，面临"新互联网+传统零售=新零售"的升级和进化，行业还是那个行业，业态却是日新月异的业态，我们无法避免这场全员参与的"企业"效率"和"进化效率"之争。我很荣幸能与一群优秀的通讯行业人同行，共同历经和见证充满勇气、信心和力量的通讯零售人孜孜不倦的探索和革新，并有幸认识用心为零售行业照路的"点灯人"吉红江老师。

鄢新发　摩可国际CEO

我与吉红江老师是多年好友，这次能为朋友的新书做推荐，倍感荣幸！吉老师这15年来，走遍全国各种不同店面，始终专注于零售企业。曾经的那本《零售风口》，就让我们公司门店受益良多，实现了利润的持续增长！近几年，随着"新零售"理念的崛起，全国的零售企业也是各显身手，吉老师也一直在一线，为各种企业提供系统化、科技化、数字化的指导，帮助企业取得不俗业绩。这本新书将带你"拨开云雾"，洞见新零售的发展趋势、运营方式、线上营销……教你如何以"消费者思维"促进店面稳步发展；更有大量实操案例助你轻松打赢"新零售的全新突围战"。这是一本新零售企业的"武功秘籍"，也值得所有做企业的领导者和从业者研读，让我们向光生长，拥抱企业的持续向上！

庞　娜　北京桦泰圣鹰商贸有限公司总经理

2019年通过王煜全老师线下《创新训练营》结识了吉红江老师。一百多位精英同学里，他才华横溢，一天半的实战训练里他带领全组快速形成了新零售命题的商业计划书，得到了硬科技教父王煜全老师的认可和强烈兴趣。随后，我又成了他"佳视界零售商学院"的忠实学员！每周讲满五天课，是他多年的行业知识沉淀和自己升华的洞见。"新零售"这是一个不断在迭代的"热"话题，需要有商业、互联网、管理学、经济学、传播学和科学技术的综合功底，他 —— 做到了！相信《向光生长 —— 新零售企业未来运营之路》会让你在2020的纷繁芜杂和不确定中，开辟一条蹊径。

张　昀　爱特眼动创始人&CEO

和吉红江相识数年，吉老师一直是我的良师益友，和其交往中，受益匪浅。吉老师一直致力研究新零售的趋势和模式，为国内的数码零售企业指引了方向。吉老师的新书《向光生长 —— 新零售企业未来运营之路》更是系统、透彻地分析了新零售、新消费的演变，书中也分享了大量的案例，相信一定会给国内的数码零售企业带来新的思维碰撞！最后祝吉老师新书大卖！

梁伟全　南宁市乐联商贸有限责任公司总经理

如今商业进入无边界时代，零售业态越来越多元化，当下如何经营好我们的零售生意？本书从系统化运营、新零售反思、未来商业变化趋势、营销思路及行业实体店铺案列的分享，详细解答，满满的干货，值得我们零售人解读借鉴。

刘　利　长沙微缤贸易有限公司创始人兼总经理

马云曾说："线上的企业必须走到线下去，线下的企业也必须走到线上去，线上线下加上现代物流，才能实现真正的新零售。"传统零售和纯电商时代已经过去，新的商业时代，谁能打通线上线下的利益链条，谁能尽快找到自己的模式和道路，谁就能创造出新的辉煌。愿这本书能给你思想启发，愿更多中国企业抓住这轮变革机会，开创新天地。

孙朝炼　广州市客吉莱科技有限公司总经理

无论是新零售还是旧零售，把用户放在第一位才是零售的核心，围绕用户去开发门店、产品、培训员工，才能会有更有效的效果。吉老师的文章、书、视频一直以来都是我们公司零售运营管理的教科书，是这个新零售行业培训、探索的诺亚方舟。感谢吉红江老师！

鞠海静　山东鹏友总经理

我与吉先生结识于微信群，我们素未谋面，但神往之久矣。此番吉先生的二十万字作品问世，我必求之赐阅。新零售的特点是极端精细化管理，其极端程度之变态，已经远远超出我们过往的所有认知。西楼先生从七个方向对这个问题给予了提纲擎领式的解答。我谓之：大善也！相信此书的文字力量一定转化成新零售市场的现实价值！再次感谢吉先生的付出！

何毅波　广州通信行业商会常务副会长

吉红江老师是业内最勤奋的研究者，《向光生长——新零售企业未来运营之路》是当下手机数码潮品零售行业的一个路标。随着5G商用化应用的展开，会给实体店面带来全新的革命。每个零售店员都有机会成为一个小圈子里的直播网红。情景化的商品布局和直播才有机会打动顾客的心。

王宇德　青岛创新未来科技有限公司董事长

新零售的话题一直是现在商界探讨的重点，而吉先生在这方面的思考以及实践一直在进行中。每次和他探讨这方面的话题，都能让我对于市场的变化有新的认识。关键在于他的身体力行，探讨的问题并不是建立在空泛的理论层面，而是将理论和实际做了很好的结合，这样就使得课题更贴近实际的需求和操作层面，给从业者提供切实可行的解决方案，相信大家读后会有不小的收获。

李建江　上海妙义品牌策划有限公司高级合伙人

联发世纪电讯生长于武汉，磨砺于武汉，用心服务大武汉。在22年的数码零售连锁经营的征途中，我们经历过市场红利，并不断遭遇着荆棘密布。在各个阶段中，我们都有着太多的迷茫和焦虑，但这改变不了我们不断学习、敢于探索、持续精进的前行步伐和企业文化。2020年的疫情，几乎改变了所有人的生活及工作状态。它对于中国零售业的影响，更会是全方位、多维度和超量级的。这只黑天鹅的阴影，笼罩于全球经济（特别是零售业）的上空。在这个异常特殊的阶段，如何准确、及时、深刻地了解和把握新零售业态的发展方向及脉动，如何让零售企业尽快建立或完善在新零售全通路业态中的系统化运营和管理，是每位心有执念、胸怀梦想、果敢坚毅的零售人所共同的进发方向和核心目标！我相信，吉总的这本呕心力作——《向光生长——新零售企业未来运营之路》在此刻就会给每位新零售从业者带来太多宝贵的启发和指引!武汉联发世纪电讯非常荣幸且非常乐于在这个大时代中,与各位消费类电子行业的零售大咖深入交流、坦诚分享、取长补短、共同成长!每个时代,都必将属于后浪。你我若能始终保持空杯学习心态,若能始终让你我的零售系统化运营和管理与时代的发展所同频。那么,我们就能向光生长,成为可以乘风破浪的新零售人!

王立强　世纪联发(武汉)科技发展有限公司董事长

我是吉红江老师的粉丝,是《吉制·佳视界》的忠实读者!吉老师从业二十余年,一直以"新零售探索者"自谦,从实践中总结真知,以飨读者。其上一本著作《零售风口》,我偶然所得,如饮甘饴,视为"看得懂、学的会、用得上"的新零售!此本《向光生长——新零售企业未来运营之路》与时俱进,又增加了时下流行的直播、私域、5G、IOT等新物种,期待一睹为快!

王艳波　广东罗曼智能科技股份有限公司营销副总

新零售潮起潮涌好几年,整个零售行业各种创新也层出不穷,但是无论怎样变化,都是需要围绕用户需求展开,一味追求形而上的东西就容易脱离实际。当然在零售企业的发展过程中,需要加强新技术、新科技的使用,将企业管理和用户运营提升到互联网、移动互联网的层级,这样才能让公司在科技化、数据化这条路上拥有更多的机会。这本书是吉红江老师根据这几年的市场变化,总结出来的具有实战价值的内容,值得所有关注零售的朋友阅读。

王　涛　葫芦岛市论潮商贸有限公司创始人

几年前，在打造业内零售体验店过程中，偶遇《零售风口》这本书，作者吉红江对新零售、新思维、新店面发展趋势的深度思考、发展规律的深刻观察，令我茅塞顿开、受益匪浅。而今，西楼新作《向光生长——新零售企业未来运营之路》，以宏观透彻的视角，反思新零售之兴衰得失，重新思考与认识新零售发展趋势，继续追踪市场与消费的前沿变化，对5G、国潮、直播、短视频等新技术新场景作出了详细讲述，在当下产业数字化向数字产业化转型的重要历史关口，为我们对实体零售转型升级提供了极具前瞻性、系统性的深刻观察与思考，相信每个人都可以从本书中得到启迪。不管技术与市场如何瞬息万变，而零售之道始终是引领潮流的。《向光生长——新零售企业未来运营之路》一书，致广大而尽精微，于纷繁表象中探寻规律。阅毕本书，让我终于将零售行业这头"象"的各个部位连在一起，无论是人、货、场的管理，还是技、术、利的变革，或是多、快、好、省的模式，有了一种"技近乎道"的领悟，这种融合贯通的感觉，着实令人酣畅淋漓。如果你想更透彻地了解零售行业，它将是必读之书；如果你是一位实体零售的从业者，尤其莫错过这本佳作。

徐　安　国企跨界实践者 & 燃逅体验店策划人

零售业作为服务消费者、支持产业链的最一线行业，在谋求更加"贴近消费者、理解消费者、取悦消费者"的道路上永远不能止步；吉红江老师多年来勤耕不辍于行业研究，走一线、看基层，对于打造有效率的"人、货、场、数"运营体系有道有料。推荐大家学习交流。

王德超　樟木会新零售产业联盟秘书长，北京优店科技有限公司创始人，北京优企长青管理咨询有限公司首席顾问和老吉相识数年，敬佩他对于科技零售业的敏锐洞察力以及对于当下零售运营和未来发展的理解判断力。《向光生长——零售企业的未来运营之路》全方位多角度展现了科技零售业的方方面面，是一本内容实用的零售企业运营工具书。

陆汉成　兰州万能科技创始人

这是一个奔涌的、变化的时代。或许每一个人对这几年的变化都感同身受，很多没想到和万万没想到的事情都发生了。零售人也许对这些变化感受更为深切，因为这些变化都在左右我们未来发展的方向和成长的速度。曾经的新零售让我们充满了憧憬，我们觉得四季连锁的春天要来了，满怀期待地等待着。但现实又让我们有一些稍稍失望，当我们在实体试图通过VR体验，VR试衣等科技手段来改变我们销售模式的时候。迎来的却是当前的短视频和直播经济，似乎我们在赛道的选择上又一次踏空了方向。市场形态和模式变化越来越快，越来越让人觉得难以预测和掌控。很多人都陷入了迷茫之中，甚至觉得实体零售的未来已经没有希望了。但是历史告诉我们任何事物都是有正反两面的，这是永远不会变的事实。在我们的心里充满了迷茫和不安的时候，我们需要寻找的不仅仅是方法，我们需要改变的是我们的思维模式。即使在如此艰难的环境下，还是有很多实体零售店呈现欣欣向荣之势。读懂了本书，你会发现这些成功的零售模式是有其内在的系统化模式的。花点时间认真读懂这些企业系统化模式的精髓，也许可以破解如今零售经营的重重迷雾。拨开云雾，向光生长，拥抱这个不断变化的时代，零售依然有未来。

孙宇凡　浙江东阳奇客安茨科技总经理

吉红江老师常说——"思想,只有分享,才有价值",这本书能很好地诠释他那句话。多年来,吉老师针对零售行业的线下实体门店,突破传统的人、货、场的思维,凭借他敏锐的嗅觉和多年的经验,亲身现场观察,从全新的视角深度分析零售业态的发展和趋势,梳理出来很多干货。通过对许多业内成功的创业者的案例分析,抽丝剥茧,筛选出最实用和最精华的部分。"向光而生,顺势而为"是对之前作者思想的再次升华。读这本书,就像挖掘一处宝藏,只要你仔细品,仍然能吸收到很多新的有用的知识。强烈推荐零售业者认真学习这本书,相信能让许多人少走弯路,成为他们事业发展路上的指路灯塔。

李 鹏　深圳创兴威创始人

自 序
向光生长，实体零售的未来

疫情期间，不能出门，但又不想就这样虚度时光，就打开电脑，将一直准备写的提纲重新修订，于是就有了这本书。

其实这一段时间，总有人问："实体零售店会消失吗？"我打开百度搜索了一下，有3380万条搜索结果，可见这并不是某一个人的疑惑？是啊，商场客流下降，虽然是特殊时期，但对于企业主而言，没有了稳定的收入，有这样的疑惑，也属正常。

但2020年的五一期间，我又搜索了一下朋友圈"开业"关键词，发现圈内至少有上百家店面开业，其中仅仅是云南九机就有20家店面开业，在这个有些压抑又有些迷茫的日子里，这又是一隙亮光，也许实体店并没有那么糟糕。

实体零售店会消失吗？我的答案是这个行业不会消失，但是你的实体店会不会消失就不一定了，因为如果原地踏步、止步不前，也许有一天你的店面就没有了，当然这一定是一个相对漫长的过程，因为漫长，所以很多传统实体店面的老板在升级转型的过程中并没有显得那么迫切，即使在疫情压力下有了一点决心，只怕一旦实体店恢复正常运营，又慢慢忘记了伤痛，因为这个决心并不是主动的，而是一种外力推动，一旦外力没有了，动力也就消失了。

为什么说这个行业不会消失呢？因为人具有社会属性，逛街是一种本能，科技在发展，人仍是需要社交，虽然现在线上社交成为人交往的形式之一，也发展出云逛街，甚至未来还会有AR逛街，但是都无法取代人走在真实大街上的那种欢快和愉悦。人的这种自然的属性，估计几十年之内是不会消失的，既然不会消失，实体零售店就会有其存在的价值。

当然，行业不消失，不代表零售店就可以是一成不变，零售店也需要在新的时代有新的定位，有新的模样，那么什么样的实体店面不会消失呢？

1. 用户细分

以前的零售店有一个特点，就是希望老少通吃，满足大多人的需求，所以店面求大求全，在物质不丰富的时代，这确实能够吸引更多的用户关注；后来这种类型的零售店在传统电商的冲击下，经营压力越来越大。这类店面有传统的超市大卖场、3C卖场等。

随着传统电商的发展，零售店开始追求用户定位，希望把某一类用户或者某一类需求作为开店的新定位，这种定位方式在比较长的一段时间内，还是得到了市场的认可，毕竟店面更专业了，服务更精准了。这类店面有通讯卖场、专卖店、潮品集合店等。

当下及未来的零售店，因为用户定位将会更加细分，市场去中心化现象将会更加显著，店面模式也将会更加细分，不同细分市场在规模达到一定程度之后就会有对应的细分店面，比如潮玩类店面、专业音频类店面等。

当然，用户细分并不代表原有的模式都会消失，相反原有的店面如果能够针对特定的用户把自己的标签强化，并且能够给用户带来更多精准的产品，依旧会有更多的机会，比如Costco、山姆会员店就是针对特定用户的精准化供给。

并且店面的定位演变是一个相对漫长的过程，因为去中心化本身也是一个较长的过程，用户购物习惯的改变也是需要长期的积累，量变到质变并不是一蹴而就的。所以用户细分是研究市场渐变的一个模型类工具，不能生搬硬套，但是对于零售企业而言又必须清晰知道这种变化，需要审时度势，适时而变。

2. 极致体验

零售的体验发展其实也是经历了好几个过程，这个过程发展是和工业化进程密切相关的，一开始只能锁在柜子里，你只能看不能摸；后来可以看也可以摸，但是没有什么深入体验，因为都是裸机；再后来可以看可以摸还开发了专门的演示软件，并且还增加了体验场景，让你舒适体验。通俗地说，这就是体验流程。

但是以上所有的体验都是外在"形"的体验，而不是内在的"神"，所以都谈不上是极致体验。那么未来的零售店体验会朝着那个方向发展呢？我们认为应该是神形兼备的沉浸式体验。

因为单就产品的陈列展示、场景优化上的发挥空间已经是有限了，毕竟"形"的体验整体上还是一种物理的形态，未来即使虚拟现实普及、全息技术上线，这些"形"的体验都是有章可循的；当然如果你的体验本身还是初级状态，那还是有较大的提升空间。

而"神"的体验，本质上是将企业的文化融入到店面中去，让店面有文化、有温度、有价值，苹果这几年提出 Apple Store "城市小镇"的概念，就是一种对于"神"的追求，因为在物质富足的年代，人对于精神追求的东西会远远大于物质，当然从物质到精神会有一个发展过程，作为零售企业要把握其中的要点。

所以你去看那些成功的能够持续发展的店面，都有"神"的存在，你去了还想再去，可能不会购买但绝不会说不好，想去总结一下这些店面又总是觉得三言两语无法表达，这些店面，就是带了神韵，比如 Drivepro、诚品书店、西西弗书店等。

"神"要想具备，在动作上要具备专注、专业、极致、坚持的精神，如果一个零售店不能在文化内涵这个"神"上下工夫，很难会有极致体验，不过文化的东西需要时间的沉淀，这不是立竿见影的事情。如果还想让你的用户感知，那就更需要在细节上用心去打磨了，每一个细节都是需要漫长的挖掘和迭代成长的过程。

3. 数据赋能

未来的社会就是一个商业智能社会，商业的发展必须要有数据支撑，因为只有数据的积累才可能会出现智能（数据智能），才会出现精准化营销，这是一环扣一环的；所以对于零售企业而言，当下最重要的工作之一就是让企业尽快实现数据化。

一个企业内部先实现数据化，就可以实现一定的小数据管理，小数据相对于大数据，其实同样具有较强的实用价值，比如库存管理、销售周期核算、周边用户习惯判断，等等，都是强于个体主观的判断，并且实现小数据会比实现大数据容易得多，比如上线客流统计、店面成交线上下单、量化会员制管理、客户动线追踪等，都是在零售店投入不大的基础上能够实现的。

只有实现小数据，在适当的机会，才能让公司连接大数据，进入一个在线的状态。按照梁宁老师的观点，现在是三浪并发的时代：

第一浪，消费升级，抢货，有货你就赢了；

第二浪，互联网革命，抢流量，流量可以整合货，有流量你就赢了；

第三浪，智能革命，抢数据，流量越用越少，数据越用越多，有数据可以整合流量。

在 2~3 年以内，三浪肯定都会涨。但是如果放到 3~5 年之后，甚至 5 年以上的中长期，一定是后浪高过前浪，后浪更比前浪强。

所以我们一直强调要数据赋能的原因,就是要让零售商既要看清楚当下,也能够应付得了未来,不能顾此失彼,毕竟生意都是需要长久持续发展的。

当然独立零售商的单独数据确实很难发挥特别多的价值,比如你没有办法根据你的数据去做反向定制,因为数据量太小了,但是先学会使用数据是第一步,然后在行业内寻求更多的数据合作。这种合作可能是和专业的运营公司,也可能是一个互联网公司的下沉,并且这样的公司很快就会出现,如果你没有前期的积累,即使出现了数据整合公司,你也没有谈判优势,很难将你的小数据变现。

中小零售企业一旦实现了数据整合,将会产出极大的经济效益,比如你也可以做反向定制、也可以精准营销、也可以整合上游;并且因为具有线下真实体验的优势,还有更多的传统电商不具备的技能等待解锁。所以数据化是一个金矿,只是这个金矿是需要零售商先去投入,也需要有人去管理这个金矿,所以这还有一个过程,但是这个过程是不会让我们等待太久的。

4. 多渠融合

现在是4G尾5G初期,最明显的一个营销趋势就是直播或者短视频带货,如果仅仅从技术发展的维度上去看,这种现象的出现,确实是因为互联网的普及所致;但是细想一下为什么互联网技术发展到这个档口,会出现这样的营销模式?

其实这种发展,是满足了一个商业规律,即一旦技术上能够实现时间和空间上的迭代，商业模式就会出现革命性的变化，网络的发展在流通型生意模式上，出现了时间和空间的再一次折叠，并且能够将媒体、渠道、供应链等多渠融合，做媒体的不再仅仅是一个宣传平台，同时也是一个电商平台、一个供应链平台，消费者不需要看完电视再去网上搜索然后再去购买，可以实现真正的一站式享有全部的服务，这不仅仅节约了时间，因为供应链的升级也从空间上实现了货与人的最佳距离效率。

其实直播和短视频的发展，是一种更为细化的分工，并不是让各方都变得麻烦，而是变得更简单了，专业的人做专业的事情，真正让这种效率提升的是通过新技术的连接。

多渠融合，对于零售店而言，其实就是你的店面，是一个实体店，但同时也可以是一个直播间、一个短视频拍摄地、一个新供应链中心、一个自媒体发源地、一个朋友圈线下打卡点、一个小数据中心、一个微商城平台等，店面不再仅仅是一个店面，而是变成了一个社区，一个城市小镇。

所以你的店面人员未来不仅仅有店员，还会有主播、视频拍摄、发货员、写手、数据分析师、商城运营，等等，有的人可能是复合的，但是职能是要有的，只有这样，才能保证你的店面具有持久的竞争力。

多渠融合，是成长性零售店必然之路，也是必由之路。

5. 服务至上

线上与线下零售的本质区别是什么？就是线下可以体验到

货真价实的真实"人"面对面的服务,虽然未来科技可以实现远程高清视频,甚至可以实现人工智能的虚拟沟通环境,但是他依旧没有办法取代人与人面对面的沟通,因为面对面沟通包含三个要素:文字、声音和肢体语言,这三者影响力的比率是文字7%,声音38%,肢体语言55%,并且面对面还有更多的自然感情的因素,这些是线上沟通难以取代的。虽然未来科技可以为沟通带来更多便利,但主要还是辅助的作用。

既然"人"的要素这么重要,那么线下实体店就要能够做到更加优质的服务,因为服务将是线下零售的一个核心竞争力,所以每个实体零售企业,都要服务至上,从口号变成实际行动。

服务形式有很多种,但主要还是围绕定位人群的需求,围绕需求并且做出超出预期的服务,能够给店面带来不一样的氛围,比如海底捞,本来就是一家火锅店,一般餐饮企业在顾客排队的时候能够提供凳子和茶水就已经很好了,他们还提供美甲、五子棋、瓜子等,这就叫超出预期,但这些服务其实也都是定位用户的内在的真实需求,只是其他很多餐饮企业忽视了而已。

超出预期,并不是要超出很多,只要多半步就可以,因为服务是有一定成本的,如果不能很好地控制成本,你的高品质服务也就不可能有持续的坚持,所以对于零售企业在制定"服务至上"时,要真真切切地去了解或者说挖掘用户的真实需求,而不是只看服务表面,其实绝大多数用户并不会去奢求过分的服务,有时候服务超过预期太多,也会让用户望而生畏,所以服务要寻求一个"度",掌握好这个"度"才能做到真正的服务至上。

6. 非标准件销售

产品一般分为标准化产品和非标准化产品,标准化产品可以在每一个平台去销售,如果品牌方没有严格的价格管控措施,就很难保持零售价格的稳定性,毕竟线上平台更多的时候还是看性价比。所以未来零售店销售标准化产品,除去看品牌之外,还有非常重要的一点,就是要看厂商的渠道管理态度和能力,如果没有这方面的规划,这类产品对于线下零售渠道而言,还是需要谨慎对待,除去流量型产品,不建议大规模压货,因为很容易因价格变动造成积压,因为未来标准化产品价格会越来越透明,渠道也会越来越扁平化,品牌之间竞争激烈,稍有不慎会给自己带来跌价损失。

当然标准化产品也分为多种多样,有的属于低值易耗品、有的属于简单功能类产品、有的属于功能复杂但是用户已经习惯使用(比如手机)、有的属于使用复杂还在推广期,一般来说实体店对于复杂的、需要重度体验的产品,还是有一定的优势,当然因为是标准品,还是要看厂商价格管理能力。

而非标准品,比如小龙虾,口味其实是看各人的习惯,好吃与否有一个标准底线,产品达标以后就看用户选择了,这类产品未来在多渠融合的零售店,就有更多的体验机会,这类产品很多,比如茶叶、粮食、食品等,可以给零售店私域流量变现带来更多的机会,因为你很难通过一个标准的、低复购的产品去激活大量留存客户，私域流量变现需要更多的非标准类产品销售，这类产品的整合又不适合采用标准品的大批量采购，这就需要新供应链的出现。

对于消费类电子行业零售型客户，非标准品销售可以跨界，但是在初期不建议跨得太远，还是要以电子产品周边和相近产品为主。因为跨界太远很可能显得很不专业，不专业的结果就是会带来不信任，这并不利于好不容易建立起来的私域流量维护，很有可能带来信任降低、用户消失，给自己的主业带来负面影响。

7. 新供应链节点

随着互联网技术的升级，人人都可以高速上网，信息扁平化出现，信息的扁平化带来的是去中心化发展，理论上人人都有机会成为KOC，也可以成为小中心的KOL，这就让很多个人有机会成为个体经营者，个人的能量将会得到进一步发挥。

那么对于零售店而言，所有的员工都有这样的机会，也就是说无论老板是否要求员工做直播、短视频或者公众号，以及未来可能有利于发挥个人能力的方式，员工自己都可能会去做，这是不可避免的趋势。但是如果要这些人真正发挥自己的能力，实现变现价值，就必须要有新供应链去支持，而零售企业就可以选择成为这样的平台。

新供应链就是能够帮助众多个体经营者实现变现的一种新服务商，他们会整合产品、物流、内容等，帮助个体价值最大化。市场上未来会有很多这样的新供应链平台，他们将会各自发展自己的专业方向。对于实体零售企业而言，它既可以是一个零售实体店面，也可以是一个新供应链平台，因为零售企业拥有产品资源、可展示空间、社会物流体系等，这些都是个人短时间之内没有办法整合的，并且需要一定的社会资源和资本，而这些恰好都是个人经营者所缺乏的，如果实体零售企业能够做得好，就可以把自己的一部分有这样能力和意愿的员工或用户发展成为有效的个体经营者，这对于零售企业稳健发展而言，将具有长期价值。

一个实体零售企业一旦成为这样的平台，就可以开发更多的拥有小规模私域流量的个人或者企业用户，帮助他们实现更多的价值，未来如果一个企业有能力整合更多的不同的小KOL或者中小企业的私域流量，这中间将会创新出更多的商业机会。

实体零售行业的发展还会有很多变化，以上七条仅仅是我的思考，本书的内容基本上是围绕这个方向展开的，我希望未来国内的实体零售业都能够跟上时代、引领时代，因为我们有强大的互联网创新的土壤、有特别努力的一代又一代企业家，相信不久的将来，我们能够有更多的零售企业走向国际舞台，成为世界零售业发展浪潮中具有竞争力的力量。

本书写了3个多月，中间因为各种原因断断续续，能够把我的思想呈现给大家，是一个很开心的事情。书中有很多观点、创意、设想还需要完善，有的甚至可能有一些不准确的传递，在此肯请各位多多谅解，也希望能够得到大家更多的指导和意见。

我们正文见！

吉红江

2020 年 5 月 20 日于上海

目 录

第一部分 运营篇

1 系统化管理之路 // 005

2 科技化运营之路 // 059

3 模式化组合之路 // 093

第二部分 反思篇

1 新零售发展反思 // 137

2 零售店到底需要怎样的体验 // 145

3 用户是一种资源 // 152

4 专卖店,如何做好超级用户? // 157

5 女性消费群体在零售中的价值 // 163

6 服务,新零售之下容易被忽视的价值 // 168

7 C位之争,如何看懂零售店的C位 // 179

8 一家店面的新零售之路 // 185

9 做一个优秀的产品经理 // 192

第三部分 趋势篇

1 5G，我们应该什么时候入场？// 201

2 IoT，未来谁是王者？// 205

3 IoT 要进军耳机行业带来的影响 // 211

4 智能可穿戴设备，新一轮的爆发什么时候会开始？// 217

5 潮流玩具的机会 // 223

6 国潮的未来之路 // 231

7 未来商业变化的 7 个趋势 // 240

第四部分 新营销篇

1 做一场直播的 17 个关键点 // 251

2 直播间带动人气的 22 个法则 // 255

3 提升直播带货能力的 22 个法则 // 267

4 如何激活公司的沉睡会员 // 280

5 KOL 详解 // 286

6 KOL 进阶手册 // 291

第五部分 手机零售篇

1 手机店的未来在哪里 // 297
2 手机店面的发展方向 // 303
3 手机零售店的 20 条盈利法则 // 307
4 手机店的融合产品销售 // 316

第六部分 案例篇

1 默默耕耘者广州客吉莱 // 353
2 精益求精的兰州万能求变之路 // 359
3 南宁 HiFi+ 的修炼之路 // 365
4 专注、细节、数据化,看鹰巢数码的运营之道 // 371
5 从论潮到时光印社,打造与时代同步零售体系 // 378
6 简约而不简单的微缤礼物店 // 384
7 联发世纪,不断迭代中寻求零售的创新之道 // 389
8 云南九机,新零售模式范本 // 396
9 京东之家,不断迭代中的零售新尝试 // 403
10 燃逅的跨界之路 // 412
11 不断演化的 Apple Store // 418
12 这家咖啡店,每天销售额 40 万,是怎么做到的? // 429

后记 // 435

第一部分

运营篇

实体零售店这些年一直处于"风口",但是这个"风口"并不是什么资本的风口,虽然2017~2018年也有一些资本介入,但是基本和中小微零售商无关,中小微零售商依旧是自己一边开店、一边探索,更多的时候还是希望能够紧贴着大品牌走,靠赚取差价获得利润。一些中等偏上规模的零售商,能够和资本靠上边的也不多,基本都是要自己多年的积累,在日常管理上采用一些通用的工具,很多时候都是靠"天"吃饭,如果市场正常发展他们还有一定的利润空间,如果遇到一些不可预测的事情,比如遇上2020年初的疫情,盈利压力就会陡然加大,基本上能做的就是跟随市场,虽然大多数企业也都很主动去尝试新模式,但更多时候也是不知应如何发力。

真实的市场中不可预测的黑天鹅事件并不是多,但是现在的市场中灰犀牛很多,比如渠道多元化已经是越来越普遍,并且随着5G技术的发展,推动了直播、短视频和创新供应链的发展,很多个人成为经营主体,这直接导致了渠道类型的更加多元化,这种分散的渠道必将对传统店面会有更多的冲击,所以灰犀牛的风险其实远远大于黑天鹅。因此,未来实体零售店的发展,如果还是缓慢地进步,压力会越来越大。

在我们可预测的未来，线下零售依旧是社会消费的一个主要方向，据国家统计局数据显示，2019年全年社会消费品零售总额为411649亿元，实物商品网上零售额为85239亿元，按可比口径计算，比上年增长19.5%，占社会消费品零售总额的比重为20.7%，比2018年提高2.3个百分点，所以从数据线上分析，线下依旧占据主导地位。

另外从人类的发展历史来看，人还是一个群体性的物种，"逛街"这种特质是存在于人类发展的基因之中的，短时间内不会有什么本质性变化，即使是宅男宅女，也一样需要社交活动。网络交流能够满足的仅仅是人需求的一部分，人还需要更多的社会化的交流方式，所以，实体零售还有更多的发展机遇和空间，只不过我们需要在零售店的定位、运营和管理上，花费更大的功夫，需要打开思维的界限，实现系统化、科技化、模块化的探索，把零售带入与时代、科技相互促进发展的平台，实现与人类社会发展的同步。

我们通过通俗的语言，来一次打造一家超级零售店之旅。什么叫做超级零售店？就是能够精准定位、拥有鲜明特色、能够获取用户持续青睐、有突出创新，并且能够实现线上线下融合的门店。这样的门店还需要具有以下三个特征：

（1）拥有较强的持续盈利能力，盈利才是王道，再好的店面，不盈利也难以为继；

（2）拥有极强的创新能力，尤其是在店面模式探索、模块组合以及科技应用上有持续的创新；并且拥有快速迭代和复制的能力，因为迭代说明具有自我修复的基因，能够复制说明具有自我成长的基因；

（3）在数据化上能够持续投入，并且通过数据化提升整个企业的管理水平，提升店面的精准化营销。

为了让更多热爱零售、从事零售业的朋友，对零售有一个更为全面的了解，我们将"打造一家超级零售店"的运营分为3大模块、10个细节，通过这些系统的论述，能够拓宽零售企业的经营思路。

1
系统化管理之路

零售店的系统化管理一直是行业内推崇的方向，但是具体什么叫做系统化管理，却是各说风云，我们今天在这里说的系统化管理，是围绕人、货、场展开的，人、货、场是零售店面系统化管理的基本功，也是比较容易理解的、能够形成闭环的一种系统化管理模型，对于提升零售店的管理水平会有较大的帮助。

什么叫系统化？系统化，指采用一定的方式，对已经制定颁布的规范性文件或者流程进行归类、整理或加工，使其集中起来作有系统的排列，以便于使用的活动；比如说人体的运行就是一个系统化工程，而人体的系统化又是诸多个小的系统化组成的，比如皮肤系统、骨骼系统、肌肉系统、消化系统、呼吸系统、循环系统、排泄系统、内分泌系统、神经系统和生殖系统等，这些小模块化的系统又组成一个大系统，维持一个人的正常状态；零售管理也是如此，人、货、场分别是零售店的不同系统，他们又相互配合，最终形成了零售的一个大系统，这个大系统的日常运作，就是依靠人、货、场的小系统相互配合。

为了更好地说明"人、货、场"之间的相互关系，下面我们就逐一来分析，以求有更深入的理解。

1. 人

"人"是零售系统中最核心的要素，零售所做的一切，都是以"人"为中心，以服务"人"为首要目的，所以我们要时时刻刻关注人的发展。

零售中的"人"是有分类的，我们从分工角度，将人分为消费者、零售从业者中的人和上游供应商的人，在不同的位置，人的功能和属性是不一样的，我们先从一个宏观的大环境来看看人的变化。

（1）国内整体大环境的变化

2020年1月17日，国家统计局发布了最新消息，称中国大陆的总人口已经达到了14亿零5万，也就是说我们已经是真正超过14亿人口的国家，比印度多出1.26亿人口，比美国多出近10.7亿人口。

经过改革开发40多年的发展，我们已经今非昔比，根据不同的数据显示，国内很多城市年人均GDP将会突破1万美元，也就是说国内将逐步走向万元美金社会，中等收入者将会逐步成为我们社会的主流,社会的消费将会发生巨大的变化。

我们还是一个互联网激活度非常高的国家,用户习惯发生快速的变化和迭代,这些都是我们需要去注意和观察的大环境。

①互联网激活度。

2019年8月30日,中国互联网络信息中心(CNNIC)在京发布第44次《中国互联网络发展状况统计报告》,据《统计报告》统计显示,截至2019年6月,我国网民规模达8.54亿人,较2018年年底增长2598万人;互联网普及率达61.2%。

虽然从比例上看我们还不是网民渗透率最高的国家(美国在76%以上),但是我们是网民总人数最多的国家,并且依旧在快速地发展,即使在偏远的农村,上网也不是一件困难的事情,并且我们还在大力发展5G的推广,相信不远未来的5G社会,我们的网民占比仍有较大的增长空间。

目前在国内的绝大多数城市,在线刷新闻、在线学习、在线交易、在线游戏都已经成为我们的日常生活;同时在线支付已经成为常态,直播、短视频不但成为我们娱乐时间,也成为我们购物时间,科技推动了渠道的融合。

在绝大多数的一二三线城市,网络覆盖基本上是全方位的,无论是超市,还是小餐馆;无论是书店,还是社区;无论是商城,还是路边摊贩;大多数人已经习惯采用网络支付的模式,很多人出行不再携带现金,我们的生活方式发生了巨大的变化。

②人的需求和习惯处于快速的变化之中。

因为互联网的普及和快速迭代,市场创新不断,人的需求和习惯处于快速的变化之中，比如几年前品牌商还都比较流行找明星代言，现在都习惯找网红带货；几年前朋友圈还都是刷存在感、给朋友的各种美图点赞，现在很多人的朋友圈成了一个营销地带，不仅仅是微商在带货，你会发现周边的朋友逐步都在带货。

个体在网络发展的过程中，生活、消费习惯发生巨大变化，比如更善于比较价格，对于传统电商的忠诚度在下降，因为可以购买的渠道太多；比如对于大屏幕的手机需求越来越高，手机或者平板在日常办公中越来越重要，已经能够取代电脑的大部分功能；还比如可以一边看视频、一边购物，营销渠道的融合发展，让效率得到了巨大的提升。

因为互联网的发展，人类社会处于大规模的信息爆炸之中，时间越来越碎片化，一些抢先占领碎片化的商家也获益良多，比如一些在线知识服务平台，通过在线的知识分享，让在线学习成为一种流行趋势，国内的得到、樊登读书、混沌大学等，都发展顺利，因为价格低廉、品质出众，不同的人在工作、生活之余越来越倾向不同的在线学习，提升自己的知识面、工作技能和认知视野。

需求和习惯的变化，创造了众多的商业模式，而众多的创新商业模式，又推动了消费者的需求和习惯的养成和变化，整个市场处于快速的创新之中。

③ 消费习惯从追求量到追求质。

因为互联网普及了众多的产品知识和消费习惯，消费者对于购物显得越来越理性,从追求"别人有我也要有"的观念,逐步改变为追求实用性、追求质量、追求个性化需求。

比如以前年轻人比较热衷一些大品牌,一旦自己的收入达到以后,就会尽可能地购买大品牌产品;但是现在的年轻人更注重实用性,比如小米手机成为流行,就代表了一大批人的习惯。

因为追求方向的变化,让很多小而美的国货品牌成为大家集中购买的对象,比如猫王收音机,成为年轻人比较喜爱的情怀类礼品;完美日记成立第二年销售额就达到了 30 亿,成为天猫彩妆双 11 销售规模第一品牌;而李宁凭借国潮风格,销售额突飞猛进,很多联合品牌产品基本上都是一件难求。

因为这种消费习惯的变化,也让国货越来越重视品质、重视设计、重视 IP 化,带动了中国制造的向前发展,虽然新品牌还需要一个较长时间的积累拓展过程,但这已经是一个非常让人振奋的开局。

在这样的大环境下,有几个消费群体,需要我们给予特别的关注。

① 单身群体。

据网络数据显示,2020 年我国已经拥有超过 2.4 亿的单身人群,这个人口规模相当于两个日本人口的总和。单身人口的增加,催生了单身经济,比如养宠物就成为单身人群的一个选择趋势,另外游戏、一个人的旅行、一个人的餐饮等都是单身经济下的一个重要突出表现。

单身群体的发展其实并不仅仅是因为经济条件的原因,这也是社会发展过程中的一个常见现象,因为个人能够经过努力让自己生活在不同的城市，在这个不需要依靠他人也可以生存很好的大环境下，很多人开始追求适合自己的个性生活方式，这里就包含一部分人追求一个人的生活状态。

国内单身经济规模庞大，预计可以达到年13万亿以上的规模，并且每年都有递增的趋势。

② 中等收入者。

国内一般对于新中产称之为中等收入者，中等收入者有一套潜在的物质标准——他们必须要在所在的城市拥有一套80平方米以上的不动产，以及10万元以上的家用车，这是最起码的安全感，至于年收入，15万元是一个可以参考的分界线。当然这是百度百科的解释，并不是标准定义，只是一些调研机构为了研究方便采用的对比说明。

中等收入者具有四大特征：年轻，80、90后为主力军，25~40岁的人群占比高达61.4%；教育背景良好，本科以上学历占比59.7%；多居于国内一、二线城市，年收入在10万以上；追求有品质、有态度的生活。据统计，中等收入者群体人数已经超过3亿人，每年至少以6~8%的速度增长。

中等收入者的兴起，是国内消费结构变化的一个重要的因素。这些人因为个人或者家庭财富已经经过一定的积累，生活相对安稳，在追求物质上的消费升级之后，以中等收入者为代表的消费者开始回归理性，注重个人体验，出现精神消费升级的趋势，更多地为体验和服务付费，关注未来，愿意通过购买理想的产品和服务成为更理想的自己。

中等收入者是现在零售型企业的重要的服务对象，他们更关注健康、生活品质、旅行计划等，他们的消费习惯并不是你给他推荐了什么，而是他要自己去发现、挖掘生活的美好，这是我们在营销中尤其需要重视的。

③ 女性消费群体。

女性消费群体是现在社会中的一个重要的分支，因为这个群体的经济独立性越来越强，他们对于自我的规划也与之前大不相同，比如他们更在意自己的感受、更追求消费的主动性。

随着女性消费群体的兴起，高颜值、有设计感、舒适的体验环境都是他们追逐的对象，他们可能一边购买国际大牌，一边也会非常在意性价比，所以很多具有高品质性价比的国货品牌，他们也会毫不犹豫的选择购买。

女性群体的经济能力独立对于我们整个零售行业来说是一个重要的利好信息，因为女性购买力在快速增长，他们很多人拥有家庭购买的决定权，这就让我们在零售生意上需要更多考虑他们的感受，"她"经济成为零售市场不可或缺的概念之一。

④ "Z时代"人群。

按照百度百科的解释，"Z时代"是美国及欧洲的流行用语，意指在1995~2009年间出生的人，又称网络世代、互联网世代，统指受到互联网、即时通讯、短讯、MP3、智能手机和平板电脑等科技产物影响很大的一代人。

根据网络数据，国内现在有3.78亿"95后"，他们出生在和平年代，正是中国经济高速发展的时期，所以绝大多数生活在条件不错的家庭,生活品质上整体高于上一代人,因为父母的生活不需要他们负担,这一代人在消费上更为在意自己的感受,具有较强的自我意识。

"Z时代"的人群,具有明显的家国情怀,对于民族的、历史的、传统的东西具有较高的热情度,因为这些年国内的经济、文化发展举世瞩目,让从小就生活在优越环境中的他们更加自信。当然他们基本都接受过良好的教育,所以对于消费的要求也更高,高品质、高质量的服务才会对他们更有吸引力。

所以,"Z时代"的人群对于高品质国货品牌、有艺术气质的国潮设计更为看重。

⑤ 银发一族。

我们一般称60岁以后的人群为银发一族,他们在2019年已经达到2.3亿人口,并且这个数据还在持续增加,因为现在生活条件的改善,加上健康医疗的发展,人的寿命越来越长,预计到2055年,我国银发一族人口将达到4.5亿。

其实银发一族的消费习惯并不仅仅是健康保健,现在的老人更关注自己是否能够跟上时代,也更乐意学习更多的先进科技产品知识,比如智能手机的使用、网上购物的注册使用等,预计未来的老人大都是科技老人。

所以在零售行业,要关注银发一族需求的各种变化趋势,只有了解这些趋势,才能够提供更精准的服务。

所以从宏观大环境看,我国的消费者一直都在发展变化之中,这个变化主要是围绕科技的进步、互联网的普及、收入的提升、民族传统文化的发展而展开的，我们相信未来随着人工智能的发展、5G的发展和普及、物联网成熟、区块链技术的发展和完善，消费者还会随之变化，但整体上这种变化是积极的，对于未来的零售推动也是一种正面的信息。

因为我国人口众多，各个区域发展进程不同，消费还存在一定的分层现象，呈现多种消费共同发展的状态，所以在针对不同消费群的时候，要具体分析，根据实际情况给出不同的应对措施。

（2）消费者的细分和递进关系

消费者这个群体其实一个非常笼统的概念，如果希望在零售中能够更为精准地把握这个群体，就需要把这个群体做一个细分，细分之后，对于营销中的决策才会更加精准。

我们按照从宏观到细分的概念，将零售的目标人群分为以下四类。

① 消费者。

所谓消费者，是指为达到个人消费使用目的而购买各种产品与服务的个人或最终产品的个人使用者。通俗来说，就是具有消费能力的社会大众，他们也可能是有其他身份，比如生产者、服务者，但是他们对于零售型企业来说就是千千万万的大众群体，可能是在店门前走过的、也可能是在商场闲逛的、也可能是宅在家里网上购物的人群。

消费者是我们所有零售店都要关注的，因为这里面有我们潜在的衣食父母，所以我们要研究消费者整体的趋势、细分群体的变化，只有从宏观上了解消费群体的走势，才能更精准地判断方向，只有方向对了，犯错的几率才会下降。

消费者是一个大的宏观类别，对于做零售的企业来说，关注和研究消费者是必须的，但仅仅做到这些是不够的，因为零售是一个更为细化的艺术。

所以我们需要细化消费者这个大的群体，争取让更多的消费者成为我们的"客户"。

② 客户。

客户或顾客可以指用金钱或某种有价值的物品来换取接受财产、服务、产品或某种创意的自然人或组织。我们定义的客户，是指在你的零售店至少有过一次购物的消费者或者组织，一旦这个条件实现，这位消费者就成了你的店面客户。

客户的概念对于我们来说非常重要，因为到了这个层面，这些个人或者组织就和你有关系了，而以前的大众型消费者和你不一定有关系，也就是说我们从宏观层面转化到微观层面了，这种转换一方面可以让我们的零售店产生收益，一方面也可以为我们建立私域流量提供非常有效的帮助。

要想把消费者变成客户，就一定要清晰定位店面服务人群的类型，这个定位的过程，就是筛选准客户的过程；一旦定位清楚，就可以有针对性地引进产品，有针对性地开展营销活动，吸引这些精准的消费者变成零售店真正的客户。

所以零售店面在很多营销活动开展之前，要想清楚活动是为营销的哪个环节服务的，明确之后，你的营销才会有真正的价值。

③ 用户。

如果一个客户一年内在店面多次购物,有的客户多次购物后还和店员有经常性的互动,这样的客户,我们称之为用户。

用户相对于客户,对于店面会拥有更多的好感,并且已经存在一定的购物路径依赖,如果一个店面的用户群越来越大,证明这个店面定位是清晰的、服务是优质的、产品的选择是精准的,反之,则需要改进。

用户是零售店生存的一个根本,所有零售型企业都应该积极发展自己的用户,并为老用户制定更具吸引力的销售政策。

零售店也需要制定更多的针对性营销方案,让更多的客户转化为用户,这些策略包含但不限于会员制度、社区、裂变、共享等方式。

④ 粉丝。

粉丝(英文:fans)是一个汉语词语,也叫追星族,意思是崇拜某明星、艺人的一种群体,他们多数是年轻人,有着时尚流行的心态;这里说的粉丝是零售店用户的升级版。

什么叫做店面粉丝?就是一年内能够经常在店面消费并且经常与店员互动,还能够给店面介绍更多客户或者转发店面的推广文章或图片等内容的用户,他们对于零售店具有较高的忠诚度,并且从内心愿意传递店面的美誉度。

正常 100~300 平米的店面(非特殊位置,租金符合市场正常水平),如果你的店面拥有 1 万 + 的店面粉丝,基本上可以拥有稳定的销售;如果你的店面拥有 3 万 + 以上的店面粉丝,店面盈利将会有充足的保障,并且具有较强的抗风险能力。

粉丝是我们零售店运营追求的一个极为重要指标,粉丝运营需要店面能够提供超出预期的服务、拥有极高价格优势的产品,同时能够伴随着消费群体需求与习惯的变化而及时让自己站在时代的潮头。

要想在店面拥有粉丝,就要在营销上有针对性地策划,比如给予用户惊喜、坚持做一些符合用户需求的服务、坚持原创性的促销,甚至要提供一些免费的互动等,还有现在 IP 化的兴起,也有利于粉丝的形成。

消费者、客户、用户、粉丝是一个递进的关系,在店面的零售营销运营中,要根据店面的不同需求,针对不同节点采用不同的营销方案,实现更为精准的引流、转换、加强和需求满足,让零售店拥有不同层级的更多人气和沉淀,这样零售店的潜在发展路径和空间才会更有想象力。

(3) 零售型企业内部的人员关系

既然讲到人,我们就不得不关注一个比较容易被忽略的群体,就是零售型企业内部的人员关系,因为在企业的发展过程中,往往都是重视外部合作与竞争,而忽视内部人员的变化。

随着时代的发展,零售型企业一般都是有以下三种人。

① 高层人员。

高层人员,一般就是公司以老板为首的创始人团队,这部分人在公司拥有"至高无上"的权力,拥有公司战略发展的决定权,如果是一个有历史累积的企业,这部分人群一般都是年纪相对较长的人员。

在零售转型和升级的时期，这部分人群应该身先士卒，起到带头作用，因为一个公司一旦到了战略性调整时期，一定需要做好顶层的设计，只有顶层设计好，才会有成功的机会。

② 管理层人员。

管理层，有的公司也叫做中层，一般是公司总监和经理级别的人群，是公司发展的最核心层，这个阶层也是很多公司中问题最多的一层，因为中层难培养、难留存是所有公司成长的烦恼。

所以，管理层做的最重要的两件事，一个是执行，一个是学习；执行做得好，公司业绩就会比较稳定；学习如果能持续加强，就能够保证管理层的执行效率，否则单纯地按部就班的执行，很容易让公司体制僵化，出现官僚现象。

管理层要起到承上启下的作用，面对变化中的社会，可能向上需要面对思想偏于保守的老板，向下要面对思想活跃的年轻人，并且还要对结果负责，这中间需要具有较强的沟通能力和情商，所以做到管理层这个岗位，需要在能力要求上有一个较大的提升。

③ 年轻的基础群体。

公司的基层员工，一般都是年轻的基础人群。在零售型企业一般都是以店员为主。一般公司都喜欢招聘年轻的店员，因为刚毕业的员工要求不高，也相对容易管理，但是这部分人群较大的问题就是还没有养成一个良好的职业习惯，并且具有较高的离职率。

年轻人思想活跃，特别是在当前的互联网普及下，更具有较强的自我意识，他们学习能力很强，同时对于传统权威式管理也并不是很认同。当然未来因为竞争压力的加大，那些跟不上时代潮流的年轻人也会倍感压力，因为职场对于人的诉求也将会大大改变。所以公司需要根据年轻人的个性去调整自己的管理方式；而年轻群体要想获得更多的机会，也同样需要付出很多适应性的努力。

很多公司都是因为没有处理好三者关系，影响了企业的正常发展，出现这种现象的原因，我们一般认为都与沟通、考核和管理有关，所以我们给出的建议，也是围绕这三点展开。

① 要学会使用沟通工具。

作为零售型企业的高层一定要意识到沟通工具的变化，以前沟通靠开会、邮件、电话，不是说这些工具放到现在没有用了，而是这些工具在年轻人身上不属于原生代，也就是说他们习惯使用的工具并不是这些，他们一开始使用的就是微信、微信群、钉钉等这样的互联网工具，如果我们还是用旧的工具，就会显得我们自己落伍了。

其实现在工具发展到在线办公的模式，有助于提升效率的同时，更适合年轻群体沟通融合，所以在沟通工具上，高层一定要向年轻人看齐，向科技发展看齐。

当然也不可能完全不采用传统工具，因为传统工具模型更为完善，只是要注意相互结合使用，让年轻员工没有隔阂感、让年纪稍长的员工跟上时代的进步，这样的结合对于各方都有价值。

② 从自上而下，到自下而上。

考核上，目前绝大多数的企业都是 KPI 的模式，虽没有错，但是一种自上而下的考核模式，本质上并不符合现在互联网精神，因为互联网是一种自下而上的发展模式，所以要使用 KPI，就需要加以自下而上的改造。

什么叫做自下而上的考核观？就是通过技术的革新，让市场去考核你的员工，比如淘宝的店铺，好不好并不是淘宝说了算，而是用户，用户购物之后可以给不同星级的点评，服务好、满意度高的会给五星级；如果服务糟糕，也可能会给一星差评，一旦给了差评，就会影响店铺等级，也就会影响销售。那么这一套逻辑的考核，能不能使用到零售管理之中呢？当然是可以的，我们完全可以结合不同层级的员工特点，制定不同的考核方式，通过互联网工具让用户去评价。

其实现在的 90 后、95 后并不是一个特别难管理的群体，他们拥有极强的自我学习能力，拥有较强的自尊心，同样也会为了事业奋斗拼搏，但是你需要让市场去激活他们，而不是靠公司多年不变的自上而下的行政命令式的要求。

自下而上的管理，需要每个公司根据自己的实际情况去设定，可以通过小程序、微商城等去做载体，做到准确、实时、传递、共享，如果按照这个方向发展，年轻群体在公司的整体积极性会大大加强，充分发挥年轻人的能力，公司的核心竞争力也会增强。

③ 用年轻人去带动年轻人。

在零售型公司的管理架构上，建议采用年轻人带动年轻人的模式，在一线可以采用分小组模式，小组负责人都由选拔出来的年轻人担任，如果公司确实储备不足的，可以采用辅助职位的方式，让年轻人参与到日常管理之中。

用同类人去分类合作，是提升沟通效率的一种方式，大公司的管培生其实就是这样的概念；这里不是说年纪大一些的就不能参与到日常一线管理，只是我们要在公司内部创造一种不按照论资排辈、按实力能力的工作氛围，这样的零售企业，会更有活力，人员流动也会大大减少。

④ 合伙人模式和辅助个体经营模式。

合伙人模式是解决企业核心员工和管理层的一种内部运营体制，合适的合伙人模式能够有效地带动企业员工的积极性，让企业管理由被动管理变成主动推动，这样的模式对于零售企业的员工稳定性和积极性都有较大的帮助。

在合伙人模式下，也会有一个真空地带，就是普通员工积极性很难调动，因为大多数零售企业的合伙人模式都是以核心员工或者管理层以上为标的展开，没有涉及一线的很多普通员工。而这些人往往都在一线，更需要调动他们的参与感。

随着互联网技术的发展，零售企业采用线上线下结合的模式。对一线员工可以采用辅助个体经营的模式，即利用线上工具的二三级分销功能，将普通员工发展为公司的二级代理，利用他们的业余时间实现更多的线上推广，即使未来离职，依旧可以成为公司的个人代理类客户，这样就可以将那些愿意且也有能力的员工挖掘出来，调动他们的长期积极性，实现普通员工由单纯的雇员转变为"雇员 + 代理商"的身份，带动企业全面的发展。

企业内部人员管理，是一个需要顶层设计、管理层策划、基础层积极参与的模式，这中间需要诸多的互联网思维、应用更多的互联网工具，通过这些思维和工具的应用实现老中青的共同发展，因为未来的零售，要面对更多新科技、新产品、新用户的变化，我们必须要让年轻群体成为公司的一个又一个持续不灭的火种，这样才能在零售的不断升级中立于不败之地。

（4）上游企业中的人的变化

所有的零售型企业，面对上游供应链是日常工作的一部分，但是上游供应链的发展也是不平衡的，各个企业发展在不同阶段，会有不同的变化，我们把上游分为四种。

① 传统没有变化的供应链。

很多上游公司因为历史发展原因，人员发展并没有能够及时适应市场的变化，但是因为其具有技术积累和供应链的长期整合优势，依旧具有很强的竞争力，这类企业我们可以根据自身利益的需求，和他们展开合作，合作的过程中注意控制产品趋势下的风险，尽可能获得更多资源整合的支持。

② 有新思维、但是行动力不够的供应链。

现在市场在互联网等技术的推动下，呈现加速度的变化发展，很多上游供应商在思维上已经能够接受，但是因为自身体制的原因，行动力是跟不上的。针对这样的企业，建议可以采用争取试点的方式和上游合作，这样其实也是反向促进上游变化，对于上下游的发展都会有一定的帮助。

这个时候零售型企业可以获得的资源相对来说会比较多，这对于自身的发展也具有较大的帮助，共同发展、一起成功，这样的供应链更容易绑定长期合作。

③ 有新思维，并且快速变化的供应链。

也有一部分上游企业，不但能够自己跟上市场的节奏，并且具有较强的行动力，这类企业基本上在市场中都是具有较大的声音，有一部分企业能够发展成为新的领导性的品牌，比如这两年兴起的国货品牌，类似这样的企业就比较多。

零售型企业针对这类上游，可以采用积极跟进的方式，这个过程中也需要不断调整自己，一方面是利用这样的机会让自己也能跟上市场的脚步，一方面也是把自己最优的一面发挥出来，让自身实现跨越式发展。

和这类供应链合作，需要零售公司具有较强的执行力，并且能够快速适应上游的变化，一般来说业绩压力会比较大。一方面，这种压力可以推动自身公司的发展，但另一方面，如果自身没有做好耐力和奋斗的精神，也会给公司团队带来较大的情绪波动。

这类供应链也容易出现黑天鹅事件，比如为了发展隐瞒一些事实和数据，所以这类企业发展，也需要对于其策略做更多的研究，并且对公布的数据具体分析是否符合正常企业的发展预期。

④ 思维过于超前，不切合实际的供应链。

在市场中还有这样的一类企业，他们属于比较特别的一类——激进派，他们或许会有一个好创意或者一个好产品，但他们对于未来期待值也非常高，有很多年轻的初创企业会有这样的问题。针对这样的企业，我们务必要小心谨慎，多方求证，控制风险，因为市场的发展有其特定的规律，并不是以某个人意志为转移的，很多拥有一定核心技术或者不错产品的初创公司，后续发展都不尽如人意。

当然这样的激进派也并不是没有成功的可能，比如特斯拉的发展，就是属于电动汽车企业中的异类，但是他们擅于整合资源，并且把握了趋势发展，对于市场来说已经是一个成功的企业了。

上游企业的风格，大多数和高层风格相关，所以零售型企业在与之合作的过程中，一定要研究上游的企业文化、高层策略、管理风格以及资源整合能力，避免让自己的发展错过一些机会。

其实"人"在零售型企业发展过程中，始终是最重要的，我们经常讲以用户为中心，这句话说起来很容易，但真的做起来非常难，因为"人"一直在不断的变化之中，在没有很完善的数据之前，一般零售企业很难量化这个"人"的数据，很多时候的判断都是偏主观的，主观的判断就与决策人的知识结构、性格和经验有关了。

但是我们又不得不把"人"当作一个最重要的因素，因为我们认为零售的本质就是帮助你的用户获得更优质、更便捷、更舒适的品质生活，而这个过程又要调动自己的员工、上游的资源才能实现这个结果，同时所有的运动过程又是在大的市场变量之中，所以作为零售企业，需要对"人"有一个充分的认知，要把"人"尽可能的量化，逐步实现系统化、数据化，通过大数据分析来实现精准营销，这样的零售企业对于未来的竞争才会有更多的机会。

2. 货

开一家零售店，做好"人"的定位之后，紧接着就是要开始寻求"货"的资源，因为货是这个交易过程中的载体，就像写文章一样，你要有内容，没有内容，再好的定位和平台，也不可能实现阅读量，更谈不上变现。

当然"货"又必须要和你定位的"人"相匹配，否则即使你有再好的货，但针对的"人"不对，也是属于选品失误，很难在零售店面有更好的销售业绩。比如帝瓦雷是一款非常优质的高端音箱，但是如果一个零售企业用户主要是年轻的学生，很显然"货"与"人"的匹配度就不对了。

所以，"货"属于零售型企业中的技术性存在，因为要做好这个货，需要拥有一定的技能，包含选品能力、选品流程、还有商业模式，这个技能是需要去锻炼和摸索的，是一个积累的过程。在选"货"的能力上，零售型企业需要做的事情就是不断地学习和积累经验。

（1）选品能力的提升

选品能力其实是一个非常复杂的问题，因为每个公司对于采购人员的要求不一样,但是也有一些共性,我们首先需要澄清几个常见的误区。

① 长尾理论。

长尾理论是美国《连线》杂志前任主编克里斯·安德森提出的一种理论,他的意思是说由于成本和效率的因素,当商品储存、流通、展示的场地和渠道足够宽广,商品生产成本急剧下降以至于个人都可以进行生产,并且商品的销售成本急剧降低时,几乎任何以前看似需求极低的产品,只要有卖,都会有人买;当然这是有前提的,就是需要在网络兴起的时代,适用于在线的大众型互联网公司。

而对于目前的线下零售型企业而言,长尾理论还有效吗?根据对不同的零售店面调研发现,绝大多数店面都是适合销售爆款和常规产品,而长尾产品其实并不适合线下零售店销售,因为店面的面积有限,能够陈列的产品型号有限、消费者来店面的频率和时长也是有限度的,所以长尾理论在这里并不适用。

这个认知对于我们的帮助就是,有很多时候零售的老板们或者采购经理,看到一个非常具有艺术气质的产品,个人非常喜欢,会自然地联想到是不是可以放在店面去销售,如果这个产品属于大众类别、价格合适,又是你定位的用户群的诉求之一,当然可以销售。但是如果是一个非常小众的产品,仅仅能够满足极小一部分人的愿望,这个就是属于长尾类产品。如果你仅仅通过线下门店销售,是很难有机会去卖出这类产品的,往往是采购回来之后,就已经成了长期库存了;当然如果采购回来当作花瓶型产品，可以另当别论。

但是也会有一些特例，比如在一些一、二线城市，会有一种专业发烧友级别的音频类店面，这种店面会有各种你没有见过的音频类产品，有的特别小众，这些零售店面是如何生存的呢？

首先，这类店面依旧是靠销售大众类产品生存，因为这类产品拥有流量；其次，这种店面一般只能开在经济发达的、人口众多的一、二线城市，因为这类城市中沉淀了一批音频发烧友用户，这些人对于一些小众产品具有明显的需求；最后，这种店面其实是依靠发烧友这类的 KOC（关键意见消费者），带动更多的普通用户前来消费。加上高端音频类产品属于重度体验产品，本身也是适合线下店面销售的，所以这类人在线下容易形成一定的社群，在一个小圈子里这类店面一旦具有知名度，销售量就会有一定的保障；这也就是这类店面的能够生存的原因了。

所以从本质上说，长尾类产品只是这种店面的一种点缀，是吸引种子用户的一种策略，真正的盈利还是依靠大众类的产品。因为长尾类产品的厂商会有一些样机支持、推广费用，可以降低店面的陈列和销售成本，所以也是这类产品能够在线下经常出现的一个重要原因。

类似于音频这样类型的店面，还有家具、文创、书店等也有一部分类似的店面，还有一些轻奢电子产品集合类店面，这些店面一般都非常专业，具有较强的产品更新能力并长期积累了较好的口碑。这些店面一般都分布在大城市，主要是依靠人口红利，在人口较少的城市生存难度比较大。

② 爆款思维。

市场上目前还流行一种思维，叫做爆款思维，它同样没有一个标准的定义，一般理解的意思是生产企业将资源聚焦到较少的产品，以近乎偏执的态度，打造出能让客户"尖叫"、口碑一流的产品，并迅速占领市场。这个"爆款"一开始来自淘宝，淘宝把一些单品打造成快速流行的商品，是因为淘宝具有流量聚集的效应，它能够快速地将流量聚焦到某一特定的品类或者产品，而现在这些产品的打造又是依靠淘宝后台的精准数据分析，所以淘宝打造爆款有自己的平台优势。

爆款模式现在被互联网企业进一步发展成为反向定制模式CTM，这种模式以互联网企业长期积累的数据为基础，挖掘数据内涵，反向推导出产品生产，然后再通过精准营销，实现产品短时间的火爆销售；但是这种反向定制产品一般都与线下无缘，基本都是在线销售。

对于线下零售型企业而言，单一的线下平台暂时是很难有这种打造爆款的能力的，因为无论是平台流量聚集能力还是用户购物习惯的数据分析，都不可能达到淘宝的数量级；所以在打造爆款上，线下零售企业没有优势；但是长远看，如果某个线下企业拥有线上线下的能力，并且形成具有一定影响力的品牌，这种能力也会得到一定的加强。

但是线下零售企业也有自己的特殊价值，如果线上爆款始终不能落地，仅仅是在线上，也不可能具有持续的爆款机会，一个品牌的成熟需要在线上线下同时发力，才有可能成为真正的具有持续发展能力的品牌。

基于此，线下零售企业可以根据自己的特点和优势，寻求机会开展爆款产品的销售，这种机会需要建立在零售店面要具有良好的位置、出众的形象以及在行业内的影响力。如果一个零售店面能够获得更多这样的机会，对于零售店发展具有较大促进作用，所以这也是零售企业需要努力的一个方向。

我们不要迷信爆款，但也要注意这是互联网发展过程中必然出现的一种现象，要跟进并研究，使之成为零售的一个助推剂之一。

如何识别一个产品是否具有流行的趋势，推荐美国作家乔纳·伯杰的《疯传：让你的产品、思想、行为像病毒一样入侵》这本书（以下简称《疯传》），这本书详细地解释了什么样的产品会成为流行趋势，我们用通俗的语言来简单解释一下他的六点主张。

① 社交货币。

什么叫社交货币？《疯传》的作者的定义是："就像人们使用货币能买到商品或服务一样，使用社交货币能够获得家人、朋友和同事的更多好评和更积极的印象。"

通俗一些解释，就是这个产品具有一定的谈资和共同话题，购买回来之后有拍照分享朋友圈的价值；如果要具有这样的价值，这个产品就需要在颜值、设计、品质上具有独特之处。

社交货币的概念在国内传播比较广泛，比如很多品牌相互联合，成为联合品牌推广或者IP化推广，就是为了获得更多的社交货币，也是为了获得更多的流量。这个概念不仅被使用到产品本身，还被应用到更多不同的营销模式中，比如零售店也有联合品牌，苏宁和言几又就是这样的联合案例。

② 诱因。

诱因是一个心理现象，通过一些直接相关或者潜在相关的产品、视觉、现象，联想到另外一类产品、视觉、现象；比如看到一些穿白大褂的人推销某一个产品，就会觉得很专业，因为白大褂是医生常见的工作服装，而医生一直给我们的是一种专业的形象。现在不容许一些特殊职业的人以其身份和职业形象做推广，也是为了避免大众被误导。

一个产品具有诱因的好处是只需要少量的环境暗示就能激发更多的相关概念和思想，是我们辨识一个产品是否具有流行趋势的一个重要的维度。

③ 情绪。

一个产品，如果仅仅只有功能，在现在的社会很容易被仿制，但是如果这个产品带有了情感，就完全不一样了。比如苹果每次发布新品，都会随之有一段视频发布，苹果的工程师娓娓道来这个产品的设计过程中的故事和细节，这样就会让产品带有浓烈的情绪，苹果最擅长制造这种情绪的是乔布斯，每次发布会，都让果粉们欲罢不能，这是一种情绪的现实扭曲力场。

其实国内这样的产品也很多，比如猫王就打造了收音机这样的情怀，大疆无人机的宣传一直给人带来不一样的视野，李宁是用传统文化制造了一场国潮盛宴。

④公共性。

公共性是一种可视觉化的价值，比如交通信号灯就是一种公共性，你看到不同的灯就会知道代表一个不同的意思；如果产品具有这样的外在或者内在特性，不需要特别的解释就知道要表达的内容，就容易被人理解，也就会被谈论，当然传播起来就会更容易。

这就是为什么很多品牌喜欢通过获得某个知名IP的授权使用了，因为通过这个IP可以快速被认知，不需要再有一个宣导的过程，就可以获得更多的关注。

⑤实用价值。

一个消费者购买产品后，最终是要获得它的实用价值，无论这个价值是物质形态的还是精神形态的，都要有能够满足这个消费者需求的地方，这是人购物的一个基本诉求，人也更愿意传递具有实用价值的信息。

所以一个产品要流行，一定要注意它的价值是什么，说得直白一些，就是对于消费者有什么帮助，如果在物质和精神上没有任何帮助，这就不是一个好产品，起码不会流行。

⑥故事。

人的记忆其实是有选择性的，比如让你去记住一个复杂的逻辑公式，可能对于你来说是一个很难的事情；但如果是一个有趣的故事，那就容易多了，并且故事流传得会更久，中国的《聊斋》，国外的《伊索寓言》，其实都是故事形式。

如果你的产品通过一个故事去包装,那就会拥有特别的传播力,比如马云的演讲,其实就是由很多故事组成的,这让他具有更高的知名度,淘宝也就更容易被宣传。

在国内目前的市场大环境下,仅仅关注《疯传》这本书的六要素还是不够的,因为我们处于一个高速发展、互联网的使用频率极高的大背景下,所以还需要再补充四点内容。

① 用户。

如果你的产品不是以特定用户为中心的,而是一种泛人群概念,你的定位就会不准确,定位不准确或者不清晰的产品,很难获得用户的认可,传播力度也会比较小。

现在也有一种观点认为,只要把产品做到极致就可以了,不用考虑用户的感受,并且很多产品经理认为乔布斯就是这样设计产品的。其实乔布斯具有极强的市场敏锐性,并且他把自己就当作是一个极为苛刻的用户,所以苹果并非仅仅是以产品为中心,他们具有极强的用户思维,看看苹果直营店的变化,就能感受到这种价值贯穿整个苹果的成长历史。

② 品质。

产品要具有一定的品质,包含产品本身的材质、设计、使用方便程度等,现在的产品并不是说功能好就可以,如果在品质上不能升级,也不会持续流行。

以前有些品牌通过包装、语录、新媒体宣传等,打造了短时间的爆款现象,但是很快就被市场遗弃,究其原因就是品质达不到现在消费者的期望值。如果产品思维还停留在一种讨巧的广告宣传思维，以为抓住一部分人群的行为习惯，就能实现销售的持续增长，这是对现在市场的一种误解。

品质，无论是国外品牌还是国内品牌，都必须要去认真对待；零售型企业也需要在产品引进上有强有力的管控措施。

③ 趋势。

现在的社会，是朝着科技化、智能化等方向发展的，所以产品也需要朝着同样的方向发展，虽然并不是所有的产品都是越智能化越好，但是智能化是人类对于未来美好生活的一种追求，这个趋势需要把握。

社会的发展趋势细分起来会有比较多的方向，不同时期也会有不同的趋势。一个品牌如果完全脱离趋势，只做一个以自我为中心的产品，也许会有一定的影响力，但是很难长期持续性的发展。

零售型企业在选择产品的时候，一定要看这个产品方向是不是未来的趋势，比如大健康就是一个国内发展的很好的趋势，那围绕这个方向就能淘出一些优质的品牌；但是一些已经不能适应产品发展趋势了，比如有线耳机，如果在这个行业大力发展，就很难有所作为；不是说有线耳机会被淘汰，而是这个方向在消费领域的长期成长性不及无线耳机。

了解趋势，就需要行业、历史、消费习惯等有较深入的了解，所以零售企业在判断产品采购的时候，也需要具有资深背景的人才参与，确保产品采购的大方向不会有偏离市场的现象发生。

④ 中国文化。

中国文化兴起，也称之为国潮，是这几年很多国货品牌引导的一个重要方向，中国传统文化的兴起主要是国内发展带动的新一轮消费潮流，现在很多外资品牌在中国市场也会推出一些具有中国文化风格的产品，往往都会快速成为爆款，这也需要我们去重视，因为国潮的发展才刚刚起步，未来还具有广阔的发展空间。

当然不是说产品带了文化痕迹就一定能流行，传统文化要做的是锦上添花，只有品牌本身有过硬的条件，才有助于品牌的传播。比如国内在国潮方向做得比较好的，如故宫文化、李宁的国潮风等，在市场上都获得了较大的成功，很多产品上市被秒光，经常缺货，他们都是有良好的口碑和优良的产品品质，同时找到了合适的中国传统文化、现代文化与商业的交汇点，能够找到准确的点，市场推广是相对比较容易的。

中国传统文化是我们这几年都需要去关注的一个重要的方向，无论是本土品牌还是外资品牌，他们在这个方向的发力将会越来普遍，只是那些生搬硬套、没有创新创意的拷贝复制是很难有所作为的。

选品能力的提升，要在日常工作中去积累，要具有广泛的人脉关系，同时也需要加强自我学习，有一些选品交流的圈子，让自己对市场信息具有较高的敏感性，并且能够敏锐地发现中间的规律和趋势，这样零售企业在选品环节上才会有更多的运筹帷幄之地。

（2）选品流程的保障

一个公司如果想提升"货"的"能力"，选品能力打造仅仅是一个开始,在这个开始的基础上,还需要制度的保障,因为一个人的眼光总会存在一定的局限性,而且公司都是系统化运营的,每个环节都要考虑产品引进之后的成本和风险,所以,优秀的公司会有一个相对健全的选品流程,好的流程可以保障零售型公司的选品安全,我们综合不同公司的选品流程,给出如下的建议。

① 初选会。

采购人员通过密切关注市场,了解市场的动向,发掘市场中出现或者即将出现的新产品,做好前期沟通,这种沟通是一种初级的意向性的沟通,并不是最终的决定。

初步和上游沟通之后,会拿到产品介绍资料、初步的报价,甚至有的上游还可以提供测试样机,这个时候采购人员需要做一个初步产品分析报告,并将报告提交给公司的初选会。

初选会是产品引进流程的第一步,主要是公司业务部门参与沟通,其他密切相关的部门配合参与,比如市场部门;初选会主要是看产品的定位、品质、定价、品牌等是否与公司的发展相匹配,一些初选会比较成熟的公司会有一个相对固定的评选表格,供参与人员评分使用,表格内容可以参照上文的选品标准和公司本身的一些规范,当然这个表格并非一成不变的,每年都需要有1~2次的迭代。

初选会一般会在现场给出评分,决定是否可以进入下一轮选品,如果评分达不到设定标准,产品会被淘汰出局,有的公司允许淘汰的产品两周之内有第二次参加初选会的复评资格,当然会设定一个台阶，比如因为采购人员准备不足，现场没有能够答复更多的问题，可以给第二次机会；但如果是因为品质等关键指标没有获得大多数认可，一般都没有进入第二轮复评的机会。

零售型公司要通过制度，确保初选会的公开、公平、公正，并且要能够营造畅所欲言的氛围，因为这是公司引进产品的第一道关口，这个环节做得好，能够避免绝大多数不符合要求的产品进入公司内部的营销体系。

一般公司根据需要一个月开 1~2 次初选会，特别大的公司每周都会有，可以按照不同业务方向，开不同类型的初选会，每次参加的人员不一定要固定，但是都要对初选会的制度和流程足够清晰。

② 精选会。

初选会之后，公司会进入第二轮的产品会议，这一轮主要集中在商务条款、销售支持策略、售后、法律法务、存储物流等信息资料，有些有可能带来较大销售规模的产品线引进，还需要人力资源、财务等部门的参与。

精选会聚焦的已经不是产品的类型，而是偏重于商务，因为一个产品的流通，需要各个部门的配合合作。同时也要去判断这类产品的引进是否符合公司的利益最大化，是否存在一些潜在的风险，以及销售这类产品的一些 B 方案，因为所有产品引进都是以给予美好期望开始的，而 B 方案恰好能够防止潜在的风险，这是一种居安思危的意识，对于公司的发展将大有裨益。

精选会可以采用流水席的模式，不同的业务方向可以依次讨论，这样可以提高效率；精选会可以现场出结果，也可以会后集中出结果，会议要有评分表和会议记录。

③ 门店试销。

选品一旦通过精选会，即可进入门店试销流程。门店试销是检验产品选品正确与否的一个重要方式，这是一种尝试性的磨合。

如果一个零售型企业店面比较多，会选择不同类别的店面开始尝试，总结不同店面的销售规律，找到最佳的销售方案。

试销的好处不仅对零售企业自己有利，对上游供应商也有诸多好处，比如不需要大量投放物料，通过"点"的布局就能发现问题，并及时去解决问题，这对于后面大规模铺开销售是非常有帮助的。

根据产品不同，试销时间长短也不一样，有的产品可能一周就可以，有的则需要 1~2 个月时间。一般来说大众类产品试销时间比较短，长尾类产品试销时间比较长。

④ 退场或者扩大销售。

试销评估结束之后，根据销售情况给出的不同反馈，如果没有达到预期，可以退场，避免更大的损失，这时上游往往都希望能够给予延长试销时间，一般来说零售企业都会给予延期 1~2 周，但是必须要有明确的延期扶持方案。

如果试销达到预期，则可以扩大销售店面，如果零售店特别多，可以分批、分类型逐步上线销售。

选品流程对于常规产品的引进是非常有帮助的，能够避免公司因为人情引进不合适的产品，有些制度严格的公司，完全依靠选品流程，即使是老板也不能独自决定，这就保证了公司的良性正规运营。

还有两点需要提醒，一是对一些市场已经流行的爆款产品，可以将流程速度加快，或者有一个特别申请通道，但是需要有一个严格的申请门槛，保证这个特殊通道不会被滥用。二是一定要明白现在线下单店销售能力是没有办法和线上去比较的，店面销售规模是靠不同产品的积累，所以在制定销售目标的时候，要考虑实际情况，不能过于看重单品数字，并且有一些品牌看重的是线下布局后的市场推广效应，而不仅仅是销售规模，所以什么样的单品销售数字是合理的，需要和上游达成一致的认知。

（3）如何实现店面的海量销售

实体零售店面选品都有一个比较明显的缺陷，就是店面能够陈列的销售产品是非常有限的，即使像沃尔玛、家乐福这样的大卖场，一个店面也就是几万个SKU，而一些只有100~300平米的零售店，店面能够陈列的SKU也就是几百个到两三千的数量，一般来说授权专卖店SKU数量会比较少，综合的潮品店面SKU数量会比较多；但是无论多大面积的实体店面，都有物理的上限。

对于授权店面来说，不用特别在意SKU数量，因为毕竟授权店面厂商有自己的规划，同时也会有相应的支持，有的还有不同的补贴；但是对于综合潮品店来说，就不得不考虑是否要增加更多的数量了,毕竟现在人有越来越去中心化的诉求。

现在授权店面品类也在不断增加,因为厂商都希望去做一个自己的生态体系,这也就迫使销售的产品越来越多,店面也越来越大,这也导致运营成本的上升。

那么如何去解决这个问题呢?现在市场上基本都在尝试的方案就是线下线上结合,因为一个线下的零售企业,一旦拥有线上的功能,就获得了互联网的空间,理论上这个空间是可以无限增加产品的,但是如何做好这一步,却是很多线下企业比较苦恼的事情。

我们提出一个全新的概念,就是"万货商店",即线下零售型企业通过线上工具,不仅仅能够实现用户留存,还能够实现更多品类的销售,品类甚至可以媲美很多传统电商,这样就可以利用自己在线下的优势,实现更多的体验式销售,同时也能够实现更多的用户服务,实现更多的在线销售,完成超级用户的准闭环打造。

要做到万货商店,还是有众多的工作需要去做的。

① 建立自己的私域流量池。

私域流量是这几年特别火爆的一个概念,专业的解释是指不用付费,可以在任意时间、任意频次直接触达到用户的渠道,比如自媒体、用户群、微信号等,也就是KOC可辐射到的圈层。其实这是一个社交电商领域的概念,而这种形式在互联网没那么普及的时代就已经有了,比如以前的会员制、邮件营销等,都是类似的概念,但是因为当时互联网没有现在发达和普及,运营成本比较高，所以当时只有很少的企业去推行。现在随着互联网普及，各种在线工具的出现，私域流量成为更多企业争相发展的一个方向。

如果要推行私域流量，首先要有一个流量池，也就是说把用户放在一个什么样的工具上去运营，目前无论是腾讯还是阿里巴巴，都有各自的工具平台，腾讯主要是依托微信平台，加上企业微信和微信公众账号，阿里巴巴主要是在钉钉的平台上运营。当然也有一些第三方的工具，不过还是大平台更具有优势。

建立私域流量的流量池要成为公司的一个战略，因为如果没有私域流量池，就谈不上去建立线上平台，私域流量池是建立线上平台的一个基础，同时未来线上平台也会推动私域流量池的建设。这是一个相辅相成的过程。

私域流量池建立以后，还有众多复杂的工作要去执行，比如想办法激活私域流量，因为只有具有持续变现能力的私域流量才是有价值的流量，否者变成一潭死水，都变成睡眠用户，对企业发展是没有意义的。

激活私域流量用户，最简单的方式就是通过多品类产品的销售，尤其是爆款、新品的销售，所以当私域流量池用户达到一定的级别时，就可以开始寻求更多的产品销售机会，这个时候就需要新供应链的出现。

② 选择具有一定品质的新供应链。

什么叫做新供应链？以前的供应链对于零售企业而言就是物流的一个代名词，基本上是以运输为主，但是新供应链是互联网时代发展推进的产物。

新供应链可以整合货源,可以实现一件代发,负责售后服务,甚至可以提供供应链金融,不需要下游零售型企业备货,零售企业只要负责好销售就可以,剩余的事情都交给新供应链承担。这种新供应链的出现,推动了不同类型企业的发展,甚至还推动了个人经营者的完善;同时,反过来,诸如零售型企业因为市场发展的需要做私域流量、直播、线上商城等,也推动了新供应链的发展。

目前国内很多分销商、物流公司都在朝着新供应链的方向发展,一些网红电商后台,也在走新供应链之路,这种基础设施的变化,将会逐步改变整个市场的商业形态。

③选择一个具有开源接口的线上运营工具。

线上平台是线下零售企业的必由之路,因为当大众已经习惯了在线购物方式,线下渠道就需要给用户提供这样一个选择。请注意这里不是说线下零售店不开了,而是需要在线下门店的基础上多建立一个能够和用户随时连接的平台,这就是线下零售企业的线上平台。

随着私域流量池的建立,我们慢慢积累了一批自己的种子用户,也就是超级用户,这些用户中拥有相当一部分的KOC,这时建立线上平台就拥有了第一批忠实的粉丝,这对于线上平台的建立具有很大的意义。

其实对于线下零售型企业,招揽线上用户方式是多样的,并且具有相对优势,比完全靠自己直播的人更有优势,因为你有店面就代表一种信任和靠谱，拥有真实感的产品能够给用户带来快速的信任，加上店员的服务能够给用户带来温度，这些都是单纯的线上平台无法提供的，这些优势如果运营得当，零售商的线上平台的粉丝会快速增加。

既然是一个全新的业务，就需要有一定的投资预算，不可能凭空就做好；并且这个预算是需要长期坚持投入的，基本不会出现一夜爆红的现象，也不要期望一夜爆红。

④ 拥有一个逐步专业的运营团队。

为了打造这个线上平台，实现万货商店的目标，我们需要有一个组织架构上的变化，就是需要在企业内部有一个专业的社交电商运营团队，这个团队从一开始就要被构建，并且要逐步完善壮大。

其实任何企业内部，只要出现战略性的业务，组织架构都会跟随着变化，专业团队是线上业务支撑力量，从开始建立私域流量池开始，就需要有这样的团队。

可以在公司内部或者以外聘的方式打造这个团队，公司要在运营初期在高层形成一个共识，形成一个全局思维的顶层设计，然后公司内部要大力宣导，形成共同支持、共同认可的局面，并且前期要给予相当的政策扶持，因为不能期望一个嫩芽在没有支持的丛林中长成参天大树，所以对于高层要从战略上支持这个业务方向，有时候要学会取舍，扶持小树苗逐步成长。

从 2020 年初新冠肺炎疫情期间就可以看出，加大私域流量建设、做好线上平台的企业，在疫情中损失较小，甚至没有损失，有的销售额还出现了明显的增长，也就是说，拥有了这个能力之后，零售企业的抵御风险能力将会大大增强。

之所以在"货"的这一章节提出零售店的在线销售平台，还是基于原有的线下零售企业"货"的短板：能够销售SKU少，只能销售大众和爆款产品，市场竞争压力越来越大等，因为线下的这些功能传统电商基本可以取代，而传统电商的"长尾"功能在传统线下零售业却没有办法运作。

而只要传统线下零售企业能够逐步建立自己的私域流量池，建立自己的线上平台，就可以逐步在自己的体系内形成销售闭环，并且在新供应链的支持下，实现真正具有竞争力的万货商店。这个"万货"可以是垂直类别的、也可以是综合方向的、更可以是专业服务方向的，至于选择什么样的方向，就要看每个企业自己的定位了。

因为传统线下零售企业在变化的时候，传统电商也会变化，他们也在寻求线下合作，所以传统线下零售型企业在朝着这个方向发展时，有几个需要注意的节点。

① 关于定价。

如何给自己的万货商店的商品定价？这是一个需要我们认真思考的问题，一般来说，传统线下零售加价率都比传统电商要高，这也就是为什么传统电商成长如此之快的一个重要原因；传统电商基本上采用的策略都是价格竞争，无论是阿里的双11，还是京东的618，都是典型的价格营销策略，只不过现在在互联网的推动下，玩法越来越多样化而已，本质上都是低价优惠的营销。

这些年传统线下零售压力越来越大，一个非常重要的原因就是在价格上没有办法和传统电商去竞争，有一些上游渠道采用型号区分的方法，但也只是一种饮鸩止渴的方法，因为互联网的普及推动了信息扁平化，消费者获取信息来源越来越多、对于线上购物越来越信任和习惯，这个时候用型号差异供货的方法，并不会很持久，也很难获得长期向好的市场预期。

所以既然传统零售型企业选择了线上线下融合发展这条路，在定价策略上就不能采用原有的单纯的高加价率的线下定价方式，而是要走电商普遍使用的方法——薄利多销。

也许对于传统零售企业而言，在初期适应会有一些困难，因为初期销售规模还不能达到一个均衡点。但这是一个趋势，暴利时代会随着互联网的发展，逐步被市场淘汰出局，因为暴利时代打的是信息差，现在不但信息不平等逐渐消除了，线上销售因为物流业的发展和创新，人与货的物理差距也逐渐在缩小，以前送货3天以上，现在在一些一二线城市30分钟就可以拿到心仪产品，比坐一趟地铁出去购物效率还要高，并且还可以比较各平台价格获得性价比最优的购物体验，而在货物正品保障上，线上现在也有完善的法律法规，售后服务也有多方面的保证。

所以传统零售型企业如果选择现在线下线上融合，在定价上一定要有全新的认知，不能仅仅局限线下思维。

② 积极发挥线下门店的优势。

线下门店有自己优势，可以销售一些强体验的产品，比如按摩类产品；可以给予实时的服务，比如维修；可以服务好周边3~5公里范围内的客户，发挥线下门店优势，实行快速送货上门服务。

当然线下零售业也需要从坐商到行商，改变原来那种"守株待兔"的习惯，要主动出击，开展更多的店外销售，这不仅仅可以获得一定的销售额，还可以为线上积攒更多的用户，实现私域流量的转换，而这些都是区域传统线下零售商擅长的优势，这些优势并不能因为做了线上平台就丢掉，因为传统的并不一定就是落后的，有些核心竞争力的东西，只要加以改造，为新模式服务，它依旧具有核心的价值，因为这些都是传统电商和新兴社交电商很难做到的，他们要想实现这些，也必须自己去开实体零售店，很显然，这不是他们擅长的事情。

所以，传统线下零售商要积极总结自己的优势，并把这些优势发扬光大，如果本来还有不足的，需要想办法把不足提升起来，而不是直接放弃掉，比如店员的销售技巧、接待能力、陈列布局能力等，都是线下需要加强和完善的。

③传统电商线下线上融合后，要加强特色能力的提升。

传统零售店可以提供的服务非常多，这也是现在很多线下零售店一直在尝试的，比如做特色礼品包装服务、现场手工制作服务、线下旧手机回收服务等，这些特色服务依旧需要坚持，未来可以通过直播等形式给用户提供更多的服务，让用户有更多的选择。

传统电商线下线上融合后，一定要多做差异化服务，提升自身的竞争力，把自己做成区域或者行业内的头部，才会有更多机会，这里面的竞争其实比现在单纯的店与店之间的竞争更激烈。

④ 要和上下游联合尝试业务创新。

俗话说船小好调头，区域性的传统线下零售型企业，一旦开展了线上业务，就可以和上下游合作，尝试各种创新业务，因为这样的规模创新，成本是相对比较低的。

比如说可以尝试代购业务，帮助一些超级用户，实现长尾产品的销售代购；比如可以尝试定制业务，实现一些高端产品的销售，因为用户需要更个性化的选择，可以联合上下游成为定制中介，这样既可以维系一些高端用户，又可以帮助那些具有工匠精神的中小企业找到精准的用户。这个规模的服务传统电商普遍是没有兴趣参与的，或者即使有兴趣因为没有宣传平台、没有私域流量，很难有效推广。

随着5G的发展，超大规模的电商可以采用无人机送货、机器人送货，提升他们的效率；而我们这些中小零售企业，可以开展更多的区域性创新业务，这种核心能力一旦形成，即使是大的企业也奈何不得，因为你和用户的距离更近。

关于人、货、场中的"货"，是一个推动零售企业变革的载体，我们需要在这领域持续研究，因为物联网的时代，智能硬件设备是现在的10倍、100倍以上规模，现在全球智能设备大约40亿台，也就是说未来是400亿的起跳，这个量级的产品，中间一定拥有海量的机会,当然这这个量级如果仅仅是实体店是无法承载的,这也验证了线下零售企业必须走线下线上融合这条道路的必要性。

3. 场

"场",是线下零售型企业存在的外在空间,也是零售企业的具象表现;所以但凡做了线下零售型企业的,都非常重视"场",因为行业内有一句话,开店最重要的是什么,就是:位置、位置、还是位置。

我们围绕着位置,来看看不同的"场",以及不同的运作。

(1)如何选择一家有潜力的 Shopping Mall

实体零售店的"场"所能够在哪里?现在大家普遍的认知,都是在 Shopping Mall,但是这几年 Shopping Mall 越来越多,2018 年开业 900 家以上,2019 年也有 982 家在建,渠道分流现象越来越严重,很多 Shopping Mall 开业后空置率非常高,所以零售型企业必须学会选择 Shopping Mall,以下的方式也许在教科书中见不到,但是对于帮助零售企业判断还是有一定帮助的。

① 一般选择开业一年以上的 Shopping Mall。

现在新的 Shopping Mall 越来越多,宣传也是越来越高大上,但是对于零售型企业而言不能仅仅看这些宣传,还需要更谨慎,一定要看其招商情况,如果有可能可以写进合同里,因为现在个别 Shopping Mall 开业后,会有 50% 左右店面空置率,在这样的 Shopping Mall 里的店面,第一年很难实现盈利。

所以对于中小型零售企业比较保守的方式是尽可能选择开业一年以上的 Shopping Mall,因为你可以看到一年中这个 Shopping Mall 的经营情况,这时候的判断相对来说准确率会更高一些,不要因为 Shopping Mall 给了你一些租金等特殊优惠就一时冲动,有时候反而得不偿失。

除去一些非常特殊的位置,其实不用特别担心以后进不去,因为现在 Shopping Mall 之间的竞争越发激烈,而线下新进入的竞争零售商并不是很多,所以有时候观察一下,效果会更好。

以上的建议仅仅是在你没有准确信息和资金量不足前提下的决定,并不表示所有的新 Shopping Mall 都不可进驻,如果能够拿到准确的 Shopping Mall 的各项信息,还是要以准确的数据为依据,否则也会错失一些机会。特别是一些战略性的位置,有时候要提前布局,即使第一年有预亏,也是需要进入的,所以要根据实际情况,做实际的判断。

② 一般选择周围 5 公里以内没有竞争对手的 Shopping Mall。

一般认为 Shopping Mall 的覆盖距离是 3~5 公里的核心区域,当然现在的交通便捷,10 公里、20 公里有时候也不是问题,我们这里说的 3~5 公里是基本盘,基本盘稳定,店面盈利的概率就会比较高。

5 公里范围内没有竞争 Shopping Mall,对于现在的一二线城市来说是比较困难的，除非周边社区还在发展之中，并没有实现规模化，否则这样的mall并不是很多；所以在判断的时候，需要考察周边社区覆盖情况以及小区入住率。

③ 一般选择交通方便的Shopping Mall。

交通便利主要是指：地铁、公交线路发达，最好有Shopping Mall的专门停靠站，车站的停靠点不要离Shopping Mall太远，现在很多Shopping Mall下了地铁就可以直接进入，这叫地铁上盖；另外对于自驾车要有清晰的指示标牌，方便停车。

交通便利是选择一个Shopping Mall的先决条件，现在的人都对交通便捷要求极高，除非是一个特殊的Mall，比如奥特莱斯、折扣型的大型超市等，可以开在郊区。

④ 多个Shopping Mall在一起时候的选择。

现在市场上，很多Shopping Mall开在一起非常普遍，怎么去选择呢？其实是一个很难的事情，因为你可能并不知道哪家生意会更好，尤其是都是新开业的Shopping Mall。

大家可能会说：选择最有人气的，而不是最新的；当然，这是结果，选择的过程会有以下几个标准：

标准一：选择在奢侈品牌招商力度比较大的Shopping Mall，因为一般大牌对于选址都有自己严格的标准，并不会随意进入一个商场，所以如果大品牌多，就意味着附近的Shopping Mall类似的资源就会少；

标准二：集中在一起的Shopping Mall看品牌历史，有的Shopping Mall在不同的城市都有店面，具有极强的招商能力，而一些新加入的可能就没有这样的资源；

标准三：看运营团队的能力，即该运营团队是否有操盘过类似项目的成功经验；

标准四：看交通，即使都是开在一起的 Shopping Mall，也有交通更便利的，因为有时候就是因为隔着一条路，就会对整个人流带来决定性的影响，这一条是需要去现场且不同时间段去考察的；

标准五：看是否有大的超市系统、星巴克、肯德基、麦当劳等进驻，这些品牌我们称之为流量品牌，现在流量品牌还包含很多网红店面，比如喜茶、奈雪的茶等，网红店变化比较快，要留意不同阶段的不同网红品牌。

集中在一起的 Shopping Mall 对于商家有时候是一种考验，特别是一些连锁企业，因为他们和不同的 Shopping Mall 都会有合作，有时候要学会委婉地拒绝。

⑤ 养店的模式需要谨慎。

养店模式在以前是比较流行的一种方式，也就是先占位，可以容忍一定时间的亏损或者不盈利，等待这个 Shopping Mall 火爆。

养店需要我们对于这个区域有足够的了解，尤其是区域的规划，比如周边小区的完工和入住时间表等；如果有足够准确的数据支持，就可以按一定比例地采用这样的方式，但是一定要做好预算，以及亏损止损线。

目前，养店模式需要谨慎对待，尤其是本来资金就不是很宽裕的中小企业。

⑥如何对待免租的Shopping Mall。

现在有一些Shopping Mall为了吸引一些有一定知名度的零售商进驻，会给予一定的免租期限，这种类型需要零售商通盘考虑，如果进入，请一定要做简单装修或者可拆卸装修，以防日后的变动。

⑦开始尝试快闪店。

对于一些全新的Shopping Mall，如果条件合适，可以首先尝试快闪店的模式，快闪店可以帮助我们快速识别一家Shopping Mall的真实情况，同时还可以给我们带来更多的私域流量，如果公司对于私域流量的运营流程比较完善，快闪店是积累这种流量的最好方式。

虽然快闪店成本比较低，但比较适合那些对于店面装修经验丰富、产品类别比较齐全的零售商，快闪店的运营更多是品牌的推广和流量的积累。

⑧在Shopping Mall的面积。

一般来说，厂商对授权店面都有自己的标准，所以在这里不再赘述；而对于零售商自己的品牌的店面，比如说潮品店面，就需要根据自己定位去考虑。

不过随着运营成本的上升，这类店面的发展趋势是小型化，小而美的店面将会成为一个重要的发展方向。"小"主要是考虑综合店面SKU太多，管理上就会存在困难，而现在同一个大类能够实现比较好的流通产品，并不是非常多，所以选择小是一种比较稳妥的方式;"美"是店面要有特色,要有设计感,要有一定的参与感,这样的店面才能吸引客户,留住客户。

⑨ Shopping Mall 店面主题化趋势。

主题化店面,是去中心化发展的一个结果,因为用户未来会根据自己的个性、爱好和习惯,选择不同的主题店面,比如说有的人喜欢手办类产品,他心目中就会有自己的手办店面;比如说一个人是音频类产品的发烧友,那么他一定会找一个和他气质相匹配的店面,这些主题化店面未来会随着 IP 化的发展越来越多。

也就是说未来你的店面可以销售 IP 化产品,也可以整个店面都是一个 IP,这也是零售店发展的走势之一。

在 Shopping Mall 内选位置,还需要考虑楼层的高低、场内不同的位置以及左邻右舍是怎样的类型等,这些都是需要斟酌和考虑的,一般的原则是选低不选高、选中不选偏、选旺邻不选高冷。

(2)社区和街区的注意事项

独立门店是不是还有机会呢?答案是肯定的,独立门店一般分为社区店和街区店,我们把写字楼比较集中区域的店面放在社区店面之中,这样分类讨论起来更清晰。

① 社区店面。

社区店面在美国是一种非常成熟的模式,因为美国大城市都属于卫星城,白天在城市内上班,晚上住在比较远的郊区或者小镇,这些郊区的社区或者小镇因为远离城市,相对来说生意就比较稳定。

国内现在的社区店面发展也在逐步成熟，比如上海古北社区、上海浦东的碧云社区、广州祈福新村等。数据显示位于广州番禺的祈福新村号称是中国第一村，有10万常住人口，20万业主，这样的社区当然是开店的选择之一；不过国内社区基本上都是从城市由内往外建造，社区离商业中心不远，所以社区店是以便利店、服务民生的店为主。

② 街区。

街区以全国各地的步行街区和商业街区为主，比如北京王府井、上海南京东路、苏州的观前街、重庆的解放碑等，据说在有些步行街的手机专卖店每月销售都是数千台，但是这里店面租金不菲，并不是轻易就能获得经营权。

在这样的区域开设店面，对于零售店的运营要求是非常高的，我们总结出以下7点注意事项，供大家参考。

a. 不要经常变换位置。

因为无论是社区还是街区，都属于开放性位置，经常逛的人会有一定的目的性，不变的位置有利于快速地定位寻找，所以如果不是更换更好的位置（比如中心区域），一般不建议经常更换位置。

b. 店员要具有稳定性。

店员稳定性是这类区域店面的一个重要运营指标，因为这些区域容易出现熟客消费，尤其是在社区，如果我们能够让优秀的店员保持一定的稳定性，销售也就会保持一个相对稳健的节奏。

c. 提供更多的服务项目。

销售产品当然是零售型店面的一个重要盈利机会，但是如果仅仅是靠赚取差价，店面的运营水平最多也就是一个中等水平；我们需要在社区店面和街区店面提供更多的服务项目，比如社区店面提供各种电器的上门维修、上门安装调试、送货上门等；街区可以提供礼品包装、快递、提供贺卡等，对于店面的整体运营能力会有较大的帮助。

服务项目增长，是未来零售店发展的一个重要指标。

d. 代购服务是一个突破口。

熟客生意会催生一个新业务——代购，如果我们能够熟练运用线上线下的经营模式，代购这种建立在新供应链基础上的生意，就是一种新的服务形式，并且具有持续性。当然代购生意同样需要宣传和推广，店面要有意识推广代购的类型甚至是一些品牌的推荐等。

代购需要在价格、服务上优于现在的传统电商，这样的才比较容易建立口碑。

e. 跨界合作。

现在有很多店面都流行跨界合作，比如数码和茶饮、杂货与咖啡、书店与餐饮等，跨界合作主要是因为社会节奏加快，人们希望寻求一种高效率的又有一定情调的生活方式而产生的，社区店和街区店面跨界合作的范例很多，比如社区书店就是书店、文创、杂货、咖啡与茶饮的结合，并取得了众多消费者的喜爱。

跨界合作，是零售商经营超级用户的必然趋势之一。

f. 社区团购业务。

社区团队是这几年比较流行的一种私域流量变现方式，将一个社区人员集合建立一个或者多个群，通过秒杀、拼团的方式实现薄利多销，消费者得益、企业获得规模，虽然现在还是以日常生活用品为主，但这是一个发展的思路，这种机会出现主要是因为团购工具越来越便捷实用。

社区店面完全可以采用这种方式，因为社区店的私域流量更容易建立，并且主要是服务周边社区人员，如果店面能够用一定的品牌效应，团队的信任度会大大增强，效果也会优于普通的没有店面基础的社区团购。

g. 街区需要提供礼品装和礼品袋。

街区店面建议提供更多的礼品包装服务，特别是礼品袋，如果能够经过精美设计，有条件的可以免费提供给购物的顾客，因为街区的宣传效应比较强，提供更多类似的服务能够获得更多的关注，对于店面的人气会有较大的帮助。

社区、街区的选址，要看人群的质量，现在消费类电子独立门店的经营除去非常知名的、拥有大流量人群的区域以外，其余难度比 Shopping Mall 要大一些，因为现代人更喜欢去吃喝玩乐都健全的 Shopping Mall，现在连健身房都有搬到 Shopping Mall 的趋势了。

（3）从空间上看"场"

未来的所有实体零售店都会有两个空间存在，一个是实体店面，一个是线上的虚拟空间，所以关于"场"，一定要辩证地去看,"场"存在多维度的时空,这对于我们理解零售会有一定的帮助。

① 线上不一定都是商城。

互联网对于人类最大的帮助是提升了效率,改变了人类沟通方式,所以对零售型企业而言,线上虚拟空间的本质是帮助人们提升了沟通效率。

如果按照这个思维,其实线上商城只是线上的一种存在形式,另外还有众多的线上模式,比如线上公众号,是一种内容传递平台;直播是一种一对多的沟通方式;短视频是一种跨时间维度的沟通模式等,所以对于零售型企业而言,做线上不一定非要是商城的模式,并且不论对内对外都可以是线上的模式。比如现在流行的在线办公,就是一种能够提升沟通效率的在线平台,这也是一种线上模式。

所以未来的零售型企业要面对多种形式的线上工具,商城也只是其中一种模式,并且商城并不是唯一的线上模式。

② 线上一定要有内容。

做线上与线下的区别是,线上需要内容的支撑,也就是说未来能够创造更好内容的人会被更多地青睐,因为普通消费者面对海量的线上信息的时候,只有持续优质的内容输出才有可能被关注。

所以我们如果要开拓线上的"场",就一定要打造一个有吸引力的线上内容平台,线上的"场"的装修就类似于线下的店面装修,"场"内的内容,就类似于线下的产品采购和服务,如果能够这样去思考和行动，经营线上"场"成功的概率就会比较高。

那么具体什么样的内容才算是有价值呢？一般认为对于用户有价值、设计上具有温度、能够持续更新、不要频繁出现强推销场景的内容更有价值。

对于用户有价值：就是你要能够通过后台数据分析，挖掘客户需求，提供精准的信息服务，不要对方买了华为手机，你却总是推送苹果产品的使用技巧；

设计上有温度：就是你的线上"场"不能只是冷冰冰地架构，需要根据不同季节、不同节日，给用户感受到不同的变化和温暖，因为线上的设计需要追求仿真化，所以相应的人才需要具有人文精神；

能够持续更新：坚持是一种品质，线上无论是卖货还是内容提供，都要能够做到持续、有规律，而不是三天打渔两天晒网，持续高质量的更新，能够带来用户变粉丝的价值；

不要频繁出现强推销场景：有些企业建立了线上平台之后，就期待一夜暴富，不断推广自己的没有经过精细加工的产品和服务信息，这种低质量的强推荐很容易让人反感，凡事都是过犹不及，所以不要幻想一蹴而就，而是需要细水长流，所以说线上的"场"同样是一种养鱼模式，而不是杀猪模式。

推销是可以有的，但要精心设计、花样繁多、偶尔为之，这样给用户的是一种惊喜，否者就变成骚扰了。

③线上具体可以做的工作。

线上"场"可以做的事情很多，比如使用技巧、好物分享、全球前沿、爆款评测,等等,这些其实都是围绕定位的用户来设定的,可以有专人负责,也可以找兼职,但是需要有统一管理、有序规划。

随着网络工具的发展,线上可以做的工作未来会越来越多,零售型企业做线上"场"的团队,要以年轻人为主,因为他们才是移动互联网的原生代,更具有想象力。

④ 线上工具的选择。

目前线上"场"的工具有众多的选择方式,大型企业可以自己开发,不过这需要较高的费用,一定要提前做好预算,并有专业人员把关控制。

对于中小企业,建议使用第三方工具,尽量选择一些第三方的头部品牌,因为互联网发展的规律就是头部获得更多的资源;另外因为你的数据信息都在线上,这是公司重要的资产,需要有足够实力的公司才有更保障。

⑤ 线上与线下结合。

线下的"场"与线上的"场"结合是未来的趋势,因为拥有用户并且能够形成自己的一个私域闭环生态环境,是未来零售运营竞争力的表现,即使未来还会有巨无霸企业出现,但是因为你已经通过"场"形成"人"与"货"的闭环,一样有机会成为区域的"独角兽"。

人、货、场的系统化管理是传统零售企业的管理的精髓,同样也是未来零售型企业管理的精髓,一个零售企业的升级过程,必须要考虑人、货、场的闭环效应,虽然这个工作做起来并没有那么容易,但是大家起步都是一样的,并且随着互联网的发展,互联网工具的使用成本也在下降,让这种闭环打造起来显得越来越具有可行性。

虽然一开始可能会不熟悉,会有人才困境、投入产出不成比例的现象,但是这都是正常的现象,就像一个创业型企业,初创期总是有各种困难;一个零售企业升级和转型的过程,其实比创业要更难,因为创业时没有太多的历史负担,还没有形成内部文化和发展惯性,而升级和转型就会有这些问题。要解决这个问题,就需要做好顶层设计,创始人或者经过授权的代理人,一定要起到带头的作用,只有身先士卒,才能逐步消除惯性,并在关键时候能够懂得如何取舍。

这里的身先士卒,并不是什么都是自己去做,而是要在一线,脱离一线的的高层,是没有办法在这次零售的大潮中获得满意的结果的,所以建议所有的零售企业创始人、中高层管理者,一定要多出去走走、多学习不同区域成功的经验或者借鉴失败的教训,学习知识多一些跨界、多了解科技的发展,这样才能做出准确的判断。

世界是不断发展进步的,人、货、场在零售的历史的上确实已经总结得非常完善,但是这毕竟是一个科技推动生产力的社会,零售企业还是需要拥抱新技术,要把零售是一个劳动密集型行业这种思维,改变为零售是一个高科技行业思维,因为只有思维的改变,才能让我们真正拥抱这个社会的发展。

为了更好地让大家理解这个思维,我们提出未来零售企业的科技化思路，并拆解为：技、术、利的模型，下一章节，我们就详细探讨这些模型下的零售新思维。

2
科技化运营之路

科技化，是这两年绕不开的一个话题，大数据、区块链、人工智能的发展，在互联网这个开放的大环境下，让整个社会都非常关注科技的发展，并关注如何将科技发展融入自己的企业之中，我们相信未来相当长的一段时间，科技化思维是企业成败的一个关键。

而零售行业的科技化，主要是指流程再造、用户管理、获利方式的科技化，我们把这三个方向总结为技、术、利。技，即技术在零售技术中的使用；术，即在用户运营上的方式方法；利，即在零售商如何获得更好利润上的策略。

1. 技

在消费类电子零售行业，有一句俗语，"做的都是高科技产品，管理却还是依靠十年多前的土办法"，虽然也有 ERP，但是大多数内部管理都没有打通，盘库靠人力、陈列靠感觉、销售靠心情，虽然这些年跌跌撞撞也过来了，有的还获得了不菲的利润，但这主要是靠行业红利，这些年移动互联网的发展、智能硬件的发展、4G 的发展，让很多企业抓住了机会。但是未来会怎样呢？还会有那么多唾手可得红利机会吗？我们相信红利还会有，但是会越来越少。

因为经过改革开放40多年的发展，很多企业已经积累了一定的财富，拥有了一定的实力，他们有的看到了这种趋势和变化，所以自己已经在悄然发生变化，尤其是最近几年，这样的变化越来越明显。应该说大多数的零售企业都意识到企业科技化管理的重要性，很多企业在行动，行动得早便都获得了不俗的成绩。

（1）零售型企业科技化的具体状况

零售型企业科技化之路，比较早被关注是源于两件事，一是2016年亚马逊在美国的第一家无人商店Amazon Go的对内试验性开张，二是2016年底马云提出新零售概念；后者加速了公众对于新的零售发展方向的关注，并且一直火爆到现在，这个过程中无数的企业涌入零售行业，希望在新零售方向分一杯羹。

比如国内一度兴起无人超市的建设，有的超市还没有建立起来，光凭着PPT方案就拿到了数亿的融资，各种无人超市如雨后春笋一样，开始在一、二线城市布局；

再比如2017年在上海开的实验店"有生品见"，就是当时典型的科技化方式，射频技术、人脸识别、无人结算等，但是很可惜因为选品、位置和资本等各种原因，后来没有坚持下来，虽然他们背后也有几家大的资本在做支持。

另外科技化尝试也很多，机器人餐厅让机器人成为服务员；24小时无人健身房，让健身行业从幕后走向前台。机器人店员计划，让很多零售商翘首以盼，虽然这个方向的创新一直在持续，不过有的是昙花一现、有的还在一线坚持，让我们来看两个具体的案例。

① 华为 Plus 旗舰店。

华为在零售上的投入是有目共睹的，特别是这几年各个城市的 Plus 旗舰店，在店面科技化上还是下足了功夫。

RFID 射频电子标签：让盘库成为一个可以瞬间实时完成的工作。在以往的工作中，零售商盘库是一个非常辛苦的工作，盘库基本靠人力，每周、每月一次，一方面人力消耗大，一方面也没有办法做到实时；而现在的极速盘库方式，可以让零售企业运营者随时根据库存量去判断下一个决策。

其实这种技术在大型超市一直在被尝试，只不过现在成本降低，可以实现小规模采购，已经可以推广到更多的零售型企业中去。

电子价签：电子价签也是很多超市的选择，因为超市需要对于生鲜产品采用不同时间段的定价方法。现在电子价签已经不仅只显示价格，还可以检测温度、统计人流量和停留时间等。

电子价签其实还有一个非常重要的作用，就是可以和线上价格同步，实现真正的线下线上融合发展，所以电子价签是未来零售必不可少的选择之一。

无线充电以及防盗：店面的连接线越少越好，这个技术现在已经比较成熟，基本上已经被广泛使用。

华为的店面科技含量在逐步增加，作为通讯行业的一个头部企业，在零售店科技化上的投入，会推动整个行业的进步。

② 云南九机网。

云南九机网是行业内实行科技化管理最好的企业之一，因为其本身是以互联网企业形式起步，所以他们更重视科技化的发展，这也是九机网的一个内在成长基因。

自己开发的演示软件：九机店面的手机类产品，大多数演示软件都是自己开发的，不仅能演示产品，还能统计流量数据，实现店面的人流以及展位时间监测；

实用的会员系统：九机网有一套完善的会员管理系统，这也是他们自己开发的一个专属系统，将公司不同的岗位和会员系统连接，真正实现以用户为中心；

店面陈列的标准化推广：九机网的店面陈列，均不是靠店员个人感觉，而是公司经过对每一个产品陈列的研究，形成了一个统一的模版，每个店面按照模版陈列，公司有专职人员检查验收陈列，让所有连锁店面看起来都整齐划一，形成一个统一的品牌形象。

九机网是消费电子行业学习的一个优秀案例，后文我们还会有详细的分享。

现在还有店面有流量计数器、人脸识别、美颜机等数据化设备，不过因为有的投入成本较大、但是实际效果还没有达到成熟的商用分析层级，并没有被广泛使用。科技化不仅仅是店面数据收集设备，还有系统对接、自动分析、企业物联网等，这些还都在发展之中。

店面科技化都还在初步的尝试中，目前没有一个非常成功的标准模版,加上每个零售企业的店面形式不一样,并没有形成一个全面的一站式店面科技化输出的公司,所以还需要各个企业自己去整合,但是我们相信这样的公司很快就会出现,或者已经出现只是还在完善发展之中,需要行业内不同的企业一起去合作完善。

(2)零售店如何实现最原始的数据化

零售店的数据化是建立在科技化的基础上的,数据化推动的是精准营销,所以未来的零售店将无数据不零售。

获得数据有多重途径,我们总结下来,从简单到复杂,每个零售店都可以数据化。

① 店面销售原始登记表。

每个销售出去的产品,购买者性别,年龄,一个人还是两个人?如果是两个人,是闺蜜还是母女?是父女还是父子?先买的什么?是否后续购买了其他产品?连带率是多少?买产品自己使用还是送人?过程有什么问题?店面服务有没有倒水给客户?倒水后客户是否延长了逛店时间?是如何选择倒水时间的?这些数据,每次销售完毕都需要登记。

如果我们能通过系统登记是最好的,如果不能,哪怕是手工登记也是需要的,因为科技化的第一个要求,就是首先要有数据。

② 谁来分析数据。

店长每天根据一整天的销售以及之前销售做一个分析,把原始数据以及分析结果发给店面总运营团队,运营团队将数据整理后,做一个分析,并把原始数据以及分析结果一份给店面,一份给采购部门,并抄送相应领导,每天、每周、每月、每个季度坚持去做,就一定会有不一样的收获,这些收获包含采购、陈列、推荐等。

虽然这些都采用原始方法,会比较辛苦,但是在你没有系统之前也同样是需要去做的,只是要对分析人员有规范化的培训;不过我们还是建议零售企业能够通过系统化去做这个工作,即使有些软件比较简陋,但是效率总是比单纯的人手工高;条件再好一些的企业,可以有专职团队去做这个工作,大数据分析师也是未来企业不可或缺的人才,不过现在基本上大型连锁和一些重视零售数据分析的品牌商才会有这样的职位。

③ 数据分析之后的工作。

在数据收集整理之后,我们要将数据分析反馈给前端,应用到每一个私域流量的用户管理上,比如针对微信的推送,就要实现精准化,精准化的标准就是员工发的每一条朋友圈都是具有针对性和目的性的,是根据数据精准的推广,并能够实现实际有价值的转化,而不是随意地乱发一通。随意的发送结果是毫无收获,甚至会被拉黑屏蔽。

以上的方式都是一些比较简单的方式,是一种权宜之计,但只要坚持做还是很有效果的,也非常有价值;如果随着自身资源的增加,可以在更多层面收集数据,也可以同行业、跨行业获取数据,通过数据,增加自己的判断。如果在这个过程中,再寻求各种科技化的工具,你就会有更多目的性,成功的概率就会提高。

未来的企业,就是各种数据的量化管理模型。但是我们不要掉进数据化泥潭,变成唯数据论,数据只是让我们的判断更科学,更有价值;不过一般企业刚开始的时候并不会有这样的问题,主要问题还是出在不会用数据,不知道如何分析,这需要较长时间的学习和思维的转变。

传统零售企业转变的过程就是一个数据化的过程,一个相对漫长并且艰辛甚至痛苦的过程,这就叫脱胎换骨。

(3)零售店如何跟上趋势化

零售店,无论是在什么行业、无论是怎样的业态,都要与时代相符合,而不是完全的独立存在,毕竟零售就是一种连接的生意,怎样让自己的店面符合未来的技术化趋势,是我们需要研究并想办法跟进的。

① 时刻关注行业的最新变化。

我们处于一个日新月异的世界之中,整个行业的变化就是最大的不变,所以我们需要时刻关注行业的最新变化:

国家政策:一定要了解国家政策的导向,很多时候国家已经在提前布局一些方向,这就要引起我们的关注,比如人工智能,我们国家很早就出台了发展规划,这就意味着这个方向是存在较多发展机会的;

科技前沿:了解不同科技的发展路径和发展程度,把握科技的发展规律,在合适的时间点布局有潜力的行业,提前布局是现在成功企业的一个显著特征;

行业变化:无论是同行,还是异业,有创新的活动,我们就需要去关注,了解其台前幕后,看看是否有值得借鉴之处;

自身尝试：对于一些自己有能力尝试的科技方向，一定不要等到完全成熟，一个战略方向绝不是100%可靠之后才去投入，因为那个时候你是一个跟进者，而不是领先的企业。一般只要是有70%的把握，就值得去试试，当然前提是你的公司要有这方面的预算，而不是完全靠拍脑袋的主观决策。

关注社会和行业发展变化，能让零售型企业走得更远。

② 对于跨界零售的了解。

国内外有众多的零售企业创新模式。有的零售企业对于科技发展比较重视，走得比较远，比如亚马逊早在2010年前后就开始尝试无人售货机业务，当时在美国很多机场布局尝试，这种跨界发展如果我们发现得早、重视得早，就能发现其中的奥妙，如果能够提前布局模仿、学习，也会获得一种了不起的进步。

热衷于跨界尝试的零售企业很多，所以有时候在看热闹的同时，也要想想，这是不是一个机会，有没有值得借鉴的地方。

③ 对于国内外零售行业的关注。

比如亚马逊的无人商店、国内的无人超市、方所的跨界发展、喜茶的网红文化，这些都是我们需要去研究和探讨的，很多尝试都是趋势的开始，虽然不一定能全部照抄照搬，但是只要有一点可以利用，在自己的行业内领先一点点，那就获得了先发优势。

④ 对于店面的科技化道具要重点关注。

零售店的道具科技化，有助于店面综合数据的收集，比如人流数据搜集设备、动线检测设备、停留时间检测设备以及灯光智能控制设备等,虽然有的短时间内还没有办法发挥出最大的价值,但是零售企业必须知道这些设备的存在。

国内外都有零售道具的各种展会,这是零售企业进行学习的一个比较好的机会,可以适当关注,或许能够有不一样的发现。

⑤ 关于生意模式的了解。

现在处于创新的年代,生意模式也越来越多,我们一定要借鉴各种不同行业的成功模式,从中间获得启发式的灵感。

举两个例子,滴滴打车发优惠券是为了什么?发红包和优惠券是培养一种消费习惯;拼多多的拼团呢?拼多多的拼团业务,更多的是强调一种参与感,让参与的人带动更多的人加入,实现KOC价值最大化。这些都是当时当下最火的生意模式带来的内在思考,有些可以立刻使用,有些就是未来的发展趋势。

"雨小,汉故潜;夫尽小者大,积微者著。"这是战国时候荀子的一句名言,大意是雨虽然小,汉水却照旧流入潜水;尽量收罗微小的就能变成巨大的,不断积累隐微的就会变得显著。作为一家现代的零售型企业,无论基础如何,只要能不断摸索、不断尝试、不断学习积累、不断迭代,把技术当作最重要的生产力,成功的机会慢慢就会变得越来越清晰。

2. 术

"术"在甲骨文中的意思是指道路,在我们这里的意思是用户的运营方式,因为这是一个以"用户"为中心的时代,用户是什么?我们前文中已经有详细的描述,但是如何才能真正以"用户"为中心？这是我们所有人都要思考的，更是我们要去实践的，这里涉及到很多具体的工作。

根据零售行业目前的实际状况，从三个维度来分析，如何运用好"术"的策略。

（1）零售店的会员制管理

会员制并不是一个陌生的名词，据考证会员制起源于1754年，成立于苏格兰圣安卓市世界上最早的高尔夫球场，然后经过不断的演化发展，1974年在美国加州 Silent Valley 形成现代意义上的会员制度；然后到20世纪80年代，会员制成为风行欧美的一种商业促销形式，例如美国的普尔斯马特、好事多、沃尔玛等企业都纷纷实施会员制，同时会员制在一些中高档服饰专卖店中也应用广泛。

目前会员制度在超市、酒店、航空、电商中被广泛应用，因为互联网的发展，会员制度演化为多种的形式，成为企业营销的一个极为重要的工具。

但是在消费类电子行业，实行会员制度的企业并不是很多，坚持做的企业少之又少，最后做成功的就变成了凤毛麟角，为什么会变成这样的状态？我们还是要从最基础的开始做一些简要的分析。

① 什么是会员制度。

会员制是一种人与人或组织与组织之间进行沟通的媒介，它是由某个组织发起并在该组织的管理运作下，吸引客户自愿加入，目的是定期与会员联系，为他们提供具有较高感知价值的利益包。

通俗一些说，会员制度就是以用户为中心，帮助企业与用户建立起一种更加稳固的合作关系，能够给用户和商家带来不同利益的一种捆绑营销工具。

② 会员制的组成。

一般来说，会员制度包含的基本项目为：

会员标识，让用户更容易记忆；

记录工具，用户与商家之间沟通、交易的记录工具；

会员福利，用户成为会员的好处以及义务。

③ 传统的实现媒介。

传统的方式为：贵宾卡、账本、折扣；改进后的工具为：磁条卡（芯片卡）、电子管理软件、会员待遇。

④ 会员制度是否收会费。

会员制分为收费、不收费两种，但是在现代企业营销中，更多不是为了靠收费获取利润，所以很多收费会员制度在收费后返还优惠券，当然返还又分为全部返还和部分返还、有条件返还等形式。

每个企业根据自己状况不同，会员收费与否的策略也大有不同。一般来说高频消费的零售企业是偏向于收费的，低频消费的零售企业是偏向于免费的，但是即使是免费的也常会有会员等级之分。

⑤ 会员怎么来推广。

零售型企业一般线下都是通过店员推广、展架展示、会员专区提醒的模式等,也有对外通过不同形式投放广告获取会员的方式。

线上基本靠网站的营销为主。

⑥会员怎么来维护。

会员基本维护方式就是定期推送购物福利。现在私域流量兴起,很多企业通过社交、社区、社群的模式,让会员用户有更多的通道与企业保持密切的沟通,这是现在比较高效的方式。

⑦零售企业会员制度的推行。

一个传统零售型企业要想做好会员制度,内部需要成立专职的客户服务部或者会员支持部门,如果企业规模较小,可以有专人负责,实行业务岗位,有业绩考核和奖励措施。

⑧为什么很多企业没有成功。

最主要的原因就是畏难情绪比较严重,很多企业都是有了开头,但是没有坚持,也就没有了结尾,根源上还是没有认识清楚会员的重要性。

⑨会员制的本质是什么。

会员制度的本质其实就是用户与零售企业的一个约定,一个通过规模或者累计购买获得优惠、一个通过让价销售获得规模。

现在的会员制度,因为私域流量的蓬勃发展,得到了极大的推广,会员制度的优势也越来越被更多的零售型企业重视。东北有一家叫做"what.什么电"的零售企业,因为会员制运营精益求精(现在也叫做私域流量运营),单店可以实现年5000万以上的销售额,可见会员制度对于零售店的运营作用还是不可限量的。

（2）如何建立私域流量

私域流量是2019年后的一个超级话题，首先我们先要了解什么是私域流量。私域流量是相对于公域流量来说的概念，简单来说是指是不用付费，可以在任意时间，任意频次，直接触达到用户的渠道，比如自媒体、用户群、微信号等，也就是KOC（关键意见消费者）可辐射到的圈层，是一个社交电商领域的概念。

因为私域流量属于一个比较新的概念，会使用到很多全新的工具，我们整理了一个私域流量操作清单。

① 首先要建立一个私域流量池。

其实私域流量就是类似于一种养鱼的模式，讲究长远规划，而不是短期利益，既然是养鱼，就一定要有一个鱼池，那么私域流量就需要有一个私域流量池。

这个私域流量可以通过现在的互联网工具来实现，比如一个淘宝店、一个微信公众号，注册一个微博、小红书、抖音、快手、B站等都可以，当然现在企业微信也是一个很有潜力的选择，因为你的流量池需要建立在一个更大的公域流量池之上，这样才能获得更多的流量导入机会。企业微信有微信这样的超级平台，并且还可以做后台开发，未来将有巨大的发展潜力。

② 私域流量池的名称设计。

如果你是用个人微信形式作为私域流量池，请不要叫"××店""××旗舰店"这样的名字，当然也不要使用那些根本不方便快速打出来的生僻字、符号、火星文、以A开头的字等。

用"真"人名字，不一定是真名字，可以是花名或者IP化的名字，但一定要有生机、有生命的气息，要有人格化、个性化，比如完美日记就用"小完子"这样的名字，很具有亲和力。

③头像的设计。

头像最好是找专业的人设计一下，精修后的头像、漫画体、后现代艺术都可以，如果你不是做宠物生意的，最好不要用动物或者风景照，要保持头像的亲近感。

如果是知名企业，也可以采用公司logo，不过使用的频率不是很高。

④如何获得私域流量。

零售型企业获取私域流量的方式比较多，基本的方式为优惠券、送礼品和店员的推广，其中店员推广要能够做到开口率，效果就会直线上升。

⑤私域流量的来源。

主要来源于零售商的实体店铺，现在还可以通过直播、短视频、优质的公众号内容来获取私域流量。

⑥如何激活私域流量。

激活私域流量的方法很多，主要是依靠不同平台的营销，比如线下零售店的优惠措施，在线的秒杀，社群的团购等。

私域流量激活，一定不能太过于急躁，万事过犹不及，我们只有把用户放在最核心的位置，考虑他们的诉求，你才会有激活的机会；当然这个过程还比较忌讳忽悠或者欺骗用户，如果出现这样的行为，一旦露馅对于公司形象将会是一个巨大的打击。

同时为了激活私域流量,一定需要一个自己的交易平台,无论是微信中微商城还是抖音小店,都需要有这样的一个平台,便于快速激活私域流量。

⑦ 私域流量团队的搭建。

团队搭建有3种模式,一种是顶层设计,形成公司战略决策;其次是虚拟团队,通过建立虚拟团队,在公司内部营造氛围,也便于选拔人才;再次是建立团队,打造一个专职的团队,把私域流量做成一个重要的运营部门。

未来私域流量的团队将是公司一个非常重要的力量,要占公司一半以上的销售额,所以,这部分的投入需要充分的规划。

私域流量并不是冲动型的市场营销策略,对于那些还没有建立流量池的用户,虽然靠品牌授权专卖店还能够有很好的收益,但绝不是长久之计,因为获利的方式还是靠品牌红利和市场红利,除非有绝对的能力抓住每一次市场红利,否则你还是要建立一套自己的用户能力。

新用户、新品牌、新消费,是这个时代新的特征,私域流量只是连接的一种新的方式,并且私域流量并不难,都是细节和节点,只要花时间、花精力,这个方向还有更多可以开发的资源。

(3)零售企业如何用好裂变这个工具

裂变是继微信红包之后最有价值的社交电商获客工具,更是最近两年最有价值的工具之一,因为涉及互联网工具的使用,所以对于传统零售型企业而言,裂变的养成还是需要花一些时间和精力,尤其是在思维方面。我们先来看看两个案例。

① 微商运营之道。

什么是微商？微商是基于移动互联网的空间，借助于社交软件为工具，以人为中心、社交为纽带的新商业，2019年1月1日，《中华人民共和国电子商务法》正式实施，微商纳入电商经营者范畴，标志着微商这种模式已经被纳入正常的监管体系。

微商起源于2013年，是随着中国移动互联网和微信平台的快速发展而诞生的新兴行业。一开始，微商主要以代购、非标准产品的分享购买为主要形态，后来随着其等级管理制度的完善，化妆品、母婴用品、养生保健品、高端农产品、高端零食、古董文玩、数码产品等开始逐步进入微商体系。2016年中国微商行业市场交易规模为3287.7亿元，到2019年这个数字将扩大到1万亿，预计2020年微商从业者人数达到3000万人。

微商的营销模型基本上是：消费者+传播者+服务者+创业者，即消费者个人可以成为品牌的传播者，通过对下一级消费者的服务，最终成为一名微商创业者。因为微商从业者大多数都是个人，为了获得更多的用户，社交裂变就成为他们招揽更多客户的常用方式。

微商的裂变模式主要是多级分销、熟人经济，当然这也是被诟病的地方，微商发展初期一度因为销售一些不合格的产品以及经常在朋友圈刷屏、洗脑式的培训，使微商不被主流观点认可，甚至一度被很多主流排斥。

随着国家法律法规的出台，这种模式也在逐步被纳入监管范围，比如微信就规定不能出现3级分销，保证营销体系的健康发展。未来的微商将会在法律规范下,与其他商业模式共存,很多知名品牌也开始加入微商行列,有些公司还成立了专职的微商营销部门。

② 拼多多。

拼多多是中国电商发展历史上的一个奇迹,成立 3 年时间就成功上市。拼多多将一二线城市电商的成功经验移植到四、五、六线城市,甚至是乡镇,因为随着国内互联网普及程度越来越广泛,拼多多成功抓住了下沉市场的机会。

为了在下沉市场推广业务,拼多多的主要模式就是"拼",他通过拼团、砍价等游戏方式,让这些城市的用户感受到了购物的乐趣,并且大大提升了购物的参与感。这种"拼"的裂变模式让拼多多短时间之内就聚集了大量的用户,形成了一个极大的购买力,推动了拼多多成为一个现象级的企业发展现象。

互联网企业比较善于使用裂变工具,虽然诟病很多,但是在获客上对于这些企业是有帮助的,也大大降低了获客成本,当然这些企业后续发展如何,还需要看他们自己的运营,如果过分补贴、虚假繁荣,甚至是需要数据骗取资本,对于企业长期发展也是没有好处的。

裂变是现在线上流量居高不下的情况下,获得低成本流量的一个非常有效的方式。传统零售企业通过一些第三方工具的使用,也有机会获得流量的快速转化,是一个非常有价值的工具,也是需要不断尝试的工具,因为裂变的方式也在不断的创新和演化。

当然对于传统零售型企业而言，有什么样的方式能够实现裂变呢？我们做了一些研究。

① 没有线上裂变工具。

对于没有线上裂变工具的企业而言，可以通过线下的模式，比如顾客在店面分享即可获得优惠券，这种分享包含朋友圈转发文章、拍照分享、产品体验分享等，只要加上店面地址即可。这种方式比较简单可行，对于形象好的零售店，效果也比较好，而其还有一个额外的价值，就是可以提升店面的员工服务水平。

其实现在很多消费者在店面只是以闲逛为主，并没有明确的购买意向；有些还会问一下店面有没有活动，其中有相当一部分客户会因为没有活动而离开，这对于店面来说是一个机会损失，如果通过分享获得优惠券的方式，积极调动用户的参与感，即使没有现场销售，也能够给店面带来客户裂变的机会，而优惠券有机会带来后续的消费。

② 有线上裂变工具。

现在基本上所有的第三方微商城都有裂变的模块，我们要好好加以利用，比如拼团、2-3级分销、砍价、有奖转发，等等，这些功能也是我们选择第三方工具的一个参考。

对于传统零售型企业而言，只要想办法使用好这些功能就可以，使用的过程中需要多琢磨用户心理，因为对于一些中高端客户，还是有一些人排斥这样的行为，所以要提前做好话术演练，不要让用户反感。

裂变的形式对于零售型企业而言，是一种获客工具，获客之后我们可以通过会员制的形式绑定客户,通过私域流量的运营激活用户,加上线上线下平台使用,企业就能逐步形成一个自己的闭环系统。这个闭环是需要时间建立的,即使你现在已经有了雏形,也需要保持热情的维护,因为任何一个温室系统,都是需要外力维系,能够完全实现自我繁衍的闭环系统,目前这种模式还没有被发现。

所以为了维护好这样的系统,我们就需要在零售内部有更多的运营和营销,当然这些运营和营销的结果,就是帮助企业获得该有的利润,毕竟利润是企业的血液,没有持续利润的企业不可能获得持续的生存。

3. 利

利润是企业的命脉,企业的利润来源应该正大光明,君子爱财、取之有道。对于零售型企业而言,利润其实主要来源于3个方面:产品、服务、资源整合,还有一个小前提就是你要有一个适合自己的商业模式。

(1)店面产品的6种类型

在传统实体零售型企业,有不同种类的产品,有的是按照功能区分,有的是按照品类划分,还有一类是按照对于用户的价值来分类,因为不同的产品对用户的价值是不一样的。

① 花瓶产品。

很多时候,我们看到一个不知名的店面也进去了,是什么原因呢?很可能是因为橱窗或者店面外的一个海报(还有门头等因素），如果橱窗里的产品或者海报上模特的产品让我们觉得很有趣，这就是花瓶产品。

很多奢侈品牌每年都会推出一些走秀款，就是适合在秀场穿的产品，店面也会有销售，并且用在海报、橱窗上，这些产品销售量其实并不是很大，一般都是限量销售，其主要功能就是为了吸引用户关注，因为具有特别设计感或者特别搭配的色彩，让人会有一种进店的冲动，当真的要购买的时候，一般人又会冷静思考，要考虑场合、搭配、价格等，这时很多人往往就会选择一个基本款或者经典款。但是如果没有那个"花瓶"，很多消费者可能都不会去这个店面，因为没有什么东西能一下子吸引他们，这一类产品，我们称之为花瓶产品。

简而言之，花瓶产品，主要功能是吸引用户（次要功能是服务长尾用户），能把客户注意力拉过来，带到店面去。这些产品往往具有别样的设计、优美的旋律外形、夸张的展示等，销售量往往并不是很大，但是又是店面必须的产品，没有这些产品，店面就会黯然失色。

我们曾经代理过一个欧洲品牌的商务型背包，畅销款是灰、黑、暗花纹等，因为他们是主打科技周边风格。但是这个品牌每年总是推出几个大红、大绿、大黄等色彩特别鲜艳的款式，并且要求店面橱窗和货架一定要有陈列，很多零售商一开始都不愿意进货，认为这类产品不能给他们带来收益，还会有一定的库存风险，其实就是不懂花瓶产品的价值。没有这些特别的闪亮夺目的款式，那么单色调的背包就会失去用户注意力，被吸引和关注的机会就会大大下降,最终被购买的机会也就会大大降低。

所以作为零售商,首先就要知道花瓶的价值,它的价值就是赋予你的店面更多的鲜活感,给店面带来更多的人气,所以这种花瓶产品,是有价值的"花瓶"。

② 利润型产品。

一个店面,当然不能是只有花瓶,花瓶主要的角色是帮助店面吸引客户,但是真正的店面利润来源,还是需要靠利润型产品,一般利润型产品又分为单品利润型产品和流量利润型产品。

单品利润型产品,单价相对比较高,毛利率也比较高的产品,这种产品复购率一般都不是很高,比如高端按摩椅、高端音响、高端家电等,虽然他们每个月的销售量不会很高,但是每个产品成交后的利润比较高,毛利有的可以达到售价的一半以上,这也是为了维护金字塔顶端用户的产品,是高端 Shopping Mall 需要拥有的产品。一般来说这些产品并不需要太多压货,有些产品上游会提供一件代发甚至定制安装服务,所以经营这类产品的风险相对比较小,但是对于店面要求会比较高,也就是你需要有比较好的位置、专业的服务和用户的长期积累。

这类产品之所以不属于暴利型产品,是因为购买这类产品的用户往往要求都比较高,商家需要提供的服务项目也会比较多,有的甚至是终身服务,并且复购时间非常长等。比如有的高端家电提供 5 年或者 10 年整机保修,这就让未来会有一定的预期支出,所以看似的高利润,其实也都是一种账面的利润。

一个零售店,当然不能仅仅依靠单品利润型产品获利,还需要更多的流量利润型产品来满足销售规模，即单品毛利低，但是销售规模比较大的大众类产品。比如现在的手机销售，有很多授权品牌店面月销售可以超过500台以上（200平米左右），个别的可以达到1000台以上，虽然手机不算是高频消费产品，单品毛利也不高，但是其流量是足够的，这样一个月的整体毛利规模也很可观，这种产品就是流量利润型产品。

单品利润型产品和流量利润型产品在每个店面配比的比例不尽相同，因为每一家用户定位不同，按照二八理论，单品利润型产品和流量利润型产品一般是2:8，这两类产品是店面利润的主要来源，零售企业的每个店面配比必须要找到这两类产品。

当然市场中也会有一定的特例，有些买手类的潮品店面，店产品利润分布比例没有出现特定的比例关系，而是比较平均，销售的产品也是偏于一些高端单品毛利型产品。这类店面主要是服务一类特定的用户，靠店面产品丰富性和更新率来维持店面的利润增长。这类店面管理难度会比较大，一般都是拥有强大的私域流量用户池子和独特的供应链体系，一般零售商很难经营。

③随手型产品。

顾名思义，随手型产品就是在零售店可以随手购买的产品，这些产品的购买往往不需要经过过多的思考，因为这类产品属于单品价格低、常用、高消耗，比如很多超市在收银台附近陈列的口香糖、安全套、口罩、电池、润唇膏等，都属于随手型产品。

这类产品虽然单品利润不高，但是能够带来成交率的提高,同时随手型产品还有一个重要的价值,就是能够吸引用户经常过来购买,提升店面的复购率,也会带动店面其余产品的销售机会。

所以零售型企业一定要重视随手型产品的采购,在消费类电子行业这类产品相对比较少,但是这几年也有很多适合消费电子零售店的产品,比如电子烟、盲盒、手办、数据线等都属于这样的产品,如果能够挖掘更多这类产品,对于店面人气的提升会有较大的帮助。

④ 礼品型产品。

我国是一个礼仪之邦,相互赠送礼品是一个生活习俗,特别是现在生活条件越来越好之后,也催生了礼品型产品的快速成长。

礼品型产品分类繁杂,在不同的零售店会有不同的类别,比如文具店是以文具类为主,通讯数码店面是以科技产品为主,书店也会把文化产品当作礼品销售,等等,一般来说礼品分为单品礼品、礼盒性礼品、大礼包型礼品:

单品礼品就是单一的产品,它可以成为礼品,一般这类产品品质上乘,产品设计具有一定特色、包装具有质感等;

礼盒性礼品,是很多上游可以打造的礼品型产品,一般包装大气、产品配色特别、拥有中高品质的独立功能配件、智能产品等,一般这类产品都会限量销售;

大礼包型产品,一般在重要的节假日之前厂商会推出这样的产品组合,比较贴近节日气氛,以节日为主题,为走亲访友而设计。

在零售店面，这类产品一般都会有专区陈列引导，特别是在节假日前夕，这种专区引导更能提升店面的销售量。

这几年礼品型销售已经成为一个趋势，深圳春秋两季礼品展人气也是越来越旺，不同类别的礼品都有创新发展，跨界成为礼品销售的一个大趋势。

⑤ 趋势性产品。

在消费类电子零售店面，有一种产品也是需要我们重视的，这类产品就是趋势性产品，比如机器人类产品、人工智能类产品、虚拟现实类产品等，这些产品是通讯数码潮品店面需要研究和重视的，这也是这类店面一个特别的现象。

因为人类总是往前看，每个人都不愿意成为时代的落伍者，都希望自己能够抓住趋势，成为一个弄潮儿，所以趋势性产品在零售店的价值，就是让你的零售店给消费者的印象是在潮流前沿的。

这类产品有的销售比较旺盛，比如最新款的手机，但是有的销售量并不是很高，因为技术发展还处于初期，真正的使用体验还并不一定能够满足大多数消费者。所以很多店面将这类产品以展示为主，发烧友购买和礼品销售为辅，主要提升店面的定位，起到点缀店面形象的作用。

⑥ 镇店之宝。

有一部分零售店面，他们往往会陈列一种价格极其昂贵或历史悠久、市场难寻的产品，我们把这种产品称之为镇店之宝。

这类产品一般都是市场非常稀缺的，甚至是市场中的孤品，这些产品在店面并不是为了销售规模，而是为了给店面带来影响力。一些国际品牌，在新店开业的时候，会搬来历史上的重量级产品，形成一种新闻效应，为店面宣传做好话题感。

镇店之宝并不是每个店面都会有，也不是每个店面都需要，更不是每个店面时时都要存在这样的产品，所以这类产品的引进需要策划和包装，要明白店面的需求，再去挖掘同类产品的机会。

当然镇店之宝也是每个零售型企业需要重视的，要广结人脉，适时适势收藏，能够做好资源互换，为店面积累这样的资源。

当然零售型企业产品还可以有更多的分类方式，不同的分类是为了更深地挖掘用户需求，获得不同的关注；只是有一条需要记住，无论哪种分类和采购，都要把定位服务的"人"的需求放在中心，然后再考虑利润利益，这里"人"的需求，要关注趋势、向前看。当然任何产品都要考虑生命和市场周期，避免产品的跌价损失。

（2）店面服务的 5 种模式

线下零售型企业的未来竞争力在哪里？不在于你销售什么样的产品，而是在于你提供什么样的服务，服务将会逐步成为线下零售业的一个最重要的核心竞争力。

服务是要收费吗？其实这个问题要看你提供了怎样的服务，你提供服务的目的是什么，不同的服务性质决定了你是否要提供，是否需要收费。

对于服务的模式，因为零售的行业不同，服务也不尽相同，我们提出 5 种服务模式，也是为了让大家更清晰地了解如何做好服务。

① 提供为用户超出常规预期的服务。

一个零售店，一旦开业，就要面对不同的消费者，在接待的过程中，我们要提供多种多样的服务，譬如接待、介绍产品、演示功能、成交送货等，这些都是店面常规的服务，能够正常营业的店面都会有这些。

但是如何显示出差别呢？这对于零售企业来说是一个小小的挑战，一般认为提供稍稍超过预期的服务，就能获得意想不到的效果。比如店面接待礼仪更具有规范性，而不是看店员心情；比如陈列和场景做得更专业，更具有美感；比如给用户泡茶用的杯子更具有艺术性、茶叶标准更高，等等，这些都是超预期的例子。

海底捞就是提供这样优质服务的典型，去海底捞吃的其实不仅仅是火锅，还有他们的服务，让你感受到无微不至，甚至在家里你自己也享受不到这样待遇，无论是等待时的美甲、五子棋，还是点菜时候的热毛巾、半分菜，这些就是超预期的服务，并能带来超预期的销售。不用超过很多，只要一点点，在市场竞争中就能获得完全不同的地位。为什么海底捞能够做得如此成功？因为他们一直在坚持，并且不断革新；长期坚持是一个非常困难的事情，坚持是一种品质。

② 提供与用户更多的无缝连接。

未来什么样的企业会拥有更多的机会？就是那些离用户更

近的企业，不但要跟进，还要能够实现24小时无缝连接，这样才会有更多的机会。

怎么实现？利用现在成熟的技术，比如互联网的在线商城、小程序、社区、社群等，还需要提供送货上门、快递服务，因为你要让用户能够感受到，他随时可以找你，并且随时能够给他们提供服务。

无缝连接，是未来线下零售企业需要重点去发展的方向，因为现在很多线下零售企业只能提供12小时的服务，那么就失去了另外12小时盈利的机会。每个企业的时间是一样的，电商可以24小时服务，如果你的企业不能，竞争的偏向就很明显了。

③ 提供让用户能够真实体验的服务。

传统电商公司有一个致命的问题，就是没有办法给用户提供产品真实的体验，即使未来虚拟现实得到了充分的发展，但依旧是虚拟的，用户还是没有办法真实感受到那种真正体验的快感。虽然虚拟现实的优势是可以创造各种奇幻的体验，但是在实体零售店虚拟服务一样可以被使用，并且还具有场地优势。

而零售店是可以提供那种最真实的把玩的感觉，你可以躺在按摩椅上享受一下，看看是不是合适自己；也可以坐在床垫上去感受一下弹力是不是自己需要的硬度；也可以在店面的体验间聆听一下音响播放不同的音乐的情调。这些在线上都很难实现，所以线上卖的就是一种产品，而线下才能给用户这种多样化的服务。

如果要让用户真实地体验，那就需要给用户打造一种舒适的，甚至超预期的环境，这样才会拥有更多的成交机率。

④ 提供用户能力边界以外的服务。

单个的用户都不是神通广大的，他都需要社会这个组织协助他完成不同的需求，而线下零售企业就可以将这些需求分类，看看哪些是自己能够提供的，这样我们就能发现中间不同的商业机会。

这样的商业机会特别多，比如维修、分期付款、旧机回收，都是这样的服务，比如在手机店面给手机贴膜都属于大多数用户边界以外的能力，因为大多数人都贴不好手机膜，不是说学不会，而是这是需要经常练习才能掌握的技巧。现在线下还会有智能贴膜机器，免去店员的技能学习，但是价格不菲，同样需要消费者到店面才能享有。

依照这个定义，我们能够找出更多的服务形式，只是需要零售公司拥有这样的总结能力。如果零售型企业能够通过数据积累去分析，也许你就能找到一片蓝海。需要提醒的是，这些服务一定要做到专业，只有专业，才能产生信任；只有信任，才会有可持续的发展。

⑤ 提供为用户制造惊喜的服务。

零售店能够为用户制造惊喜吗？当然可以，现在的网红店面，基本上都是采用这样的套路，因为惊喜能够将用户变为粉丝，这是现代零售企业最期盼的事情。

奶茶行业在国内发展了很多年，为什么喜茶能够鹤立鸡群？就是因为他为用户创造了各种意想不到的惊喜，比如店面的设计，他们有自己的理念：COOL(酷)、INSPIRATION(灵感)、ZEN(禅意)、DESIGN(设计)，把每个店面打造成为一个与众不同的景点；在产品设计上，喜茶的杯子同样具有社交货币的特点：设计感、品质和与众不同，以前没有奶茶店是这样设计的，而这些设计刚好符合现代人的需求变化，所以喜茶即使比普通奶茶贵上一倍还要多，但是很多店面点单依旧需要排队。

当然喜茶未来能不能持续发展，要看他的产品是不是能够给一代人甚至几代人留下一道道相同或不同的痕迹，要看是不是在产品上能够有持续的惊喜，要看管理上能不能实现符合未来发展趋势的管理，因为所有新公司都有众多的门槛需要跨过。

这就是给用户创造惊喜服务的价值，随着社会的发展，人对于个性化和品质要求越来越高，惊喜服务将会是未来零售业竞争的一个重要方向。

（3）资源整合型的5种机会

零售店的利润来源，除去产品、服务以外，其实还有很重要的一部分，就是资源整合带来的收益，这些收益是在企业运营过程中挖掘出来的，需要企业投入比较多的时间和精力，因为凡是涉及资源整合的，一定都是要有利益交换的，这些更多时候就是看企业的实力。

①厂商补贴。

上游品牌商为了获得更多的销售机会、市场份额，往往会在渠道中投入不同的资源，这些投入包含：装修支持、租金支持、销售返利、爆款支持、市场活动支持等，作为零售型企业不可小觑这部分费用，很多时候一个企业能不能盈利，就是看厂商的支持力度。

这部分费用并不容易获得，因为每个公司付出都有自己的规则，所以作为零售型企业，需要认真研究这些规则，然后尽可能让自己达到标准。当然也有很多企业规则是不透明的，国内企业或外资企业都是如此。并不是他们不愿意透明，而是在商业发展过程中，有很多规则还来不及制定，有时候就是为了应对市场的突发情况而临时的决定，这些资源就需要靠零售企业管理层和上游品牌高层的日常关系积累了。

② 店面品牌带来的租金优惠。

零售企业如果能够建立自己的店面品牌，让自己店面品牌具有一定的影响力，在进驻 Shopping Mall 等物业的时候，有机会获得不同的租金优惠，这些优惠其实就是公司的竞争力之一。

要获得这样的优惠并不是很容易，零售店面品牌需要具有吸客能力、需要具有景点标志、需要代表一种潮流或文化等，一般来说都是需要有沉淀的零售品牌才会有这样的机会；现在新媒体的发展会加速零售店品牌的建设。拥有一个自己的店面品牌，并具有影响力，是很多零售商的梦想。

③ 运营商补贴费用。

手机通讯类零售商会有机会获得运营商的支持，虽然现在运营商因为政策减少了很多支持项目，但是只要运营商之间的竞争还存在，支持就会一直存在，只是不同时期不同方式和力度罢了。

运营商也不是谁都支持的，只有那些能够帮助到他、给运营商带来更多用户的零售型企业，才有机会争取这样的支持，这些支持在每个区域都不一样，支持的形式也不一样，而且所有的支持都是需要有回报的，你要具有这种回报能力才可以。

④ 跨界联合的作用。

零售店面随着竞争的加剧以及用户需求的变化，未来跨界合作也将会成为一种潮流，比如苏宁极物和言几又2019年就在江苏无锡开了一家跨界联合的店面，这种将文化和科技相结合的店面获得了行业内众多的关注。

跨界合作，是一种将最优资源聚集在一起，实现社会焦点的一种聚集效应，这中间各自都会利用自己最擅长的能力去整合不同资源，中间会产生更多不同的支持，这种支持相对于单一企业而言，那就是一种额外的能量价值。

⑤ APP分发业务。

APP分发对于很多通讯连锁企业来说，是一个比较现实的机会。所谓APP分发，就是在零售店帮助购机客户安装特定的APP，按照安装数量，对应的APP公司给予一定的费用。在APP竞争如此激烈的市场环境下，每个互联网公司如果想获得更多的下载安装率，除了要做好产品、打广告以外，还需要把工作做到店面，这样才有机会和同行去竞争。所以很多手机连锁类零售企业，就成了这个APP公司的选择之一。

这种业务一般中小零售企业是没有太多机会的，除去手机厂商，就是大型连锁零售企业了。中小企业要想参与必须形成一个具有稳定性的联盟,并且这个联盟还需要具有极强的执行能力和覆盖能力。

资源整合是零售型企业需要长时间坚持挖掘的工作,随着未来行业创新的发展,这样的整合形式还会有更多。

(4)店面的5种模式

店面的不同行业模式,决定了一个零售企业的决策以及未来的规划,不同的模式下,利润的来源也是不同的。

① 自营模式。

这是目前在国内比较常见的一种模式,个人创业或者几个合伙人创业,自我经营、自负盈亏,具有较强的独立性和灵活性,是现代零售的一个主力。

自营的缺点就是发展速度慢,抗风险能力差,大多数资本对于线下代理型零售也没有太多的投资欲望,因为线下代理型零售属于投资大、收益慢、可预期的行业;这类自营企业在管理上一般都是靠创始人的前期积累,管理的精细度要看创始团队的能力、习惯和目标导向。

不过经过几十年的积累,这类企业有的已经发展壮大,成为全国连锁,有的也成为区域的一个领导品牌,已经形成一个相对完善的市场。

现在依旧有很多创业者选择开店做零售,所以这种模式还会继续,短期内依旧是行业发展的一个重要方向。

② 加盟模式。

加盟本来是一个有价值的商业模式,但是在消费类电子这个行业发展得不尽如人意,主要是这个行业产品迭代速度快、产品销售利差空间小、以标准化产品为主,同时这个行业创业门槛比较低,所以虽然有很多企业做过加盟的尝试,但是成功的不多。

加盟在消费电子行业发展不理想的另外一个原因,就是这个对于供应链整合能力要求极高,并不是一个普通企业能够完成的,需要大资本的长期积累和支持,但从长久发展迹象看,随着零售企业之间竞争加剧、大连锁和互联网企业对于中小零售企业市场的蚕食,这个方向依旧充满变数和潜在的空间。

③ 联盟模式。

联盟模式在行业内比较少见,即使有联盟也是比较松散的、短期的行为,一般意义上的联盟是同行业为了一些共同目标组建的,比如对外对某一个或者一类产品集中采购,联盟内部的产品相互协调、对外统一推广某一品牌等。

联盟可以帮助中小企业获得更优惠的资源,但是联盟组织难度比较大,很难形成一个长期的合力,尤其是在联盟如果要支撑其以上的规模形式,需要较大的费用,所以这种模式运营还需要进一步探索,未来也需要零售型企业能够形成一种共识,才会有更多的可能。

④ 品牌授权模式。

现在零售商基本上就是两类,一种是获得了品牌授权,可以开正规的授权经营店面;一种是没有获得品牌授权,但是可以通过开放市场获得正规的产品采购,一般称之为非授权店面。各大品牌对于非授权店面的态度不一,有的是睁一只眼闭一只眼,有的是严厉打击,不过前者居多,因为严厉打击也只能针对侵权行为,如果非授权店面没有侵权、并且有合法采购来源,品牌商也没有办法直接管理,只能处罚供货的授权客户。

授权零售商可以获得厂商正规的支持,无论是货源、市场活动、培训还是价格,都有一定的保障,但同时限制也比较多,要符合品牌方的合规规范,比如开店位置、面积、装修、陈列、售价、话术都有严格的限制。而非授权店面,则可以更灵活处理销售中遇到的各种问题,但无法得到正常的货源保障,尤其是在缺货时期,也得不到厂商的企业任何服务类的支持,完全需要靠自己摸索前行。

国内市场中一般大品牌对于授权管理较为严格,中小品牌管理较为宽松,但授权经营是发展的长期趋势。

⑤ 批发型零售模式。

这种零售模式本质上就是一种批发,但是在国内因为中间商生意依旧具有一定的市场,所以批发型零售模式就以一种特殊的形式存在,即拥有实体店面,店面一边在经营零售,一边也在开展批发业务,店面以批发业务为主。

批发型零售以前一般在小商品市场、电脑城为主,比如义乌小商品市场、深圳华强北等,目前这样的形式在一些城市依旧存在,消费类电子集中在原来的通讯城、电脑城附近。

其实零售店的发展模式一直在演变,这模式也不是一成不变的,比如现在基本都有了自己的线上商店,有很多企业都开通了直播、短视频等,逐步走上线上线下结合的模式,这也是发展的趋势。

在"利"方面，现在的零售型企业应该说是各显神通，但是有一个趋势非常明显，就是多种场景的融合，比如零售店同时是一个线上商城、又是一个直播间、还是一个品牌秀场，这种店面+内容+新媒体+新供应链融合的发展，将会极大提升市场沟通效率，但是也必将改变整个交易模式。这些都是拜科技发展所赐，没有科技发展的推动，就不可能有这些创新的商业模式。

科技化下，零售型企业一定要全面拥抱技术、拥抱数据化；无论是怎样的营销套路、销售战术，都要建立在互联网的工具之上，这样才能更高效地推动零售走向更多的连接；企业要获利，除了研究产品以外，也要提升服务能力，抓住各种资源的整合，形成自己销售的闭环。

相信未来的数年时间，零售行业将会迎来真正的新零售变化：线上线下、大数据、现代物流、混合业态，这些都将会成为现实；那么在这个发展过程中，具体会有哪些模式呢？

我们将这些模式做了深入的研究，做了系统化的分析，然后拆解为4个字：多、快、好、省，4种不同的模式，12种不同的类别，以期待找出更好的解决方案。

3
模式化组合之路

模式是主体行为的一般方式，包括科学实验模式、经济发展模式、企业盈利模式等，是理论和实践之间的中介环节。对于企业经营而言，模式这种分析方法的出现，一般都是企业成功之后总结分析得出的一套经验理念和流程，后来随着总结越来越多，现在基本是先研究模式化，形成模块，然后根据自己的定位，确定自己的发展采用哪种一种模式或者几种模式（模块）。

零售型企业到底有什么样的模式，如果我们根据用户需求的状态，总结为：多、快、好、省4种模式，这些词在零售行业的字面意思是：数量多、速度快、质量好、成本省，这也是消费者在购物时候的一个基本诉求或者说理想状态，很多零售企业也希望自己能够满足这些特点。从历史发展来看，虽然很多零售型企业都打着"多、快、好、省"的旗号，但是还没有哪一家零售型企业能够把这4种模式完全做到极致。

比如淘宝起步主打的是多和省，天猫主打的是好和省，京东核心是快和省，Costco是好和省，盒马鲜生是快和好，小米做的也是多和省，美团做的是多和快，等等。当然不表示他们不重视其他方面，只是表现的特点是各有一定的偏向。因为都去实现，有时候就是一个悖论，比如好的东西你要想更低的价格，确实不符合常理，毕竟成本是不一样的。

在这里说的多、快、好、省并不仅仅是从用户维度，还有零售商的运营维度、商业形态的维度等，我们通过不同企业的案例，给大家分享不同模式下的机会点。

比如不同的零售型企业是如何做到产品多、流量多、超级用户多的？他们的运营中有哪些方式是可以借鉴的？

比如有一些新型的零售型企业是如何挖掘与用户连接快、

产品更新快、服务速度快的？他们具体做了哪些创新？

比如一些创新能力强的公司是如何做到体验好、产品好、服务好的？他们有哪些不同的方法？

比如在日常运营管理中，零售型企业如何做到节省推广费用、优质优价、降低用户沟通成本的？他们使用了哪些便捷实用的工具？

这是一个案例分析的章节，我们希望能够通过不同的案例，打开更多的思维。

1. 多

"多"字，是一个会意字，从甲骨文到楷书，都是两个"夕"相重，即"重夕为多"；可见"多"在人类的发展历史中，一直就有这样的潜意识认知，具有极为重要的地位。财富多、人口多、知识多，多多益善。

在零售型企业，"多"也是一种商业追求，一方面用户希望能够有更多的选择，这就希望零售型企业能够提供最大化产品和服务的选择机会；一方面零售型企业也希望能够有更多的流量，因为大流量本身就是一个大金矿，只要用心去挖掘，就能实现用户增加，更有可能实现超级用户的池子越来越大。

（1）产品多

一个独立门店，能够陈列的产品都是和空间有关，一个只有 100 平方米的普通零售店，SKU 一般也就是 1000 多一些，总数是很难超过 3000 个的；而像沃尔玛线下门店一般也就有 2

万多个 SKU，这个数据从一个人的认知和需求来看，已经是一个比较大的数据了，在互联网没有出现之前，大超市经常是人满为患；但是后来出现了电商模式，将产品陈列的空间打破，实现了一个海量销售平台，数据显示在亚马逊线上有 5.5 亿个商品，淘宝网总商品数早已超过 8 亿件。这样的数据对于单个用户而言已经意义不大了，但是平台就像漩涡一样，形成漩涡效应，吸引了巨大的流量，流量有了，用户也就有了，生意自然也就来了。

那么如果要想实现"产品多"，首先需要看看已经有哪些成功的生意模型呢？我们来看看已经存在的各种不同的主流商业形态。

① 网络销售。

互联网出现之后，催生了电商这种模式，亚马逊公司是美国最大的一家网络电子商务公司，是网络上最早开始经营电子商务的公司之一（1995 年 7 月）；中国最早的电商是 1999 年的 8848，淘宝是 2003 年才成立的企业，成立后的 3 年里，免费的淘宝打败了收费的 ebay，在 C2C 领域开始称王直至今天。

现在淘宝和京东已经被称之为传统电商，因为现在又衍生出垂直电商、社交电商、海淘电商、微商、直播电商等多种模式，加上传统零售企业也开始运营自己的线上商城，所以现在网络销售属于密集发展时代，网络销售的门槛越来越低。

网络销售的最大优势就是可以实现海量产品陈列与销售，打破实体店面的产品型号的限制，加上现在新型供应链的兴起,也就预示着在未来的商业竞争,理论上产品多将不再是一个明显优势。但这从另外一个维度上来说,如果实体零售店不改变自己的现状,将会出现明显的劣势。

所以对于传统零售企业来说,需要加快线上平台的建设,尽快实现多产品销售、尽快与更多的新型供应链合作,这样才有机会在未来的竞争中具有一席之地。

② 大型综合性超市。

1916年9月9日,第一家自助服务商店 Piggly Wiggly 在田纳西州孟菲斯市开业。它的经营者克拉伦斯·桑德斯在1917年将这种由消费者自行在货架上挑选商品最后结账的零售店经营模式申请了专利,这就是超级市场的雏形。超级市场很快风靡全球。

1930年8月美国人迈克尔·库仑(Michael Cullen)在美国纽约州开设了第一家超级市场——金库仑联合商店。当时,美国正处在经济大危机时期,迈克尔·库仑根据他几十年食品经营经验精确地设计了低价策略,并首创商品品种别定价方法。他的超级市场平均毛利率只有9%,而当时超市基本毛利25%~40%,所以这种模式很快就成为商业的一个主流。

仓储式商场在1968年起源于荷兰,最具代表性的是 SHV 集团的"万客隆"(Makro)。"万客隆"货仓式批发零售自选商场大多建于城市郊区的城乡结合部,营业面积可达2万平方米,并附设大型停车场。商场只做简易装修,开架售货,以经营实用性商品为主。其业务现已拓展到欧洲和东南亚,平均年出口销售额达到 4 至 5 亿美元。

在中国，超级市场被引入于 1978 年，当时称作自选商场，到 2017 年中国已经有超过 10 万家超市，形成 3 万亿的行业销售规模。

超市的特点就是自助购物，不需要太多的人员推销介绍，采用立体货架式陈列，这样就可以陈列更多的产品；这几年国内超市受到网络的影响比较大，规模和销售额都受到一定的冲击，但是超市依旧是消费者购物的重要选择之一。

现在绝大多数超市都已经开始采用线上线下方式，有的还能够提供快速的送货上门业务，尤其是在社区周边的便利性超市更受到年轻用户的欢迎。这几年便利店发展和升级异常快速，这是因为便利店实行线上线下之后，店面能够销售的产品大大增加，加上便捷的服务，让便利店成为流量的又一个重要入口，也就成了众多互联网公司争抢的方向。

随着用户认知的加强，未来会有更多的店面将采用超市的模式，纯粹的大面积深度场景式体验店未来基本上将是品牌商或者资本的主导，能够实现多产品低成本的货架式陈列的店面将会逐步兴起。

③ 3C 卖场。

在国内 3C 卖场一度非常火爆，国美、苏宁都是 3C 卖场发展的典型代表，这些卖场面积大、产品多、价格相对具有竞争力，曾是市场发展中的佼佼者。

但是因为这些卖场的产品基本上都属于标准品，电商进入之后,对3C卖场也是带来了较大的冲击力,现在3C卖场在四至六线市场还有一定的影响力,一二线城市的3C卖场都在转型新零售,探讨新模式;当然所有大的3C卖场也都在尝试线上平台的运营,只是发展各有千秋了。

3C卖场也是一种典型的产品多的营销模式,但是后续的发展没有适应市场的发展,位置远、相互出现恶性竞争、卖场环境不及后来发展的Shopping Mall等,让3C卖场失去了一个转型的重要机会。

我们一直都认为,每个城市依旧需要一个科技类产品的体验、销售中心,因为科技产品是消费者最关心的产品方向之一,并且未来几十年这个方向都会影响每一个家庭;如果3C卖场能够走出一条类似于科技博物馆之路,还会有市场存在,不过依旧是需要线上线下结合的模式。

④ 奥特莱斯。

奥特莱斯,英文是OUTLETS,其英文原意是"出口、出路、排出口"的意思,在零售商业中专指由销售名牌过季、下架、断码商品的商店组成的购物中心,因此也称为"品牌直销购物中心"。

奥特莱斯(Outlets)最早诞生于美国,迄今已有近一百年的历史。Outlets最早就是"工厂直销店",专门处理工厂尾货。后来逐渐汇集,慢慢形成类似Shopping Mall的大型Outlets购物中心,并逐渐发展成为一个独立的零售业态。虽然Factory Outlet这种业态在美国已有100年的历史,但真正有规模的发展是从1970年左右开始的。

目前在国内奥特莱斯整体发展速度比较快,有些地方的人气已经超过当地的一些Shopping Mall,这种业态以品牌、低价、产品丰富为主要导向,吸引城市的精英人口。

奥特莱斯模式现在也有向Shopping Mall发展的态势,基本上主打日常消费品为主,产品丰富、货架式陈列、价格优惠,比较受到不同人群的欢迎,这种优质低价的模式未来还有更大的潜力,因为我们是制造业大国,大量的标准化生产能力,成本也可以得到高效的控制,未来随着CTM的发展,这里面还会有不一样的创新模式发生。

⑤ Shopping Mall。

Shopping Mall是现在的主流的线下业务模式,每个城市都有数量不等Shopping Mall,基本上都是零售商入驻为主,也有个别自营的模式。Shopping Mall本身是一个平台,面积大、功能全,拥有多业态、多品类、多种服务,能够满足不同群体的众多需求。

Shopping Mall也是一种靠"多"成功的模式,截止到2019年底国内已经拥有6500家Shopping Mall,并且还有至少10000家以上的缺口。但是在个别一二线城市也存在Shopping Mall建设过多、规划不合理的现象。

以上介绍的都是平台,因为一个零售企业要想实现"产品多",首先需要选择合适的平台,现在无论什么样的平台都需要拥有线上这个业务方向,这样才能在理论上打破物理空间的天花板;也有零售型企业选择自己做平台,吸引更多的品牌企业前来加入,就是我们经常说的筑巢引凤,这也是未来一些大型零售企业的一个选择。

所以总结下来,要想实现产品多,有这样几个方法:

① 选择有发展前途的平台合作,靠平台的能量扩大自己的销售疆域,比如一些零售商加盟京东,目的之一就是为了获得更多的产品资源;

② 建立自己的平台,实现更多品牌的引进加入,比如小红书、一条就是平台模式,吸引更多品牌商进入;

③ 建立自己线上销售体系,和不同的新供应链合作,扩大自己的空间范围,这是现在很多零售商选择的一种方式;

④ 打造 CTM 模式,与众多的上游企业合作,开创不同的商业模式,这种模式一般都是由拥有大数据的平台发起的,比如淘宝、京东的反向定制 CTM 模式,将是未来几年他们重点发展的一个方向,因为国内制造业基本盘非常优秀,有大数据加上成熟的制造业产业链,CTM 也将会给这些平台带来巨额的利润;对于线下零售型企业,主要起到承接作用,但企业运作难度比较大。

以上方式都是普通零售商的选择,在别人的平台上或者工具上实现产品多,这些更多的是一种营销扩张。但是在整个市场中,还有一种类型企业,通过建立自己的生态系统,实现产品的快速膨胀,是一种新的模式,比如小米生态体系、华为的融合产品、苹果的第三方产品认证授权体系等。

在未来的物联网大环境下,建立自己的系统平台,实现生态产品的整合,是一个能够预见的方向之一,这种方式会更有竞争力，会给市场带来更多的冲击。

（2）流量多

任何营销模式下，流量都是避不开的话题，现在线上的流量越来越接近天花板，也就会越来越贵，所以很多拥有大流量的平台开始发挥更多自己的优势，通过流量细分，创造不同的商业模式。

① 故宫。

故宫每年拥有1700万以上的参观流量，这是一个庞大的数字，因为参观故宫是需要门票的，也就是说故宫依靠自己600年历史魅力，不但不需要花钱买流量，还可以因为这些流量获得更多的收益，甚至需要限流来控制流量不要超过自己的接待极限。

去故宫的人，基本都会拍照分享，分享后每个人在国内的影响圈子应该不止250人，如果这样计算，故宫每年还可以获得42亿以上人次的关注，这个流量比互联网公司的流量更有价值，更有具有高转换性，因为这些流量具有较高的活跃性。

所以故宫开始做衍生品授权，并且取得了极大的成功，成为国潮文化爆发的一个极为重要的推动力量，这种成功，就是通过大数据将流量细分，然后找到其中的规律，实现精准的营销。

② 微信。

微信2018年公布的数据，拥有10.825亿用户，每天450亿次发送信息，4.1亿次音视频呼叫成功，等等。微信通过大数据分析发现：

90 后起床最晚,公共交通出行最频繁,每个月 25 次。阅读内容也从三年前爱看八卦,转向生活情感;

80 后无论早晚都热爱阅读,日间精力主要用来工作,阅读内容与三年前一致,始终关注国家大事;

70 后休闲时刻爱刷朋友圈,每天 23:30 左右睡觉;

55 岁以上人群爱早睡早起,与太阳同步作息,日间线上娱乐丰富:刷圈、阅读、购物,晚餐后习惯与子女视频通话,三年前热爱阅读励志文化,三年后关注养生健康。

以上这些信息能够带来什么呢?其实给微信带来更多的是商业的创新,比如微信读书、微信理财、微信保险等,在朋友圈能够看针对性非常强的广告推送,这些都是微信的大流量带来的大数据分析下的生意。

现在微信小程序、企业微信、微信视频号和微信直播,都是微信生态的一部分。

所以如果你拥有流量或者拥有高流量的资源,那本身就是一种财富。

对于零售型企业而言,可能想得更多的是,自己如何获得更多的流量。

① 寻求大流量地方开店。

有人流量的地方,就会有商机,所以对于线下零售企业来说,寻求大流量的位置开店,是一个正常的选择,只是需要考虑清楚不同的流量,能够带动的销售价值是不一样的。

② 和大流量平台合作。

线上平台有的已经拥有稳定的流量，比如淘宝、京东、微信、快手、抖音、拼多多等，这些具有大流量的平台，就是零售企业需要去重视和挖掘的平台，这其中的机会和现在火爆的Shopping Mall是一个概念。所以如果一个零售企业希望运营线上平台，也要研究线上流量的聚集区域。

③ 寻求自己店面的网红效应。

网红店，是这几年比较火爆的一种店面，一开始来源于电商平台的概念，后来落地到实体店面，一般是指具有高颜值或者有设计感的大流量店面，这些店面有的是网红开的，有的是品牌再设计的结果，比如上海的星巴克烘焙工坊就属于品牌再设计，而上上谦串串香火锅就是明星薛之谦和朋友共同投资的火锅店。

网红店对于店面的品牌定位、形象、产品、服务、品质都有较高的要求，但是一旦成功能够带来比较大的人流量，也就是说店面自身就自带流量，这对于店面租金谈判、产品引进具有很好的背书作用。

④ 通过爆款产品带来流量。

如果一个实体零售店，能够经常拥有爆款销售的机会，也会给店面带来更多的流量；比如国货品牌完美日记线下店面，当有限量版色号口红销售的时候，店面就会有排队现象，这就是爆款产品的流量价值。

⑤ 重视新媒体宣传。

现在几乎所有的新兴商业，都特别重视新媒体的宣传，因为现在同样是一个信息去中心化的时代，新媒体能够给不同的品牌和店面带来不同的流量。像抖音、快手、小红书等都有特别的针对线下零售店面的服务，所以零售型企业可以针对这些新媒体投放更多的资源，获取商城自然流量之外的流量。

随着未来科技的发展，无论是已经拥有流量的平台，还是需要流量的平台，都会加快创新节奏，两者的结合也会越来越多。零售型企业必须重视流量的持续性，在线下还远远谈不上"流量见顶"，流量还有很大的空间，但是如果只是做一个"坐"商，这样的机会显然就很难被抓住了，所以，一定要做一个"行"商。

（3）超级用户多

所谓超级用户，其实是罗振宇在2018跨年演讲中提到的一个词，"曾经的互联网，那是一个伊甸园一样的时代，到处是飞禽走兽，到处是食物。大量的人口，正在涌入互联网，那个时代用流量思维，也还合理；但是随着流量越来越贵，我们不得不走出伊甸园，那种伸伸手就能在树上摘果子的时代，再也不会回来了。"所以，我们必须"从狩猎采集的时代，进化到农耕时代"，也就是"从流量思维向超级用户思维过渡"。

通俗地说超级用户就是关注店铺、买过商家的商品、反复复购并带动亲友体验购买的用户，这样的群体称为超级用户。对于零售商而言，超级用户越多越好，超级用户是零售企业要重点关注的一个方向。

超级用户不仅仅是缴费会员，还有众多的形式，我们来看看，什么样的客户才能有机会称之为超级用户。

① 收费会员用户。

一般来说如果能够成为你的收费会员用户，基本上都是你的超级用户，所以一个零售店一定要重视收费会员的招募。如果你的产品和服务都比较低频，收费是有一定难度的，可以从免费先开始，逐步升级。

② 粉丝级别用户。

如果这个用户已经成为店面粉丝，毫无疑问，他一定是你的店面超级用户，我们对待粉丝要用心经营，因为这是店面零售最缺的一个群体。如果公司条件容许，可以成立粉丝团，给粉丝提供更多的活动支持。

③ KOC型用户。

如果一个用户具有KOC的影响力，一定要想办法将这个用户转化为店面的超级用户，因为他们不仅仅具有一定的购买力，还具有相当的影响力，一个KOC价值有时候超过100个以上普通用户。

④ 具有较强购买力型用户。

因为超级用户本身就需要具有经常购买的能力，所以具有较强购买力的用户，是零售店需要重点维护的，这些用户更看重体验环境和服务质量，每一个区域都有这样的用户，他们可能是中小企业主，也可能是企业采购人员，当然也可能是家庭比较富裕的人群。

⑤ 热爱分享型用户。

随着现在网络的发展，无论你是否愿意，朋友圈已经成为商家必争之地，我们的用户群体中有一部分是属于热爱分享型用户，如果我们能够在店面打造更多的体验场景，把店面变为景点，这类用户也有机会成为超级用户。

超级用户类型很多，我们要在礼仪上平等对待每一个消费者，也要针对超级用户提供更多的 VIP 服务，让这些用户能够真正感受到"特权"的体验，这样我们的超级用户就会越来越多。

那么如何服务好这些用户呢？我们总结了一些简单的原则。

① 提供持续的价值。

对于超级用户的服务，不要出现断层，一定要持续地输出服务，因为连续的输出才会收获长期的价值。

比如被吉尼斯世界纪录誉为"世界最伟大的销售员"的乔吉拉德，每个月都会给自己的客户寄一张明信片，一年十二个月更是不间断地寄出不同花样设计、上面永远印有"I like you! （我喜欢你！）"的的卡片给所有客户，最高纪录曾每月寄出一万六千封卡片。这就是持续的价值，乔吉拉德依靠他的持续服务，赢得了连续 12 年，每天销售 6 量汽车的世界纪录，这个纪录一直保持到今天无人打破。

提供持续的价值输出，让用户能够感受到你的店面不一样的热情和决心，是维系超级用户的一个最佳方式。持续的价值并非一定需要高成本的维护，而是在细节上做好更多的文章。

② 给他们足够的地位。

既然是超级用户，一定要给予其足够的地位，比如在店面可以获得更高品质的茶饮,购物可以获得更多的积分,可以拥有普通用户没有的免费上门服务等,特权感是维护朝超级用户的一个利器。

③ 能够给予特定的空间。

如果零售企业的店面足够大,一定要有一个 VIP 接待室,类似于银行的大客户室、航空公司的贵宾室,在这里,你的超级用户可以获得更加专业的体验和服务。

④ 建立超级用户社群。

如果有条件,可以根据用户需要,建立线下用户活动,并且建立超级用户群,因为这些用户需要的不仅仅是产品,还有更多的跨界信息和人脉,如果这些人能够通过你的零售店获得这样的机会,对于你的店面忠诚度将会大大提升。

⑤ 让他们有足够的存在感和参与感。

让你的超级用户拥有存在感,就像五星级酒店能够叫出你的名字,能够给你提供精准的服务是一样的,毕竟这种存在感不是在每个地方都能拥有的,在这个信息爆炸的社会,人最怕的就是被遗忘。

参与感是现在零售店一个有效的竞争力,以前的店面只要有产品、能够卖货就可以,现在的零售店不仅仅要能够销售产品,还需要让用户融入进来,比如能够在你的店面制造一个手工礼品、打磨一个音乐唱片等,都是一种参与感的表现。

⑥ 零售店的时代性。

如果你希望店面能够保持超级用户长期稳定性,想要店面在你的区域能够一直处于领先地位，就要保持新鲜感和时代性，否者你的超级用户将会是短暂的。这就要逼着你的公司、人员、店面一定要朝前看，当然这本身对公司的发展也是一件有益的事情。

超级用户是每一个零售型企业都想获得的，这也是零售从流量型向服务型转变的一个过程，未来的市场如果以流量为王将会越来越难，服务为王将会主导企业的发展，超级用户是一个必须正面对待的现象，需要得到更多的重视。

零售中的"多"，是复杂的，甚至是繁杂的，因为零售本身就是由无数细节构成，所以"多"是其本身自带的一个基因，这里无论哪种"多"，都要多留意、多思考，看准并抓住机会，"多"就成了生意的一部分。

因为模式太多，也绝不能照单全收，选择适合自己的，才是真正的生意之道。

2. 快

"快"是现代社会的一个显著特征，这是一个高效、快节奏的时代，人们习惯性地生活在一个"快"的时代，酒店叫快捷，活动叫快闪，送货叫快递，真的是有点无往而不"快"。

"快"一直是解决商业中时间和空间的关键要素，在当前这样的节奏下，和"快"有关的模式就具更有较大的冲击力，并能够有效形成企业的护城河，我们来看看和"快"相关的模式。

（1）用户连接快

一般来说，大多人理解的"快"，都是物流速度快。在忙碌的现代社会，一边是辛苦工作下劳累的身体，一边是希望自己需求的东西能够以最快的速度奔向自己，所以"你的快递"就成为很多人听到后的一个减压的声音。

快递将零售型企业的和用户紧密地联系在了一起，而电商的高速发展，促进了快递业的成功，当然反过来快递的发展也保障了电商发展的顺利，这是一个相互促成的行业；快递的效率越来越高，让产品与用户逐步实现了更高效的连接，这种连接随着速度提升得越来越快，商业模式也就越来越多。

那么有哪些通过"快"提升行业竞争力的企业呢？我们先来看几个案例。

① 亚马逊。

亚马逊的物流虽然在中国谈不上有什么出彩的地方，但是在美国确实是通过物流改变了整个美国的生意模式。因为美国地广人稀，所以以前的企业很难保证物流的时效性，亚马逊通过推广 Prime 会员，一开始就是承诺订货后 2 天到达，到 2019 年可以实现 1 天承诺；甚至对于所有 Prime 会员承诺在生鲜产品指定的 1000 个地区，提供两个小时的送货服务。

这就让亚马逊获得了垄断性的地位，还在几年前提出无人机送货，并开始实验。一开始被认为就是一个愚人节玩笑，但是后来却成为很多物流公司和电商发展的一个重要方向，随着实验的成熟，落地的概率就越来越大。

② 京东。

京东现在在竞争中有一个特别的优势，就是他们自建物流系统，在北上广深等城市，能够实现部分货品上午定货下午就送到，这种竞争力是其他的电商无法PK的，这不仅仅提升了较高的行业门槛，也为京东带来了更多的生意机会，比如京东快递就成了一个独立发展的业务，成为市场上一个有力的竞争者。

③ 饿了么。

"饿了么"是解决餐饮行业的信息对接和配送问题，餐饮行业属于上下游都复杂的行业，上游多、下游杂，据统计有80%的上班族不知道中午吃什么，因为周边的餐馆都已经吃腻了，而步行来回要超过半小时就显得很不适合，所以供需不但有信息差还有时间差、距离差。"饿了么"作为一个平台就是解决这个问题的，将半径扩大同时消除信息差，这里的"快"速送餐改变了整个餐饮行业的运作模式。

线下零售店，因为是即时购物、随身带走的模式，物流快目前看似乎和我们没有特别的关系，但是在零售店增加物流服务，理论上可以把销售半径扩大到物流能够到达的所有地方；同时如果要实现"万货商店"的模式，就需要追求物流快，这里的物流就能改变整个商业形态。

① 周边3公里送货上门。

送货上门不仅仅是送货，也是一种销售关系的维系，如果实体零售店条件容许，可以实行周边3~5公里送货上门，特别是对一些大件产品上门上装调试，能和用户深入交流，为后续维护打好基础。

② 前置仓销售。

未来新供应链会和区域代理商联合开展的一个网格式的销售，将销售布局到社区、写字楼等，实现销售前置，提升销售效率。

③ 校园周边。

国内现在在校高等教育学生超过 3800 万人，这是一个庞大的数据，现在学生的消费能力是非常惊人的，据 2018 年的调查显示北京大学生月均消费超过 3000 元，广东超过 2500 元，而他们更习惯在线购买。

校园生意需要一定的沟通能力，因为校园内一般不容许有太多商业痕迹的推销，但是学生却是一个值得培养的群体，可以借助私域流量的模式加大沟通。有案例显示通过为在校学生提供兼职快递的机会，能够让校园内部的服务效率得到大大的提升，当然这种兼职，有时候需要在学校备案，作为勤工俭学的项目更有助于得到校方的支持。

物流快，是零售型企业需要去尝试的一个方向，比如在香港有很多店面都已经开始可以快递产品给客户，一方面可以避免携带很多产品的问题，一方面可以实现远程交易；这也是一种私域流量的变现模式，很多初级的海淘也是这种模式，未来还会有更多的创新出现。

物流快，将距离压缩，保证了店面与用户的的距离越来越短，随时可以服务你的用户，有助于客户粘性的增加。

（2）产品更新快

零售，顾名思义，针对零散客户的销售，但是零散客户的需求是多方面的，也是常变常新的，我们如何保证店面产品的及时更新率，保持店面的新鲜感？将是零售店发展的一个基本要求，并且，在保障更新的同时，我们还需要保证库存的良性。

① 建立行业信息收集机制。

零售型企业要保持和行业内排名靠前的供应商紧密沟通的机制；和行业内的意见领袖保持一定的私人关系或者是合作关系；因为零售型企业基本上都是以区域模式为主，对于全国的信息会有一定的滞后性，建立行业信息收集机制，可以让企业随时了解最新行业变化，便于把握对一些新产品的机会。

② 在零售店设定快闪区域。

快闪店是指在商业发达的地区设置临时性的铺位，供零售商在比较短的时间内（几天至若干星期）推销其品牌，抓住一些季节性的消费者。快闪店模式有利于企业尝试不同新品的销售，但是快闪店还是有一定成本的，也需要企业内部有专人负责，调动资源比较多。

在零售店内部设定快闪区域，一方面可以降低成本，一方面也能尝试各种新产品的销售机会，是一种能够让店面保持产品更新率的同时又能降低风险的有效方法。

③ 在零售店设立产品画册。

在零售店内可以提供制作精美产品画册，便于客户翻阅，帮助客户一件代购；请注意，手册的精美程度，能够决定你的代购销售数量；不过建议零售价格可以略低于京东等旗舰店价格,让自己更具有竞争能力。

现在有的店面使用平板电脑,或者在线商城的模式,通过店内的触摸屏展示推广,效率会更高,但是画册会更具有艺术感。

④ 采用预售机制。

在新产品上市之前,请采用预售机制,因为预售本身就能够提高店面的新品曝光机会,还能够给用户带来提前入局的机会,所以一定要在预售上大力推动。

现在基本所有大牌销售,都会有预售机制,因为预售可以控制库存、调整供应链结构,这是未来品牌新品发布后一个重点销售方向。

⑤网红产品的销售周期。

现在有一些网红产品是属于快流行的模式,比如某些视频网站推广的产品,可能会一夜爆红,但是这些品牌因为没有品牌积累,其生命周期非常短,有的只有不到一个月的时间。所以对于这些产品一定要有决断力,销售速度要快,如果没有自己的私域流量用户池子,就应该采用薄利多销的方式快速变现。

产品更新快,对零售型企业有很高的要求,因为产品一旦多且快,就要求在库存管理上拥有高超的能力。那么如何控制库存,保持库存良性呢?

① 一定要有一套清晰的管理制度。

一个零售型企业,一定要有一套有效的库存管理制度,这种管理制度要清晰、明确、可量化执行,并且要接受库存管理、财务部门等严格监督。

② 库存管理是一把手工程。

作为零售型企业的一把手，每天都要看库存库龄报告，每个月检查不同部门的库存管理是否合规。库存管理是一把手工程，对于建立库存的良性运营是至关重要的，特别是一些初创的零售型企业，这是一个必要也是必须的过程。

③ 高库龄产品的处理办法。

如果产品出现了超过公司规定的预警库存怎么办？方法只有一个：及时清理、请勿眷恋，因为公司的亏损有一个极为重要的原因，就是产品跌价损失，这对于零售型企业往往就是致命的损失。

产品更新快，考验的是一个公司对于用户需求把握的能力，也是考验企业的对外沟通能力和内部管理能力，这是一个管理的切口，也是一个创新的切口，我们很容易在这里面找到一个新的商业模型。

（3）服务速度快

在这个信息高度膨胀的年代，人们对于服务的要求也越来越高，比如在产品的售后和维修上，人们的耐心已经大不如以前，主要是现在机器与人的关系已经有一种相互共生的意味，人已经离不开机器。

所以在这个思维框架下，我们发现，只要能够保持"快"，就能有生意的机会。

（1）共享充电宝

共享充电宝一开始兴起的时候,并没有共享单车那么被看好,因为它能解决的问题实在是不如共享单车看起来那么直接,但是结果是,共享充电宝一直在持续的发展。

其实共享共电宝解决了手机没有电之后出现的问题,现代的人如果手机没有电,5分钟就会觉得不安,10分钟就会焦虑,30分钟就会变得无所适从,因为这已经不仅仅是一个手机,更是一个人与这个世界连接的一个工具。人从内心的潜意识来说,怕在这个信息爆炸的社会被遗忘。

目前看共享充电宝的发展还有较大的市场,虽然手机电池容量越来越大,但是使用频率也越来越高,未来这个市场即使5G环境下低功耗芯片兴起,只要充电方式没有革命性的突破(比如通过电波频率、磁场等充电模式),就依旧还有一定的机会。

(2)极速维修

快速维修的例子类似于共享充电宝,现在市场上有1小时快修、上门的快速维修、备用机提供的维修方式等,都属于快速服务的一种方式。

服务的"快",在零售店其实还有很多可以去尝试的方式,比如大礼包的销售,因为送礼的人不愿意自己去搭配,更愿意一站式服务;比如店面的直播模式,也是一种快的表现,很多消费者不愿意或者没有时间去逛店,直播刚好满足一种高效的沟通交易方式。

"快"是科技社会的一个明显特征,天下武功唯快不破,虽然很多人都希望慢下来看风景,但是真的"慢"下来又会焦虑自己会不会被淘汰。所以"快"已经成为一种人人都不可忽视的常态，营销中关于"快"的创新也会越来越多，这里的"快"不仅仅是代表一种速度，更是一种繁忙的人群下的高效连接，这个连接会让人变得更有安全感。

所以零售型企业一定要认真思考和挖掘，用户在哪些方面有"快"的需求和心态，如果能发现一个普遍需求，你就能发现商机。

3. 好

随着国内生活水平的普遍提升，人们对于"量"的追求，将会逐步转向"好"的追求，因为该有的都有了，那就要提升质量了，所以零售从满足"量"，要转变到满足"好"，这也是一个必然的现象。

"好"有很多方面，这里主要从三个维度去阐述。

（1）体验好

什么叫体验好？就是在体验过程中能够满足用户的感官和情感需求。

① 视觉体验。

视觉体验一般来说满足两个原理，一个是彩虹原理，即产品的陈列符合彩虹色彩的排列，彩虹由外圈至内圈呈红、橙、黄、绿、蓝、靛、紫七种颜色组成，看起来会更舒适；

另一个是7秒原理，传言说鱼的记忆只有7秒钟，其实一个人漫无目的逛一个商店的时候，在8~15分钟的时间里，能够留下较深印象的产品一般只有 7 种,那么为了加深更多产品的印象,零售店在陈列上要更多采用场景式陈列,因为人的记忆更容易记住场景中有画面感的东西,而不是单一产品。

眼睛是心灵的窗户,所以在店面陈列时,要善于使用视觉体验。

② 味觉体验。

不是每个人都喜欢香水,但是所有人一定都不喜欢异味,零售店内一定要保持空气清新,空气清新是最好的味觉体验。当然如果你是销售食品,食物天然的香气也是一种美好的享受。

③ 听觉体验。

音乐是全世界的通用语言,零售店铺如果能够有一些经典的音乐,对销售也是有促进作用的,但前提是你要获得版权方的授权。

以上感官体验是一种最初级的体验,是零售店铺的基本功,如果你希望店铺体验更好,需要做的工作还有很多。

① 店铺要让顾客有存在感。

一个消费者进入店铺,首先要有存在感,比如店员一定要说"欢迎光临"之类的欢迎语言,这是店员与顾客沟通的第一步。

如果一个顾客在一个空旷的店面逛了一会,还没有人打招呼,这个顾客离开的几率会大大增加,因为他在店面并没有获得存在感,没有存在感给人一种失望和无聊的意识,就像在舞厅没有人邀请你跳舞一样。

② 店铺要有参与感。

一个店铺获得参与感的方式很多，儿童的积木、成年人的化妆间、老年人的放大镜，都是提升店面参与感的一个重要方式。参与感就是要让顾客融入店面，体会更多、体验更多。请记住只有参与其中，才会有更深的记忆。

③ 店铺要有情感。

店铺的情感营造，更多的是通过行动的方式，比如提供热水、提供礼品包装、提供具有节日气氛的礼品袋等。情感上富足，用户才有机会成为粉丝或者超级用户。

好的体验是一种生活方式的营造，未来的店面营销都是一种附带的行为，营造一个好的体验，一心帮助用户提升生活品质，才是最重要的工作之一。

和"好"相关的案例可以更多关注一些五星级酒店、迪士尼乐园、海底捞等这样重视体验的企业，因为他们的发展就是靠好体验、好口碑一步一步积累起来的，每一个"好"体验，都值得琢磨。

（2）产品好

产品好，这里的好有三层意思，一是产品品质好，二是产品包装好，三是价格好。

① 产品品质好。

什么叫品质好？一般我们把品质好等于材质好和设计好，随着材料学的发展，材质已经是多种多样，我们一般认为：贵重的排名靠前，比如稀有木质和贵重金属排名靠前，因为其价值感更强；当然一些新材料现在也经常被使用在民用产品设计中,比如炭纤维、航空材料等,都是材质好的代名词。

材质好,还包含一些知名公司出品的材料或者认证,比如杜邦、3M、蔡司、莱卡等,他们已经在全球拥有了被广泛认可的高品质,使用这些企业提供的材料或者被这些机构认证,都是容易被大众接受的,市场教育成本会大大降低。

设计需要符合审美,符合社会发展的大方向。设计已经是现代人的一个重要追求方向,比如国潮的方向,好的国潮产品,就是一个好的设计。当然如果一些品牌的产品能够获得知名机构的奖项,也代表有机会被广泛认可。现在一些知名设计师品牌也在兴起,优秀的设计师更值得零售企业去关注。

现在市场中,苹果、戴森、大疆都是品质好的典型代表,属于材质和设计都被认可的一些优质品牌,也是众多企业争相学习的对象。

② 产品包装好。

产品包装其实是内外有别的,欧美日韩很多发达国家对于包装一般重视环保,并不追求夸张、奢侈的包装。

国内其实也在走环保的路线,一些年轻人对于产品包装也是要求符合环保精神,但同时也希望有设计感和创意,奢侈的包装也在逐步被摒弃;但是整体上还是需要有一个漂亮、大方、有质感的包装,更能吸引用户关注。

③ 产品价格好。

线下暴利时代将会成为过去式,小米成功就是靠着高性价比一路杀出重围,虽然很多零售商并不是很认可,但是用户捧场对于小米来说就足够了。

高性价比、低加价率将是日常消费类产品发展的一个趋势,因为随着消费的理性,大家更看重的是产品的使用,而不仅仅是品牌。不过奢侈品的发展并不适用高性价比,因为用户购买的人群不一样、购买的心理不一样,他们更重视品味和形象,功能仅在其次。

但是用户是有一定层级的,我国有14亿人口,文化层次不同、生活环境不同、经济收入不同,对于"产品好"的定义就会不同。我们不能把一二线城市的产品标准,直接复制到五六线城市,那样成功的概率并不是很大,所以产品好一定要因地制宜、根据需求去界定。

现在的社会不缺产品,缺的是具有工匠精神的产品,如果能遇到这样的产品,就能获得意想不到的爆发力。

(3)服务好

服务好是一个巨大的命题,服务营销中有各种不同的案例。我们这里说的服务好,是指好的服务来源于机制,更好的服务来源于精准的大数据。

① 九机网的服务。

九机网是通讯零售行业的一个奇迹,他是一家依靠互联网技术发展起来的通讯零售商,他的会员服务都是基于后台数据的精准分析。

用户在九机网店面购买成为会员之后,店员获取用户的信息,在系统内补充登记,尽可能达到实现精准化,这些登记数据后台会有数据分析系统，将分析结果再反馈给一线，并能够实现精准的信息推送。

② 海底捞的服务。

海底捞的服务是有口皆碑的，成为行业争相学习的对象，其实海底捞有自己的一套完善的管理制度，能够把服务量化成数据管理，实现精准服务营销。

比如海底捞是中国最早推出平板电脑点餐的餐饮企业之一，顾客还可利用平板电脑通过视频实时监察厨房的情况，这将增强顾客对食品安全和卫生的信任。

所以如果要能够做到服务好，首先需要有一套制度，这套制度就是把公司业务节点提炼出来，按照路径和节点去制定服务制度，比如什么时候倒水？在什么位置倒水？谁去倒水？水的温度要怎样？倒水时间有没有确定？倒水有没有考核？能不能考核？怎么考核？这些都是问题，另外还有成本核算，杯子式样等细节问题。

另外，服务好还有一些具体的标准。

① 及时。

服务是具有时效性的，第一时间服务能够获得好感，任何事后的补救都不及及时的服务更有价值。

比如很多年前海尔的案例。海尔公司车队有一个小车司机叫于喜善，开车时喜欢听音乐。他接待了来自欧洲的一位客户，这位客户是一位女士，女士上车后，司机开始放音乐，并通过车内的反光镜观察坐在后边的客户喜不喜欢听放的音乐，如果喜欢听他就把音量开得大一点,不喜欢听就放小一点或关掉。有一次他放的是腾格尔的《在银色的月光下》,那位女士在后边随着音乐边听边晃直说这音乐真好听,我也要买一盘。说完之后,客户下了车,要司机一个小时之后再来接她。于喜善当时想,她在青岛人生地不熟的,去哪里买呢?于是就买了一盘同他在车上放的一样的《在银色的月光下》的碟片,待那位欧洲的客户上车时,给了这位女士,那位客户非常感动,连连称赞海尔为客户考虑得太周到了。

这就是一个典型的及时性服务的案例,如果这个司机不去购买,那位女士可能也就不买了,也就不会有这段佳话。

一个看似小小的及时性服务,能让用户对零售店面有不一样的好感,这种好感带来的不仅仅是生意。要想实现服务的及时性,就需要对一线员工有一定的授权,只有合适的授权,才能让一线员工在服务的时候及时作出判断。现在一些优秀的餐厅主管、酒店大堂经理,甚至是服务员和前台都会有一定的授权,他们会给顾客送一份甜品或者客房升级等,这种及时性服务,让他们的品牌越来越受到更多的欢迎。

所以及时性服务,也是一种制度的推动,优秀的制度总是能够让服务第一时间出现在用户面前。

② 专业。

在零售店面,专业是建立信任度的基础,当用户咨询时能快速、专业地沟通,将会提升店面的形象,也有助于用户对店员的好感,这本身也是店面的一种服务方式。

专业不仅仅需要自身的能力，还需要在形象上和行业相匹配，比如猫王收音机的创始人一般见媒体和对外宣传的时候都是穿着标志性的搭配：工装马甲＋工装裤，这也是代表一种专业形象。

专业是一个需要时间积累和制度保障的方向，1万小时理论虽然听起来有点吓人，但要想做到真正的专业，就必须在这个方向有一个长期的投入，作为企业需要通过制度的方式，保障专业服务的有效性。

③ 善意。

在零售店，把用户服务放在第一位，尽可能满足用户的需求，拥有善意，不与任何一个顾客发生争执，这样的零售才会越做越大。

比如汽车营销大师乔·吉拉德就有一个原则：不得罪一个顾客，他认为每位顾客的背后，都大约站着250个人，如果一个推销员在年初的一个星期里见到50个人，其中只要有两个顾客对他的态度感到不愉快，到了年底，由于连锁影响就可能有5000个人不愿意和这个推销员打交道，他们知道一件事：不要跟这位推销员做生意。所以乔·吉拉德出结论：在任何情况下，都不要得罪任何一个顾客。

现在一个人能够影响的已经不仅仅是250个人了，互联网的时代，一个人可能会影响成千上万的人，甚至会影响一个企业能否继续生存，所以善意就成了每个零售企业的必需品。

人无笑脸休开店，会打圆场自落台；和气生财，这才是生意之道。

④持续。

服务并不是为了一次做好某一件事，而是要长期坚持做好一件事，坚持是一种品质，坚持久了就成了品牌。

比如北京昆仑饭店，是我国第一家由中国人自己设计建造和管理的五星级饭店，他们最大的特色就是专业的门童服务，能够坚持几十年如一日不变，深得国内外游客的认可，有的人还专程前去体验，这就是坚持的价值。

在零售行业，很多品牌都坚持出精品，比如 Drivepro 坚持走轻奢路线，名创优品坚持走低价优质路线，屈臣氏走优质便捷路线，只有对于认定的方向咬定青山不放松，才会有不一样的机会。

⑤科技感。

现在的服务形式多样，零售店要善于使用多种的工具来提升服务。

比如修手机的时候，可以一边直播维修过程让用户放心，因为现在的手机，里面有每个人的秘密，让用户随时可见，那就是一种优质的服务。

对用户需求的细微觉察力和行动力，就是看服务的孰优孰劣，因为这能预示未来的竞争结果。希望大家能够实现真正的数据化、精准化、系统化服务，因为这更能提升服务的品质和效率。

"好"是国内社会发展的一个重要趋势，随着人们生活水平提升，消费升级是一个必然现象，所以关于"好"的需求面也会越来越广，不仅仅是产品、服务，还有更多社会的印象、民族的特色、文化的定位、精神的追求，所以对于商业企业，这中间同样具有深度的创新机会,各种关于"好"的模式也会层出不穷。

4. 省

节约,是一个好传统,无论是个人购物,还是企业运营,"省"都是一个不得不面对的话题。作为一个企业,开源节流,这中间的"节",就是一种"省",如何省推广费用?如何实现优质优价?如何降低用户沟通成本?是所有企业都需要修炼的大法之一。

(1)零售企业如何省推广费用

"省"对于企业而言,就是降低运营成本。降低成本的方式有很多,在市场推广方面,有一个例子,如果老板要求善于使用新媒体方式推广,那就意味着老板不想花太多钱,希望公司能够从创意方面节约费用。

新媒体运营真的不需要费用吗?当然不是的,新媒体运营费用现在也是在水涨船高,但是新媒体有一个特殊之处:如果你运作得好,也可以花很少的钱,因为新媒体之间的竞争,其实还是内容之争,涉及内容,那就意味着创意与才华了。

① 抖音。

抖音是这两年非常火爆的一个短视频分享平台,2020年初抖音日活跃用户数已突破4亿。这样的平台也成为众多品牌、零售企业宣传的舞台,这个宣传并不仅仅是投放贴片广告,更多的是创意宣传和场景代入。

所以对于零售型企业要思考的是:如何将自己的店面打造

成为抖音上的网红店或者具有影响力的店面，因为店面具有天生的优势：在 Shopping Mall、产品众多、店员专业、具有一定的场景化拍摄空间等，就差创意和拍摄了。而店员大都是年轻人为主，只要把即积极性调动起来，起步并不难。

② 小红书。

小红书 APP 是一个生活方式平台。在这里发现美好、真实、多元的世界，找到有意思的明星达人，与他们一起共同标记自己生活的点滴。拥有 2.2 亿年轻用户每日分享海量服饰搭配、美妆教程、旅游攻略、美食测评，让你轻松为升级为潮流生活老司机。玩转小红书、标记属于自己的生活态度。这就让很多人每天都在刷的小红书，它是一个时尚潮流的引导者。

小红书玩法和抖音稍有差别，但是对于零售企业来说，还是值得投入的，因为两者都能够为店面导入流量。这样的新媒体平台还有很多，今日头条、微博、快手、B 站、一些有影响力微信公众号，等等，都是很不错的选择。

那么对于零售型企业而言，如何做好新媒体呢？

① 专人或者专职团队负责。

这个人可以来自公司内市场部或者一线销售，也可以是外聘专职人员，需要喜欢和熟悉新媒体，并且具有相应的技能，这并不是一个轻松的工作，需要付出很多创意和加班加点，如果没有这样的精神，是做不好新媒体的。

如果公司规模大一些，可以是专职团队运营，会更有效果，需要事先做好预算，一步一步来运营。

② 熟悉各个平台规则，坚持挖掘数据信息。

每个新媒体平台都有自己的定位和规则，需要了解清楚，根据企业需要投放资源；同时要注意后台数据分析和挖掘，因为所有以营销推广为目的的新媒体运营，都是需要结果的，没有结果的运营，对企业而言没有价值。

③ 坚持内容的更新。

新媒体整体上看还是一个内容平台，需要有较好的写手和视频拍摄能力，并且需要长期坚持，因为新媒体现在已经很难一夜爆红，所以做新媒体需要足够的耐心和学习能力。

有创意的内容是需要人才的，这个毋庸置疑，所以对内容创意人才的吸纳是未来零售企业成长的一个关键。

④ 一个为主多个为辅。

零售型企业需要运营多少个新媒体呢？根据企业能力，一般选择一个为主、多个为辅，实现店面的立体宣传和引流。

因为建立起一个综合的新媒体运营团队成本较高，中小企业很难承担这样的大成本，所以不建议全面开花去运作更多的新媒体平台。能够把一两个新媒体运作好，从效果上来说已经能够实现对零售店的辅助发展了。

新媒体靠的是创意、内容、策划，不是靠烧钱，虽然烧钱有较大的推动作用，但是还是要建立自己的核心能力，通过能力去获取曝光和关注。新媒体对传统零售商而言有一定的难度，但是你只要放开去尝试，没有什么不可以。

（2）零售企业如何实现优质优价

优质优价是消费者购买产品的一个普遍心态，因为人总是希望用更小的价值获得更多的收获，市场中什么样的地方会让顾客觉得优质优价呢？其实有很多商业形态会让顾客觉得在这里购买就能获得优质优价的产品，比如超市、奥特莱斯、品牌折扣店、线上商城等，而会员制度、拼团、砍价这些营销也会让顾客有赚取实惠的感觉。

很多时候，不是消费者不来买东西的了，也不是他们没有需求了，只是你的零售店面东西太贵了，超过了他们的预期，所以只能去那些能够给他们带来"实惠"的地方买东西了，特别是当那些地方越来越成熟、诚信度越来越高的时候。所以，零售型企业需要在店面建立这种优质优价的体系，逐步形成标签和氛围，最终成为一个物超所值的品牌。

零售型企业需要建立自己的线上线下平台，通过私域流量的建立，形成一套有效的会员制度，把自己的公司做成一个闭环生态系统。

让顾客觉得省钱，创造好货不贵、品牌货不贵的策略，非常容易出爆款店面，并且一旦占领消费者心智，后来者就很难去竞争了，这就是先入为主的效应，也是互联网社会的一个重要的现象：头部效应。

在互联网高普及率的市场大环境下，所有的暴利都是不能持续的，用合理定价维护用户、用服务增加用户粘性，才是真正的未来。

（3）零售企业如何降低用户沟通成本

用户运营靠什么？一个有效的方法就是私域流量的建立，因为一旦建立，你就可以免费使用。在私域流量维护过程中，还有一个有效的工具，就是社群。

在不同的零售渠道里，有两个零售渠道在社群使用上是比较突出的，一个是化妆品行业，一个是微商行业，我们抛开不同行业的属性，来看看如何运作社群。

① 什么是社群。

社群是一种强关系，是指某一个群体之间有某种关系，这种关系支撑着所有人都认同这个群体，愿意在这个群体内社交、愿意一起做事情。它本质上是一个为共同目标或者爱好集结在一起，互相产生信任关系，并持续产生价值并输出的群体。

《连线》（Wired）杂志创始主编凯文·凯利就曾提出1000铁杆粉丝理论：一个人只要拥有1000名铁杆粉丝（这里铁杆粉丝是愿意付费购买你的产品的人），就能养活自己。可见社群对于一个人的价值，其实未来的社会模型就是：内容+社群+商业。

② 社群需要建立在一个共同志向上。

社群一定是建立在共同兴趣之上，而移动互联网最好的创新是激发了很多小众爱好的聚集，这为我们建立社群创造了前提条件。

拥有共同话题的人，才会相互具有粘性，对于一个社群才能形成一定的依赖感，比如都是华为产品的粉丝，在一个群内才会有话题感，相互分享使用技巧和品牌黑科技，大家才会有更多深挖的兴致，社群才能长久。

③ 建立社群需要规则。

建立社群一定要有一套运营规则，无规矩不成方圆，没规矩的社群不会持久。因为这不是一个强制性的组织，所以群规不要看起来非常严厉，这样似乎很有价值，但是违反了人性，这样的群规则也不会让群走得很远。

群规应该主要起到引导性的作用，让大家自觉参与。

④ 社群的门槛。

一般来说免费东西是最不被珍惜的，所以建立社群最好建立一定的门槛，比如一定要有过一次购物。因为我们需要的是一个活跃的群，而不是一个闲聊群或者僵尸群，所以建立社群初期不要急于有多少人，而是一定要让社群产生价值。

⑤ 社群的定期活动。

一般来说社群每周都需要有不同的活动，对于零售型企业而言，这些活动可以是产品使用技巧，也可以是营销秒杀，也可以是用户使用后的场景分享等。

社群活动，一定要有主持，要有一定的流程，让线上的活动看起来和线下一样有看点、有乐趣、有参与感。

⑥ 社群的 KOL。

一个优秀的社群，一定要有群 KOL，就是在社群内具有一定影响力的并且愿意经常分享的人，这个人可以是群主，也可以是社群内的其他成员，一般一个社群有两三个特别愿意参与的人，这个群的活跃度就会大大提升。

⑦ 社群的变现。

社群一般分为两类，一类并不是为了追求变现，比如一些品牌方或者个人纯兴趣爱好类社群；一类是希望有更多的变现和裂变，类似于零售商组建的用户群。

零售商的社群变现，是现在一些新国货品牌的一种营销策略，这些品牌具有高复购率，比如化妆品、食品、日常生活用品等，有的企业运营过百万的社群，在营销上直达用户，获得了低成本高效率的营销结果。国货化妆品品牌完美日记，就是社群的运营高手，其"小完子"形象，获得众多用户的喜欢，2020年5月推出的"完子心选"，其实就是社群运营到了一定阶段的产物。

私域流量的建立，可以节省营销费用，社群仅仅是其中一种模式，这些基于互联网的模式，是未来零售型企业必须要注意的一个重要的趋势，因为互联网的普及让社会沟通更加容易，这虽然会分散渠道但也能更容易聚集更多、更小的中心，让营销变得更细分、更量化、更具有可操作性。

"省"是一种理性的存在，在冲动消费过后，必然会迎来更多的理性诉求。"省"也是企业规范化、正规化发展的一个必然要求，开源节流是所有企业都要面对的事情，既然要"节流"就要求企业面对社会的发展，尤其是新科技的发展，让自己效率能够提升的同时又有所"省"，那当然是管理的一种境界。

所以无论是消费端，还是在企业营销端，"省"模式也将会随着科技的发展而不断推进，如果能打造出一个广泛被认可的"省"的模式，那就是一种新的成功。

多、快、好、省，是零售型企业的必然要面对的4个方向，能够综合发展固然是一件值得推崇的事情，如果不能做到面面俱到，也不用去过分去追求，因为本身就是一种理想的状态。所以如果做成其中一个或者几个侧重的方向，那已经是是一种成功了，商业不是为了追求完美，只是寻求一定心智的占有，只要能够让一部分消费者成为企业的铁粉，粉丝能够让企业稳健的增长，那就是一种属于未来的美好。

"人货场、技术利、多快好省"，是企业系统化、科技化、模块化发展的一个通常的路径，这里面将会涉及一个又一个细节，零售型企业就是把这些细节尽可能打磨得更圆润、更服帖、更具有美感，让自己跟上时代发展的步伐，让自己变成一个自下而上由市场和用户推动发展的线上线下融合型企业，孜孜不倦地为用户的品质生活而奋斗，企业在未来就一定会具有与众不同的竞争力。

请相信自己，无论自己是大连锁，还是中小微零售企业，未来的起跑线在科技发展的维度上都是一致的，你能否傲立潮头，就看能不能抓住这一波零售的新机会，准时准点起跑，跑得更快、跑得更稳、跑得更具有科技感，你的企业就能获得竞争优势，就还有更多的机会存在。

零售，在未来的社会中，还会有更多不同的创新，请一定记住最基本的原理节点，并跟上趋势。要相信，未来我们依旧是需要继续学习不同行业、不同国家的先进经验，同时我们的经验也将会被更多国内外零售商学习、拷贝，因为我们是一个互联网工具使用率极高的国家，未来将有机会引领全球的零售创新，面对这样的历史性机遇，请一定不要错过。

第二部分

反思篇

1
新零售发展反思

新零售自2016年底提出后，店面确实整体上比之前更有颜值了，互联网公司也开始拓展线下了，各种培训游学也红火了，甚至早期的时候还有资本的介入推动，这样看新零售确实激活了一个行业的希望。

零售能被重视，是一个让人振奋的事情，但是激情奋斗之余，还是要保持清醒，并且要经常复盘反思，现在的新零售到底做到什么地步了，不能妄自菲薄，当然也不要陷入盲目的自信之中。

从零售业的发展来看，现在的零售确实有一些领先之处，但是要想综合竞争力有大幅度的提升，依旧有漫长的追赶之路，先来看看已经具有优势的地方。

1. 购物中心建设的涌起

2017年底国内购物中心已经达到了6000多家，2018年开业900余家，2019年开业500家以上，应该说现在一二线城市购物中心已经得到了极大的发展。购物中心之间的竞争也丰富了人们的生活，是社会的一大进步。

丰富的购物中心，对于零售店来说是一种新的选择，也对新零售店面提出更多的要求，不能再随随便便开一家了，而是给出更多的量化要求，零售商要学会用数据去推演零售店的选址了,这一定程度上也推动了零售的发展。

2. 零售店的颜值大大提升

现在新零售店面,大多数都是经过设计师精心设计的,应该说整体颜值有很大的提高,相对于10年前的店面,现在真的是有太大的进步。

当颜值成为正义,大多数人都重视颜值的时候,普通的没有经过设计的店面基本上很难有持续稳定的客流量,现代社会已经进入零售店视觉时代,这也是时代进步的标志。

3. 互联网基因在逐步增强

现在遇到零售商,基本上都会聊聊会员管理、线上线下,聊聊大数据、爆品策略,等等,这是一个时代的进步,我们绝大多数零售商都已经拥有了互联网思维,即使没有做出任何改变,但是不可能不受互联网的影响。

这种基因是几十年发展的积累,并不是一蹴而就的,这种基因将会主导未来的发展方向和落地程度。2020年新冠疫情的黑天鹅事件,虽然影响了正常的生意,但是整个行业对于互联网的使用也达到了一个新的高度。

4. 产品丰富度的提升

现在的零售店,可以销售的产品越来越丰富,并且越来越符合市场需求,虽然有很多同质化的倾向,但是在消费升级的大趋势下，零售店整体上比之前更加饱满，尤其是潮品店，可选择性大大增加。

当然专卖店也在改变，很多一线品牌企业开始做IoT，所以现在不仅仅是线上，线下渠道的产品丰富度也是远超以往，也就是说零售店对于消费者而言，更具有吸引力。

5. 零售人才越来越被重视

零售的人才一直是一"将"难求，毕竟真正科班出身的很少，都是社会这个大熔炉锻炼出来的，以前的初级零售从业者发展空间不够，而现在因为零售潜在机会增加，很多人突然发现做零售其实还是一件很时髦的事情，也是未来的发展趋势，这对于零售行业是利好信息，因为只有人才的涌入，才是行业真正的发展机会所在。

6. 零售研究越来越深入

零售的研究一直有人在做，但是致力于研究零售中日常行为的媒体和个人还是比较少，毕竟这不是一个风口行业，虽然从业者众多，但是大都是比较传统，付费学习的习惯不强，这也是造成研究人员少的原因。

一旦一个行业缺少了理论研究，整个行业发展就会慢慢滞后，但随着新零售行业的发展，零售一线研究的人预计将会越来越多，这也有助于整体零售行业的进步。

7. 厂商越来越重视零售

厂商重视渠道一直是存在的，很多厂商还有自己的研究院、企业大学等，但是这两年一些知名厂商开始关注新零售，因为新零售不仅仅是零售，还是一种业态。

所以很多零售企业愿意尝试，比如华为专卖店的演变、小米直营店的变化、苹果全球直营店的尝试等，都是一种对未来的探索，这些大企业推动，对零售的发展具有重要的引导示范作用。

看到了优势，并不代表新零售的发展已经成熟，在新零售的道路上这才是刚刚开始，也有很多不成熟的表现。

1. 太过于重视颜值

新零售之后，零售店颜值有较大的提升，但是有的确实矫枉过正了，有的甚至把店面装修变成了一种奢侈的投入，这并不符合一般零售的规律，因为普通零售店依旧应该以销售为主，店面颜值更多是一种辅助的手段。

2. 太喜欢复制模式

有这样一个故事：某行业内一家店面开得非常有特色，有一个老板就拿着相机和尺子过来了，店老板看不过去就说你别量了，我把图纸给你吧！

这个故事或许有点夸张，但是确实是行业的事实，我们很多企业太喜欢复制粘贴了，行业如果仅仅靠个别企业的创新，然后其余都是复制，那么这个行业是没有机会的；新零售并没有形成一套标准模版，一切都在创新迭代之中，复制粘贴并不利于行业的发展。

3. 太相信资本的力量

新零售之后，资本开始尝试进入新零售行业，其实零售这个行业的发展并不是互联网的模式，没有高的投入产出率，没有办法在短时间内形成行业垄断，没有太多专业化的人才，等等，可以说这还是新零售发展多年的状态，一切都充满未知。

有的企业太过于相信资本的力量，在零售发展上采用更为激进的进攻状态，店面数量突飞猛进，结果忽视了现金流，结果资本的寒冬出现，这些企业发展遇到了较大的困境，个别退出了市场竞争。

4. 忽视了利润的重要性

利润是企业发展的血液，无论怎样的模式，都不要忽视利润的重要性，除非融资大大超越规划，即使如此，也不能是长期亏损，因为像亚马逊这样的企业真的是太少了；并且线上容易形成垄断优势，线下零售基本不可能有这样的结果。

5. 迭代能力还需持续加强

新零售这个方向并没有固定的模版，所有企业都在尝试，包含互联网公司；而且互联网公司做实体店依旧是个外行，他们在实体零售上摔的跟头也不在少数，因为实体店重资产投入,同样需要专业度。

实体零售店不像互联网,理论上互联网的产品可以每天迭代,但是零售店装修后就基本定型了,不可能每天改一次装修;但是新零售下零售店的要求是一个店在原来的基础上时刻保持进步,并且反过来去改造之前的店,这就需要足够的勇气和执行能力,当然更需要专业能力和持续的创新能力。

6. 选品同质化

为什么会出现大规模的同质化呢？主要原因有两点：

一是品牌厂商大多不善营销,很多中小品牌推广能力跟不上;

二是零售商都习惯做爆款产品,而现在整体爆款产品数量有限,而且是以线上为主。

同质化的最大后果就是千店一面,这会让消费者的探索欲望降低,也是流量下降的一个很大原因。

7. 走捷径思维重

有捷径当然好,但是新零售确实是一个比较漫长的转变过程,并没有什么捷径可走,所以很多自认为发现捷径的人后期走得都比较辛苦和迷茫,还不如那些脚踏实地转型的零售商,一步一步不显山露水,反而走出一片新天地。

这里不是说不可以模仿,而是说如果模仿,最好是消化吸收创新,而不是一味照搬照抄。

新零售依旧是大有可为的,还是充满阳光的,只要我们把力气用对地方。所以对于未来,提出如下建议。

(1)用户研究还有较大空间

我们国家人口众多,各地经济发展不是很均衡,应该说我们的市场是一个高度成长、又是一个高度复杂的市场。

实体零售店在用户分析和研究上,还有较大的成长空间,主要是在用户信息的收集上还比较传统,没有实现真正的数据化、网络化、云端化,很多判断主要是靠一些简单的数据或者行业分析报告,对于用户的精准营销还处于比较初级的水平。

用户是未来新零售最核心的价值,用户的研究未来还有巨大的空间,但这并不是一蹴而就的事情,需要持续的投入和研究。

(2)零售的系统化管理急需加强

系统化管理是多方面的,零售企业一般内部管理都已经数据化,但是在用户信息、店面信息以及内部管理信息的系统化,是急需要解决的,因为要形成闭环,就需要数据支撑,而用户管理系统化是必不可少的一环。

(3)供应链的发展

以前的零售行业的供应链大多还是非常老套的流程,虽然过程节点比较完善,但是效率不高,比如各个节点上都容易有库存积压,生产容易被出货量误导,零售商提货数据支撑点比较少等,这说明原有的供应链适合传统海量产品,并不是很适合现有的丰富的多元化品类。

未来的供应链是一种共享新模式供应链,要解决共享库存化虚拟化库存,实现供应链效率的提升,需要技术加持,需要众多的各个环节的参与者,目前零售渠道供应链的效率提升才刚刚开始,这中间也将拥有巨大的机会。

(4)专业化人才的培养依旧需要加强

零售专业人才匮乏,绝大多数都是半路出家,靠老师带徒弟、靠经验积累、靠自学成才,但是很显然,这是远远不够的。

专业化人才是零售前进的必要条件,未来各种持续的职业教育将会成为主流,希望更多的大学能够有专业的零售知识学习,这对于推动零售的发展具有非常重要的意义。

(5)线上线下的实践

新零售提倡线上线下,还没有形成标准化,也没有太多的经验可以借鉴,但趋势已经被认同,只是需要一个过程。

(6)零售研究要持续的投入

国内外很多知名的企业其实都有外部顾问,就是要弄清楚未来是什么样子,不懂未来的企业,今天一切的努力都是盲目的。

所以关于零售未来发展趋势的研究要有持续的投入,不懂趋势的企业就不会懂现在的优势,而趋势会远远大于优势!

新零售的发展需要反复反思、复盘,只有不断往前尝试,一年、两年、很多年,蓦然回首,才能发现原来新零售就在那个转角处,这才是零售人奋斗的意义所在。

2
零售店到底需要怎样的体验

国内的消费类电子门店，大多受到苹果的影响，简洁简约、宽敞明亮、易于体验，尤其是很多手机品牌店大多如此，这没什么不好，因为在智能手机和智能硬件发展初期，这样的体验特别容易推广品牌。毕竟新科技的发展，有时候是超越普通人想象空间的，如果能够直接体验，那将是一种与众不同的感觉！就像苹果第一代手机放大照片的功能，只要两个手指就可以操作，当时觉得太神奇了，体验后的感觉完全打消了没有键盘担心不方便使用的购买隔阂。

经过10多年的发展，国内的消费者认知水平得到了极大的提升，现在绝大多数智能类产品，其实不用去店面也能明白是怎么回事，但是零售店的主流依旧是初期的样子，似乎体验为王已经扎根群众了。

可经常出国的朋友知道，欧美很多店面除了部分专卖店以外，大多数店面都是用产品的丰富程度来呈现，即使在港澳地区，也是靠更多的产品来支撑店面，这中间的差别当然有一部分是因为他们的租金昂贵，只能靠产品多提升坪效，但是这也让我们思考，国内是不是也有机会采用这种体验方式呢？毕竟现在很多零售店的租金也是水涨船高，非往日高性价比所能比较的了。

以下这些研究，希望能够对于国内的消费类电子零售行业有参考作用。

1. 专卖店依旧可以采用苹果直营店式体验

专卖店，也称专营店，是指专门经营或授权经营某一主要品牌商品（制造商品牌和中间商品牌）为主的零售业形态；在国内还有很多店面也是专卖店，是没有经过授权的，这类店面也很活跃，因为经营合法，也是一种客观的存在。

专卖店因为厂商有自己的投入，也有诸多规范，所以强调产品的强体验性，一般不容许出现第三方品牌。当然也有例外，比如苹果授权店可以销售和自己没有冲突的产品，比如第三方配件、一部分智能产品等，当然完全无关的也会被禁止陈列销售，比如食品就不可以销售。这些店面可以采用类似于苹果直营店的体验方式，因为这种体验更能体现产品的品牌和价值。

不过有两点需要注意：一是苹果全球的直营店已经发生了重大的变化，不仅仅是装修风格，还在于经营理念；二是如果采用这样的体验方式，品牌就需要具备极强的号召力，如果品牌影响力不够，就需要在店面位置、店面设计上下功夫。

2. 高科技产品适合采用平面式体验

所谓平面式体验，也可以称之为记叙文式体验，就是一张桌子，可以是实木的也可以是贴皮的，可以是钢琴烤漆桌面也可以是大理石桌面，桌子本身可以平淡无奇，也不需要去突出，因为桌子仅仅是道具,如果是一些奇奇怪怪桌子,反倒是抢了产品的风头。

桌子上陈列所销售的产品,最好是技术含量比较高,或者创新度比较大的产品,说得直白一些就是需要花一点时间搞明白的产品或者刚上市的产品,这种陈列方式会有特别效果,因为消费者可以专心感受一个产品的价值。

陈列要求多个样机,样机不能太少,所以要求厂商在样机支持上要下大工夫,不能太节俭;如果是在一个集合店面,你的产品最好是占据相对较大的面积,比如一张桌子一半以上的面积,这样对于品牌的宣传和实际成交会更有帮助,前提是你的产品要能够带来实在的用户价值才行。

高科技产品适合平面式体验,并不是说就不需要道具,可以在产品边上适当加一个小道具,比如耳机,但是不要喧宾夺主,道具是用来突出主产品的,别颠倒了主次。

3. 高性价比产品适合立体式体验

高性价比的产品,也就是好货不贵的意思,这是现在很多市场消费的主流,这些产品一般来说并不是很复杂,一个产品能够解决1个或者2个用户痛点;当然复杂与否的判断标准,也是看这个行业本身的普及程度,比如手机其实是一个高度集成、高度复杂的产品,但是因为大家都已经学会了使用,本来复杂的操作也就显得很简单了。

因为产品不复杂,可以按照功能或者场景式样,做成一个立体体验货架,甚至可以通过产品的密集陈列,给用户一种较强的视觉冲击力,这种冲击力在机场、车站会具有更好的效果,因为消费者需要赶时间,而店面的大量商品会给顾客带走一件的心理预期。

如果你去香港、澳门,很多店面就是采用这种陈列方式,因为他们租金昂贵,加上其本身也是一个靠游客消费为主导的城市,这种陈列在很多科技含量很高的产品销售上普遍存在。因为即使操作复杂,但是因为消费者具有较高的认知,同时消费者并不会很在意环境的拥挤。相反如果采用大量的平面式样体验,并不一定能够吸引消费者,因为来这里的人就是想带走某一个或者几个产品,产品丰富密集的陈列,恰恰满足了他们的需要。

在欧洲和美国市场,很多 3C 卖场比如万得城、百思买,也会采用这种方式,因为他们都在郊区,顾客过来就是希望带走一些产品,这种陈列反而适合他们的需要,当然这些购物场所本身环境也并不差。

4. 潮品店适合混合陈列体验

潮品店,其实就是一个产品集合店,称之为潮品店,是因为销售产品大多比较时尚潮流,能够吸引更多年轻的消费者关注,所以称之为潮品店。

潮品店面因为产品众多、品牌众多,更适合混合陈列体验,即一部分高科技产品采用平面式,一部分高性价比产品采用立体式,甚至可以交叉陈列,因为这样的效果会更好。但是国内的很多潮品店，学会了高颜值，在陈列上依旧是平面方式较多，给顾客一种无所适从的感觉，造成了体验感官不够舒适，销售也受到了影响。

其实国内非消费电子行业的店面，比如酷乐潮玩、名创优品等都是采用混合陈列体验，产品密集，刚好弥补产品单价不高的问题，可以使客单价提升，解决零售店面的销售规模问题。

当然混合陈列需要有较高的库存管理能力，SKU的增加，也是店面管理水平的增加。

5. 未来店面可以增加混合现实方式体验

目前零售店的体验还是靠直观的体验，靠视觉、味觉、听觉去感受，未来随着虚拟现实和增强现实技术的发展，零售店会增加更多的混合现实体验模式。

混合现实体验模式，就是通过技术手段，将产品的功能制作成为不同的场景，用户带上特制的混合现实眼镜，就可以身临其境地感受这个产品的价值了，目前这种体验成本还比较高，但确是未来的发展趋势，甚至未来很多电商也会通过这种方式去展示产品。未来还会有全息技术，不过这个技术应用到零售店还需要时间。

设想一下，如果销售的是一款电动牙刷，一般来说我们在店面是没有办法让用户去体验的，只能通过店员的讲解和视频，演示得好不好，就要看店员的功力和拍摄视频的水准；而且即使这样，我们还是没有办法让用户真实体验到电动牙刷的价值；如果采用混合现实体验，就非常简单了，用户只要戴上眼镜，就能够体验到牙刷的各种不同功能以及效果，甚至可以感受到未来10年、20年的牙齿状态，这种虚拟场景让实物牙刷和用户关联起来，非常容易激发用户的购买力。

所以有条件的店面，可以增加这样的体验；有条件的厂商，可以为直营店和零售商提供相应的解决方案，其价值会超过我们的预想；这是零售店体验的一种革命性趋势，值得更深入的关注。

6. 无人体验适合快销高频产品

这几年无人商店以高速度的方式在发展，这一方面得益于无人商店相关技术的逐步成熟，一方面是市场的需求，因为人工越来越贵。亚马逊在无人商店领域属于领先者，2020年已经对外开放无人零售系统，这将推动全球无人商店的建设。

无人商店比较适合销售高频消费的快销产品和一些标准化的杂货类产品，比如零食早餐、文具家居日常用品等，消费者对于这类产品服务要求不高，更关注购买效率，无人商店可以大幅度提升这种效率，所以便利店行业、杂货店、零食店等比较适合无人商店模式。

而数码通讯类产品，本身科技含量比较高，需要比较强的体验，无人商店解决方案还在测试之中，比如未来增加机器人店员，就有相当的价值。

人是情感动物，既然人愿意去逛街逛店，一边是购物，一边也是寻求一种情感的寄托和牵挂，潜意识寻求一份温暖，所以真的服务人员比无人商店更有人情味儿，人与机器打交道，还需要一个适应的过程。

7. 强体验不是为了暴利

强线下体验是为了什么？为了取悦用户？为了和线上争夺用户？为了利益最大化？我们认为：强线下体验，是为了建立人与机器之间的和谐关系，为了人的更好生活品质。

所以强线下体验，绝不是为了暴利，那些以获取暴利为目标的线下零售店，终究都会被取代，因为消费者越来越理性，社会的信息化会越来透明，暴利只会让用户越来越远离你的店面，再好的体验，也需要合理的价格。

反思店面体验，是因为很多零售店走偏了方向，把正常的体验变成了奢侈和夸张，这些并不是绝大多数消费者所需要的，也是社会资源的浪费，所以零售型企业要注意辨别什么才是真正的体验，体验的目的是什么，才能创造更符合用户需求的体验。

所有的体验都应该以用户需求为本，那才能是最合适的体验。

3
用户是一种资源

店面开得越来越漂亮,真的有价值吗?答案是价值还是有的,一般新事物刚开始的时候都是从外表先开始变化,然后逐步向内渗透,因为外表变化最容易,越往内部越难,但路总是要一步一步走,不可能一上来就是完美的。

那么走这个路是不是也有一个小目标呢,否则走歪了、走错了、走回头了,都是一种浪费,一种机会成本的浪费;毋庸置疑,这个目标就是用户,用户才是新零售的最终价值所在。

1. 用户定位越清晰,企业越健康

用户定位,是现在零售企业一个必然选择,因为作为零售型企业一定要知道,你开的店面是为谁服务的,这个"谁"越清晰,定位就会越精准,成功的概率就会越高。

但是很多零售企业,往往会比较贪心,希望所有的消费者都是自己零售店的用户,结果摊子铺得越大、结果越不理想,这就是贪大求多的结果,因为任何一个企业都不可能服务所有人,所以零售型企业一定要有自己明确的目标:用户需求定位越清晰,企业越健康。

比如Facebook刚成立的时候就是满足大学生搭讪女孩子的需求,针对的就是在校大学生;后来发现有这个需求的人越来越多，才逐步调整为连接世界，因为连接是人类的共同需求，但是如果他们一开始就是连接世界，估计就没有今天的Facebook了。

再比如苹果公司对于iPod发明，是因为乔布斯跑步的时候觉得当时的音乐播放器都太过于笨重，希望自己有一款更便携的音乐播放器，然后经过调研发现这个需求是绝大多数运动爱好者都希望拥有的，所以后来的iPod设计定位就是喜欢随时随地能够听音乐的人，这就是苹果iPod曾经的定位。

定位理论是现代营销史上最重要的理论，作为零售转型期，每一个零售型企业都要好好研究自己店面的定位，因为这将决定你未来的发展方向。

2. 拥有用户越多的企业，越有机会

用户是一种资源，所以拥有用户越多的企业，就拥有更多的资源，当然消费者、客户、用户、粉丝之间是有一定关联和区别的，粉丝固然是我们要去做的，但是最重要的依旧是用户，没有用户就没有未来。

零售企业用户不但要多，还需要学会管理用户，并且拥有恰当的管理工具。因为一个企业没有用户管理工具，来来往往的就是消费者或者客户了，这个工具现在有很多，最简单的就是微信关注，虽然简单，但是总比没有的好。

再高级一点可以用企业微信号、公众号、微商城、小程序等；再高级一些可以是APP、自己的商城等；如果能够有大数

据,那就更完美了,因为客户管理系统如果没有大数据的支撑,那就是一潭死水,起不了波澜。有用户、有工具、有专人管理,那就意味着机会已经来临。

3. 和用户距离越近,就越有主动权

拥有了用户怎么办?最重要的事情就是让零售店"离"用户距离近一些,因为距离越近越具有吸引力,这样就越具有主动权。

什么叫做离用户近一些?举一个简单的例子,假如一个店面提供快递服务,那么这个店面和用户的距离就是快递的时间,如果是顺丰可能就是一天,如果是其他快递可能就是两天,但是在上海如果使用闪送服务,那你们的距离一般也就是 1~3 个小时,这就是叫做离用户近,即当客户有需求的时候,一个零售店能够将人、货、服务等以最快的速度出现在客户面前,这就叫做离客户近;京东已经在尝试半小时送货,亚马逊在测试预知式送货等,都是为了让用户离他们更近一些。

零售型企业往往会忽视一个问题,很多时候自以为拥有用户就可以了,其实拥有只是表示自己的资源丰富,只有真正开采出来,那才是真的能够光彩照人的价值。

4. 和用户互动越积极,用户粘性就会越大

零售店和用户的关系,更像是情侣的关系,你不能仅仅是说自己有一个男(女)朋友,平时没有任何交流,情侣之间需要更多的互动,甜言蜜语、吃饭、看电影、逛街等,都是互动的形

式,因为越互动,就越能拉近距离,这样才能有更密切的关系。

所以,零售型企业有了和客户互动的工具,有了更近的距离,那就需要更积极的互动,这种互动作为零售企业应该是主动的一方,因为这个世界有太多诱惑,你不主动,用户可能就被别人吸引跑了。

互动形式有很多,比如线下活动、会员体验、新品试用、发烧友试听、抖音创意征集,等等,没有你做不到,就怕你想不到!

5. 让用户主导公司考核,企业就越具有竞争力

零售型企业的内部考核,大都是自上而下的考核,即公司制定任务、绩效、奖励办法等,考核下属,在60后、70后、80后员工为主的公司,这种考核是积极有效的;但是到了90后员工为主的公司,这种方式的效果有时候就会打折扣了。

为什么呢?因为90后号称是不妥协的一代人,有人说这一代的人,才开始真的具有人性的本质,因为不需要为生存而去做一些意识层不愿意做的事情;所以这一代人,在管理上就不适合全部采用自上而下的考核方式,不是说这种方式不好,而是这种方式不符合这个时代的特征。

那什么样的考核方式符合新一代的年轻人呢?我们认为自下而上的方式更为有效,即让用户主导公司的考核,因为用户是核心,让用户参与进来,就有更好的参与感,而员工也能接受,因为这是社会公众的评价,只有得到认同,才能成为一个真正的人,几乎没有人真的想脱离社会,人的本性就是群体性,失

去了群体性也就没有什么价值了。

所以让用户主导公司的考核,这样的企业才具有真正的竞争力。

6. 用户参与感越强,企业越具有创造力

怎样让用户具有参与感?记得小米手机刚刚启动的时候,是挖掘了100多位手机发烧友,小米把这部分人组织起来,让他们提出更多的建议,甚至为此提供了工程机,然后对外的宣传是:为发烧而生!

让用户参与零售店的设计、参与零售店的陈列、参与零售店的选品等,因为店本来就是为用户服务的,你让他们参与得多,那么他们就是认为这和他们相关,和大家相关,企业才会有精气神、才会有创造力。

用户参与感,不仅仅是一种创新,更是未来零售店经营的一种主要模式,不妨试一试。

7. 让用户成为粉丝,创造更高层级的价值

让用户成为粉丝,这当然是很多零售商的梦想,我想还不仅仅一个企业的梦想,更是许多人的追求,因为有粉丝,意味着你的经营已经上升到一个文化意识层面,而不仅仅是停留在生意的简单交易层面。

零售型企业要通过更多的坚持、创造、惊喜,来把用户逐步地转变为粉丝,这里面不仅仅是一种手段,更是一种情感的连

接，所以，这个真的不能着急，需要时间，需要持续不断地打动用户。

如果有一天，一个门店拥有数百万粉丝，那才是一个全新美妙的开始。

4
专卖店，如何做好超级用户？

最近有一些从事零售业的朋友问我，说："我们都是做授权专卖店的，厂商要求非常严格，不容许我们销售第三方产品怎么办？"

说真的，一方面说明这些厂商的思想不够开放，一方面你拿了厂商的房租补贴、促销员补贴、甚至是优质货源补贴等，厂商当然不让你卖，这叫做拿人的手短、吃人的嘴短，一种很正常的现象，只是人性往往都不容易满足，这也可以理解，因为既然是生意就应追求利润最大化。

那是不是说授权专卖店，就一定没有机会销售其他品牌智能产品、通用类产品呢？我看也未必，因为这里有一个新的概念，叫做超级用户，如果我们能够弄明白这个概念，其实无论你是手机授权专卖店，还是笔记本授权专卖店，都可以有更大的发挥余地。

通俗一些说，超级用户就是能够给我们带来更多额外价值的用户。每个用户或者每一类用户，都有各种不同的需求，专卖店只能满足其中一种需求，如果能够想办法满足其他更多的不同类需求，我们就拥有了超级用户。

所以说，如果你是一个品牌的手机专卖店，一般来说现在客户差不多27个月才换一次手机，如果仅仅卖手机，那就需要靠流量，所以说专卖店一定是靠流量赚钱，而不是靠超级用户，所以专卖店需要开在人流量大的地方；但是如果方法得当，我们就可以通过手机的流量销售获得大量用户群，然后把这个用户群的大多数人发展为超级用户，那就是一笔很大的财富了，因为这些人可能还需求：笔记本、智能手表、电动牙刷、冲牙器、大牌美容仪、电吹风等，用户需求五花八门，选择其中擅长的去满足用户需求，岂不是一桩美差！

1. 确定用户多样化需求

最近华为的生意特别火爆，据说绝大多数店面销售量都有30%以上增长，这是可喜可贺的一件事，但是毕竟华为主流的还是手机，那么我们就要思考，这些客户还有什么其他需求吗？

比如说买P40型号手机的用户，难道未来2年多，就没有别的需求了吗？这么一想，你就能发现这显然是不会的，那你可以观察这部分人，也可以调研一下，他们还有什么样的需求？他们的家庭还会有怎样的需求，对于消费类电子，零售商通路还是很多的，所以你首先要去发掘。

能够买华为高端手机的，他们还会有更多的需求点，只要你去发掘、总结，总是能够发现更多需求点。建议老板或者操盘手、采购经理一定要去站店销售；如果只去20分钟就免了，那是领导检查工作，不会有太多业务上的收获。

2. 确定自己能做什么

需求挖掘出来后，我们要知道自己能够做些什么，如果你擅于积木式创新，也不是不可以，只是你要有那个整合能力。

对于绝大多数零售商而言，我们可能还是善于整合和自己行业有关的产品，这样更容易，成本最低、风险最小、成功概率最大。这里需要提醒的是，一定要有专人去做这个事情，开会可以一起讨论分析，但是责任和权利肯定是需要授权给一个专人或者团队去负责。

确定自己能做什么，制定行动计划，逐步完善迭代，你离抓住超级用户的路就不远了。

3. 用什么工具做

知道客户需求，知道自己能做什么，对于专卖店还不够，因为授权专卖店一般来说不能销售第三方产品。

那怎样才能解决这个问题呢？就需要通过新工具去连接客户需求和零售商，有什么好工具呢？

① 微信：可以加用户微信，也可以建立群，这是目前眼前成本最低的也是最有效的工具；

② 小程序：需要几万块成本和专人负责；

③ 微信公众号：需要专人，运营的人是最重要的，认证费用需要 300 元/年；

④ APP：需要专业团队开发，专业维护、专人运营；

⑤ 网站：虽然有点落后，但是依旧有价值，只是维护成本偏高。

以上工具，其实首推微信，这是一个看似低成本，实际需要花很多时间和精力的工具，现在选择企业微信的居多。

4. 我们怎样维护这些用户

现在的用户，其实维护起来说难确实很难，说容易也很容易；难主要是大家都在信息爆炸的时代，你很难去抓住他们；说容易，现在是去中心化的时代，我们只要用心，就有机会自己打造一个属于自己的中心。

维护用户有没有秘诀呢？我们认为是有的，那就是：站在用户的角度，思考用户的内在需求，用行动去连接用户。举几个例子吧：

① 朋友圈图要美，文章要有价值，要懂朋友圈礼仪；

② 要适当刷朋友圈，每天不要超过3条广告，总数控制在5~8条；

③ 要每周/月主动"撩"一下用户，就像和你的男（女）朋友约会一样；

④ 用户信息要及时回复，投诉要30分钟内处理完；

⑤ 要让用户有仪式感，这个需要一些脑洞；

⑥ 可以发一些测试产品图，但一定要好看，你也需要知道产品知识；

⑦ 如果发视频一定要有创意，男靠创意女靠颜值，当然女生有创意会是加分项。

5. 如何激发这样的用户需求

用户需求怎样被激发呢？其实上文例子中就有相关办法，激发客户需求，要创造场景，所以适度夸张的场景更有激发作用。

还需要有很好的修图能力，所以现在不会拍照的店长不是好店长，学会拍照是零售行业的基本功，否则很快就会被屏蔽，因为你一旦没办法激发用户的需求，他们就会觉得你是一个噪音，噪音当然是会被屏蔽的。

另外，客户试用、使用体验、家居实景等，都有激发作用，如果你技巧足够，很多用户也会给你提供真实家居场景，那就更有说服力了，因为有了真实的人来给你信用背书，这是最大的价值。

6. 怎样获取货源

既然是要想把用户变为超级用户，那么他们的超级需求就要满足，但是对于刚入门的零售商来说，大量备货还是有风险的，有更好的办法吗？

当然有，我们可以寻找一件代发的供应商，哪怕价格贵一些（一般就是贵一个运费），那也是值得的，因为你没有了库存风险，这可是最大的风险啊。

这里有一个技巧，就是因为用户需要等待时间，建议供货价要比京东价格便宜 10~100 元左右，这样客户基本上就没有意见了。别觉得自己少赚了，其实这才是最合适的生意，超级用户不是拿来宰的，而是要用心去维护的；当然本质上零售商并没有赚得少，因为没有风险的生意，1 块钱都是优质的毛利。

7. 是否有落地机会

超级用户不能是空中楼阁，一定要多举办超级用户活动，分门别类，可以在公司举办（前提条件是公司位置要好找，环境要优雅），也可以选择一些咖啡厅、书店等，这些都不会影响授权专卖店的生意。

落地项目要有针对性，要有价值，各种知识付费都已经开始攻城略地搞线下活动，就是要做超级用户，未来知识付费也只是入口，超级需求满足才是机会。

其实现在大家能开一个好的授权专卖店已经是一个福气，专卖店是你的流量入口，如果你能抓住这些流量，让这些流量能够存储、互动，就是建立了一个用户需求宝藏，小心挖聚、精心服务，超级用户就慢慢形成了。

虽然这是一个缓慢的过程，但是从零到一、一生二、二生三、三生万物，大道至简、裂变纷繁，还是一个非常值得期待的过程，所以，开好专卖店，做好超级用户，这也是一种新的零售思维，值得尝试。

5
女性消费群体在零售中的价值

这几年，科技数码类零售店越来越漂亮，这是实体零售的一大进步，也说明在新零售体验的道路上，零售企业越来越清楚自己的目标；只是这些店看多了，就会有一种审美的疲劳感，这种疲劳来源于一种情怀，就是这些店风格大多数都是太硬科技了。

大多数零售店本来就是做数码科技类产品的，无论是手机、电脑，还是机器人、音箱，都有一种科技感，而科技是一种潮流的同时也容易有一种距离感，这种距离感，让我们消费的主力群体——女性，被这种无形的力量挡在门外！

有一个段子说现在的消费能力是这样的划分的：女人＞孩子＞老人＞狗＞男人，这看起来似乎很夸张，但是却又是真实存在的；女性消费又被称之为"她经济"，据国泰君安证券的报告显示，近75%的家庭消费决策由女性主导，女性消费对经济增长的贡献率达到66.4%，2014年中国内地女性经济市场规模近2.5万亿元，而到2019年，这个数字或将增长至4.5万亿元，看到这个数据是不是很吃惊？其实关于"她经济"数据还有很多。

京东大数据显示，近三年来女性用户购买游戏设备、智能设备的销量呈翻倍增长。同样以2015年的销量为参照系数1，其中智能设备的销量涨幅最大，2017年的销量系数为3.03，紧随其后的是影音娱乐和游戏设备。

据Analysys易观千帆数据显示，2017年上半年，餐饮外卖业务女性用户消费频次高于男性用户，女性占比70%，并且女性消费平均高于男性，那么会高多少呢？

据"口碑"公布数据显示，女性线下消费平均每次比男性多2块钱，而00后女生平均比男性多出5块钱，可见年轻女孩消费能力更强；当然数据显示北方女性比南方女性花钱要少，最省钱的是山东德州，平均是22元，只是平均水平的1/3（一只德州扒鸡的钱）；女性的钱花在美容、养生、健身三方面为主，这几项是男性的2~4倍。

这些数据都充分说明，得"她"者得天下，零售店在开店设定过程中，一定要考虑女性消费，否者虽然开了一家高科技产品的集合店，但吸引过来的都是相对理性或者是没有太多消费决策权的男生，一定是不利于提升销售额的。当然不是说男性用户不重要，而是店面用户性别偏差太大，对于消费也有较大的影响，那么零售型企业如何去应对呢？

1. 颜值即生意

颜值即正义，对于零售店来说颜值就是生意，因为现在长得不好的店是没有人愿意进去逛的，当然这里说的好看不是豪华更不是奢侈，而是符合一般的审美习惯，比如女性喜欢粉色、喜欢清新淡雅，你看很多主打女性产品的店面，走的就是这种风格,要不怎么会有蒂芙尼蓝风格数码店和喜茶粉色店呢!

所以要想吸引女性用户进科技产品店面,在店面的设计上就需要有一定的女性化的倾向,而不是单纯的木色与白色的结合,更不是灰色、黑色这种偏冷的色调。

为了吸引消费能力排在第一位的女性,颜值是逃不过的关,因为只有让女性进来,才能给孩子、老人、狗买东西,当然还有男人。

2. 产品需要潮流特质

女性用户进来之后,店面主打的产品需要具有潮流特质,因为女性更愿意把优质的产品分享给更多的朋友,这里的分享不仅仅有朋友圈,还有朋友之间的相互推荐。

什么样的产品具有潮流特质呢?首先需要品质一流,不能弄虚作假,这是基础,要知道女性也习惯分享坏消息;其次就是产品要有明显的与众不同之处,比如使用流行色、外观更符合女性视角等;再次就是需要产品能够解决女性的痛点,比如美容仪为什么能够火?就是因为女生都爱美,美图软件中70%都是女性,现在你看还有几个不修图就发朋友圈的女生?而美容仪不是越便宜越好销售,有的品牌价格不菲,但是购买的人依旧很多,就是因为有效果,女性愿意在"美"上花更多的钱。

所以在店面选品上,要照顾女性,这里不是说所有产品都要照顾,而是要至少占到一半左右的比重,其实很多产品是男生喜欢的,女生同样也会喜欢。

3. 提供更多情感元素

大家都知道很多女性喜欢聊八卦，其实他们真的不是为了宣扬什么八卦，而是为了寻求一份情感的寄托，通过八卦传递自己的情感元素。

一家零售店能够为女性提供什么样的情感寄托呢？情人节零售店为女性顾客准备了什么礼品？三八节可以举办一个怎样的妇女之友聚会？是不是可以举办一个插花培训？这些都能够将更多的女性吸引进来，因为在这个忙碌的社会，女性承担的压力有时候是无形的，更需要一种寄托，你的店面做到了，就会给大家创造更多的机会。

不要刻意去做，而是要把它变成一种习惯，因为只有你心中有爱，才能表现出真爱，零售店本来就是要提升用户的生活品质，情感元素既然是顾客的一种追求，当然也就应该是零售店的一种服务。

4. 营销活动的女性化

零售店需要有多少营销活动？看看电商网站上有多少就可以知道了，现在的零售是无营销不销售了，一个店面的怎么能够没有营销活动呢？

如果说从吸引女性用户的角度上，销售折扣和会员日这样的活动是最有效的，只要是打折活动，抢购最多的就是女性；淘宝的双11，都可以彻夜不眠，就是最好的例证。

零售型企业可以根据自己代理的产品特色,结合用户需求,制定不同的营销活动,偶尔代理一些明星同款或者代言,或许也很有效,因为很多时候明星或者网红的粉丝价值,不是一般人的号召力可以达到的。

5. 善用社交媒体

现在你会发朋友圈吗?相信绝大多数人都是会发的,因为这是一个需要自我刷存在感的世界,那么既然用户中绝大多数人都会发朋友圈,零售店就要善于利用社交媒体。

朋友圈是一个极为重要的社交媒体,女性的朋友圈又是最具有购买能力的朋友圈,所以,你还在等什么?反思一下你的店面有值得拍照的设计吗?所有店面都有这样的设计吗?

网络上有一句调侃的话:成功男人背后总有一个女人,但马云的背后,却有着无数的女人。这句话听着是一种戏说,但是细想却又是那么真实,如果不能弄清楚这句话背后的价值,也就无法理解零售的精髓。

当然并不是说男性在零售中就不重要了,零售中当然离不开男性,只是如何在重视男性的同时也别忽视了女性,希望零售企业都能够审视一下自己:在门店零售上,为女性做了哪些独特的工作呢?如果没有,那就赶快行动吧。

6
服务,新零售下容易被忽视的价值

线下零售现在并不似从前,获得一些好产品就可以有不错的利润,那种希望通过产品爆款、溢价获得额外利润的日子越来越少了,偶尔有一些也都是撒味精,提提鲜味而已,很难做到一夜暴富,全面提升利润。

加上现在厂商的危机感也是越来越大,绝大多数产品都是在红海之中,只要是有点实力的,都开始重视线上线下的销售。所以只要是所谓好卖的产品,按照现在的信息传递速度以及物流速度,基本上两三个月的时间一些主流店面就有销售了,即所谓的同质化就出现了。零售的竞争又演变为价格的较量,一些有流量的产品甚至看谁亏得起,通过前期的亏,希望实现后期的区域市场垄断,但是这个方式现在也是越来越不灵光了,因为市场中总会有一些你意想不到的对手出现,他们不会按照你的游戏规则出牌,结果辛辛苦苦打下的市场,转瞬间就成为一个虚无的阴影,只留下一脸迷茫。

零售型企业究竟应该如何去做,难道产品不重要?当然不是,产品依旧是很重要的,产品是零售店的核心,但是服务才是灵魂。可惜很多企业对于服务虽然有要求,但是基本上都没有系统化,也没有节点的考核指标,很多服务靠经验、靠自觉、靠临场发挥，所以这个灵魂的武器，被用成了胡椒面儿，想起来就用，想不起来就不用，但无论用还是不用，都没有一个量化标准，都写着：适量！

那零售型企业究竟应该如何做好零售店的服务呢？这里做一些总结，或许对您的零售店管理会有价值。

1. 服务的根基：卫生的管理

讲到店面管理，首要的就是讲卫生管理，因为这是服务的基础，没有这个基础，基本上什么都不要谈，这就和一屋不扫何以扫天下是一个道理。

一般的卫生管理就是定时定点要求，卫生和考核挂钩等方式方法，可以说有效但是也经常失效，因为大多数人都是有惰性的，零售店来来往往本来就很容易脏，加上年轻店员可能自己在家就不怎么打扫卫生，所以就加重了卫生问题的发生。

没有顾客愿意去一家脏兮兮的店面，所以零售型企业别无选择，卫生管理，就成了店面的一个管理薄弱点，不得不去面对；并且现实是绝大多数店面都不大可能请专业的卫生清洁团队，那么就只能按照要求来管理，并且把管理和考核挂钩。

当然这里有一点补充，就是店面在装修设计陈列的时候，就要考虑卫生情况，比如很多门店都是用大理石桌面（部分苹果授权、索尼店面等），其实就是为了便于清洁；比如为桌面上有冷光源的灯加上有透光玻璃，刚开始很漂亮，但是时间长了就很容易进灰尘，很难打扫；比如如果桌子面板是紧贴地面的，

20CM 高的范围之内容易脏,因为顾客的鞋子会在不经意间碰到这里……

作为店长,需要总结并重点关注店面容易脏的地方;作为公司店面设计师,应该经常去店面,看看自己的设计有哪些值得改进的地方,以便后续设计的改进。

一个干净的店面,胜过奢侈的装修。

2. 服务的表现:欢迎语和倒水

店面过了卫生的关口,其实打开了一扇窗,窗明几净,就等客来;这里就涉及了两个非常重要的服务:欢迎语和倒水。

欢迎语大家都是知道的,古装电视剧里,如果你去一个饭馆,总是有人招呼:"客官,里面请!"这就是欢迎语,现在淘宝是有固定的称呼的,叫做"亲",当然,我们零售店不方便这么说,但是一句"欢迎光临××店"总是应该有的。

"欢迎光临"可以是从店员嘴里说出来,可以用一张贴画,也可以是进门智能语音,总之需要有欢迎语,可以是"欢迎光临"也可以是"您好"等欢迎语,只要让顾客觉得是在给他一种存在感,而不是漠视或者视而不见就可以。因为顾客如果没有存在感,是很可怕的,觉得你在无视他(她),基本上他们就会很快离开,这种没有交流的离开,下次再来的几率就很低了。

而说欢迎语的时候,一定要声音洪亮,不能像蚊子音,也不能是一种有气无力应付的式样,因为店员的工作状态代表了店面形象,作为一个科技店面、时尚店面,一定需要展现出一种精气神的状态。

而给客户倒一杯水,有两个原因,一个是我们需要和客户有相互之间的交流,这个交流的起点是欢迎语,但这是一种单向的,而倒一杯水可以实现双向交流,而且是没有负担的双向交流。一般来说顾客在店面如果没有超过8分钟,等于是无效时间,如果超过8分钟,销售机会就会大大增加,而一杯水正常需要3~5分钟的时间喝完,就给了顾客呆在店面争取了更多的停留时间。

倒水之前我们需要问一下,喝热水还是温水?如果店面还有其他可以给顾客尝试的,比如苏打水、茶、咖啡、果汁等,当然会更有价值。

欢迎语和倒水是建立店员和顾客连接的最有效的方式,也是店面服务质量能否产生价值的一个开始,我们一定要重视这个服务,坚持下去就会有意想不到的效果。

3. 服务的态度:你是真心的

"态度"是一个非常主观的一个意识,那么怎样才能把服务做好,这个主观意识又显得非常重要,因为店员的一言一行,大多数顾客都是能体会到的,如果不是真心想做好服务,其实表面的殷勤很容易被识破。

之前在电脑城的圈子里有一个故事,一家连锁零售企业的店员极为热情,无论是老店员还是新店员,看见客户都是异乎寻常的热情,所以生意一直非常好,他们的店员也就成了香饽悖，很多公司都来挖人；但是挖过去很少能呆超过半年的，而且一旦进入新公司，这种热情度就降低了，挖人的公司也会觉得很委屈，自己付出的高薪水并没有得到相应的回报。

其实这里的热情，不仅仅是一种态度，更是一种场景，因为别人家的公司具有这种热情的文化和场景，那是这家零售公司的理念，就是做什么事情都从内心出发，从人员招聘、入职培训、奖惩考核等，都是围绕这个"态度"来设计的，而挖人的公司只是看到表面，其实他们文化本身就不支持这种热情的态度，所以即使找到了对的人，但是因为自己没有这个土壤，最后依旧实现不了真心的服务。

真心服务，并不是一句口号，而是要去实践，不喜欢零售的人是做不了的，所以先要找对人；然后要建立这个土壤，从老板到店员，从销售到平台，都要具有服务精神，没有这种精神的人和团队，再多的要求也是徒劳而已。

4.服务的流程：每个节点都是关键

如何监控服务的质量？这是一个难题，因为店面不仅仅只是提供一项服务，而是多且繁杂的服务，如果每个服务都制定一个规矩，恐怕店员是执行不来的。

那么如何管理服务？这里给出的就是一种比较有价值的方式：节点管理。任何的管理都是适用节点的，简单一些说就是将服务分为几个环节，只要考核两个环节之间的节点，就能控制服务质量。

比如说接待，到店说欢迎语是一个节点；顾客到店面5分钟需要倒水，倒水就是一个节点，倒水之前问喝温水还是凉水是这个节点的详细内容；顾客走之后，需要快速收拾杯子和复原陈列又是一个节点。把节点管理好，形成规矩，任何一个新人过来，服务质量都不会降下来，这就是通过流程控制服务质量。

店面的免费服务和收费服务，都可以采用节点，其中免费是最重要的，收费因为有店员激励，应该说比较容易管理，因为大多数店员都会有主动性。

零售型企业需要有一套完善的流程节点管理，才能够保证我们的服务质量，也就是说才能把店面维持在一个稳定的收益状态之中。

5. 服务的惊喜：赠品的意外价值

如何才能将服务提升到让顾客满意、有回头再来的冲动？这可是很多零售店的都充满期待的事情，但是在没有大数据支撑的零售店，能做到如此完美的公司确实不是很多，尤其是在消费电子零售企业。

那么既然没有完整的数据分析作支撑，能做的就是从人性出发，给顾客一些意外的惊喜，因为意想不到的惊喜，才是让人最为振奋和开心的事情，哪怕是一个小小的礼品，这个礼品需要有一些创意和品质，或者是一个有趣的过程。比如知乎曾经有一个线下活动，需要答题达到一定数量（非常简单）就可以获得一次抽取礼品的资格，礼品在一个大型的抽奖盒子里，你抽到一个球打开后才能知道是什么礼品，这就会引起人的好奇心，这种好奇心带来的就是一种排队效应，虽然我们得到的都是一个几毛钱的东西，但是这个过程特别有趣，依旧觉得很有意义。

现代的人，其实基本上不缺什么东西，所以在礼品上我们就不能用价值来取胜，毕竟不能给每个人送一个奢侈品，但是如果送的是一个创意、一个拿到后的会心一笑、一个期望，那就有深远的影响力了。

服务的惊喜，需要从一个意外的礼品开始，这就能给你的零售业获得更多的加分。

6. 服务的跟踪：一句问候的价值

顾客有售后的跟踪吗？比方说购物后一定时间内的一句问候，这个问候可以是问"您使用的体验如何""您有什么需要帮助的吗？""您对于我们店面服务有何评价"，等等。问候可以通过电话，也可以通过微信，更可以是公众号的一次推送，这种服务的跟踪，其实就类似于互联网的售后评价系统，但是人与人的沟通会多一份情感，这就是线下零售与众不同的价值。

问候的价值，有时候不仅仅是一句客套，而能给店面带来更多有价值的信息，比如能够知道一类人群的使用习惯，因为不是每个人都对电子商品很熟悉；比如可以了解顾客对于店面真实的服务评价，不在店面内的评价往往是一种更客观的表诉；比如我们可能获得很多与众不同的建议，有的是外行，有的是专家，但是无论哪一种，对于零售企业来说，都是一种收获。

不要小瞧这些收获，客户回头率很大一部分来源于零售店的日常关心，其实这种关心对顾客来说也是一种意外了，毕竟现在很多公司都已经没有客户回访这个环节，如果我们能够重拾这个服务，相信只要坚持一段时间，一定能够带来让你大吃一惊的结果。

7. 服务的商品化：不是每个服务都是免费的

零售店的服务一定要免费吗？答案当然是否定的。免费是为了顾客满意，收费同样是为了顾客满意；那么零售型企业怎么做好收费的服务呢？

（1）做好立项

要想做好服务收费，就先要做好立项，就是给顾客提供怎样的一种服务是可以收费的？比如维修是可以收维修费的，分期付款是可以收手续费的，清理保养也是可以收取保养费的。是否收费，就要看这是不是用户的一个痛点，如果不是就不能收费，比如现在的系统升级就是不能收费的，因为技术难度太低了，不像多年前PC系统要升级是一个很专业的事情，现在手机升级在家一般人都会使用，所以我们不能收费，即使有些老人不会用，也不能收费，因为这已经不是一个大众的痛点。

什么是痛点呢？简单地辨别就是这个服务需要花费一定的时间、一定的步骤、一定的专业级别的流程、使用到专业的工具、一定的专业技能等，而一般的用户不能做到这些，这就是判别痛点的一些必要条件，比如去理发店要收费，因为人家花费了时间、使用了专业工具、实行了专业流程、有经过专业训练的人来服务等，这个服务就是可以收费的。收费立项非常重要，需要反复推敲。

（2）表现专业

如果要收费，就一定要让收费项目看起来具有收费的价值，就像你去医院看医生，医生一般都是穿白大褂的；如果有一天你去医院看到的都是穿着古惑仔一样的衣服，你敢让他们给你开药吗？所以，专业要有一种仪式感，这种仪式感就是一种专业的表现。

比方说提供维修，既然是维修，是不是就需要统一穿工装？是不是整个维修设备陈列得像实验室一样？是不是要有专业的表述语言？如果我们有这些，是不是和一般的维修店就不一样了呢？

统一化、专业化、细节化，是收费的基础，做好这些，更容易做好服务收费。

（3）合理收费

既然提供服务收费制度，那么就要有一个合理的价格，而不是去做暴利，如果是暴利，在当前的互联网大环境下一定不会持久，并且很可能给自己的公司带来很多负面影响，毕竟现在的信息扁平化和信息扩散的能力，已经非之前可比。

所以请记住，合理收费、良心价格。

（4）会员制度

会员制度，是为了服务的持续性，因为年复一年的会员制度,可以让零售型企业每年都有一个合理的收益来源。

会员制度,是服务商品化成功与否的一个关键,初期一定要深入一线,不断完善修订,沉下去才有机会!

服务商品化,未来是店面核心竞争力所在,如果没有差异化的服务,店面就不会存在差异化,所以这是一个非常重要的工作,需要我们花费更多时间和精力。

8. 服务的员工价值感:服务要和尊严、收入相关联

服务的企业价值是能够给企业带来后续的不同的收益,服务营销本质就是增加客户粘性、提升客户满意度;这些都是企业可持续发展的必备条件,也是零售型企业要做好服务的原因。

另外有一点需要提醒零售型企业,做好服务要考虑员工的价值感,其中最重要的就是和尊严、收入相关联。

(1)尊严有关。

现在的社会,对于尊严的需求很多时候都是大于收入的,因为新一代的年轻人大多数都生活在安逸的环境中,他们特别在意自己的尊严,所以零售型企业就不能做有失尊严事情,比如以前有报道过的跪式服务,虽然在消费类电子产品门店,一般来说也不存在这样的服务;但是依旧是要注意尊严的问题,比如不能当众批评、先表扬再批评等。

(2)服务和收入正相关。

零售店提供服务,要让店员感受到服务的直接和间接的价值。

比如在零售店内的点赞墙，一般使用方式就是如果一个人一个月有 30 个赞，店员就可以获得一定金额的奖励，这就是对服务的一种直接奖励；而这其中间接的结果就是如果这个店员获得了 30 个点赞，他的业绩一定会有比较大的提升，这种提升就会给店员带来一定的奖金，这就是一种间接的价值。店员现在都是聪明的人，他们都会算账，如果流程设计得好，就变成了正向奖励，大家都获益。

服务，无论是收费的还是免费的，一定要与收入关联，这样才能具有持续性。

服务是新零售下能够将店面差异化的一个最重要的选择，而且服务还可以让顾客和店面之间产生粘合剂，让店面能够拥有更多的用户、粉丝，服务是可以让交易变成闭环的，而闭环才有可能成为一种具有核心竞争力的商业模式。

只是在新零售下，服务往往是容易被忽视的价值，大家更容易看到外表、看到宣传、看到各种标新立异，真正的灵魂却被放在一边，如果那样，企业的发展就会进入一个迷宫，很难寻到那个光芒的出口。

服务是通向新零售未来的一条光明之路，美好且美妙，零售型企业别无选择，也只能如此选择。

7
C位之争,如何看懂零售店的C位

C位是一个网络用语,最早来源于游戏领域,C位的"C"有许多种翻译,有人译为Core,也有人译为Center,但是重点都没有偏离,那就是"核心"。每个战队都有一个C位的存在,它是能够带动全场节奏,属于主力输出的地位;C位一词逐渐扩大到娱乐圈,在合影、海报、舞台表演等时候,只要几个艺人往一块凑,就会出现处于中心的C位。

今天谈谈我们零售店的C位,一般来说因为在零售店的陈列上,如果利用好C位,也是一种有效的营销宣传方式。

1. 专卖店的C位

专卖店的C位其实比较容易确定,无疑就是主机,消费者看到C位是主机,基本上就可以确定这是一个专卖店,这已经是一种常识。

当然同样是主机,也有先来后到、轻重缓急之分,比如有新品上市之际,一定是新品占据C位;如果没有新品,一定是广告最多的主推产品占据C位;如果也没有广告,那就是最贵的或者最具性价比的产品。

一般来说专卖店的C位很容易确定,C位产品往往也是销售最好的产品，这个就是大家说的爆款了。授权专卖店的陈列，基本都是厂商主导，他们会有详细的陈列要求，基本上不需要店面操心。

2. 潮品店的 C 位

潮品店有 C 位吗？那么多品牌，怎么体现 C 位？如何处理不同厂商之间的争议？这个确实有一定的困难，但是潮品店也同样需要 C 位。

C 位的位置当然是我们都熟知的几个位置，比如正对门的位置、最中间的位置、最高的位置等，不过需要注意的一点是，C 位不一定就是销售最好的产品，很多时候的作用更是为了吸引客流；如果通俗一些说，潮品店的 C 位，就是花瓶的位置，这样理解就比较清楚了。

比如 Drivepro 很多店面里那个台子上的摩托车就是 C 位，橱窗里的穿宇航服的就是 C 位，这也是我们见过的能够较好应用 C 位的店面。

3. 场景专区的 C 位

因为店面内品牌较多，我们通常会在店面设置更多的 C 位，通过场景、专区，我们可以在店面设计一个主 C 位和多个辅助 C 位。

主 C 位在第 2 条已经说过，那么辅助 C 位呢？举个例子来说，Brookstone 以前在店面有一个红酒产品专区，有一个大大的快速醒酒器，那就是这个专区的 C 位，其实这个区域不仅仅只有快速醒酒器，还有更多别的产品，只不过让消费者看到这个区域能够有一个快速的印象，立刻理解这就是一个和红酒有关的区域。

所以辅助 C 位的产品选择都是这个区域的标志性产品，是能够让消费者看到就理解这是一个怎样的区域产品，这种产品当然可以是限量的产品，也可以是直触痛点的产品，选好辅助 C 位产品，是场景专区成功的标志。

同时因为潮品店有多个场景，我们可以将某一个场景设定为 C 位，比如曾经的奇客巴士杭州龙湖天街店，那个船的造型就布置在一个 C 位区域，整体上看，这个区域就是一个识别度很高的区域，这就像很多乐队组合在一起拍照的时候，总有一个组合是在最中间的位置。所以 C 位区域可以是一个产品、也可以是一个组合、更可以是一个区域，如果是区域，最好拥有一定的识别度，用来突出这个区域。

4. 橱窗中的 C 位

很多沿街的店面没有橱窗的设计，这是一种损失，在欧美的零售行业中，是非常重视橱窗设计的，大家去看看奢侈品店面，几乎每家都非常重视橱窗的设计，橱窗是门店的眼睛，设计好很容易"勾魂吸魄"，引起消费者的探知欲。

但是橱窗也并不是随意放一些产品，而是需要组合，一般来说会有一个主产品，这就是橱窗中的 C 位，通过背景色、道具来衬托这个C位的产品，一般来说具有很好的展示营销的效应。也有公司将C位区域做成一个组合产品，产品之间是具有强关联的，也会有较强的效果。

在橱窗区域，数码零售类公司一般都是采用产品组合，因为产品众多，需要体现的科技内涵也很多；奢侈品公司一般都是单品展示，毕竟每一件都拥有昂贵的价格。

5. 第一眼C位

这是一个很有意思的思考，记得我第一次去钟书阁松江店面的时候，就有这种感觉：这个店面虽然在一群建筑之中，但是又显得非常独立，仿佛是完全是独立存在的，与周边的世俗毫不相干一样，这就是第一眼C位。这个第一眼C位是通过墙壁图案密集设计凸显的，既有文化韵味，又有艺术价值。我们常言的一见钟情，在茫茫人海中擦肩而过的瞬间发现你的微笑，其实就是第一眼C位的表现，只不过钟情的人其实并没有研究过这个问题而已。

数码圈子最擅长第一眼C位的应该就是苹果公司了，他的很多直营店面都在广场上，拥有独立的玻璃建筑，显得与众不同，更具有吸睛的效果；即使在商场，也是最佳的位置，大落地玻璃装修风格，用来区别与周边店面的不同，这种不同，其实就是一种差异化，第一眼C位的核心就是要差异化。其实很多苹果Mono授权店，也是这样的风格，周边环境其实都是普通的零售店，就苹果一家鹤立鸡群，打造出位置上的C位区域。

零售店内部也有第一眼 C 位区域，比如乐语曾经在北京爱琴海的店面，第一眼 C 位就是机器人区域，甚至当时的吊顶就是为了配合这个 C 位，是我们见到过的比较成功的第一眼 C 位。其实所有零售店，如果不能在位置上做好第一眼 C 位，那就在进店的第一眼上下功夫，能够抓住消费者目光，就能抓住下一步的生意。

6. 销售人员的 C 位

销售员有 C 位吗？答案当然是肯定的，既然明星都有这个需求，销售员当然也有，只不过不是用来排队的，而是用来凸显店面专业度的。

举个例子来说，星巴克的员工常规有三种颜色的围裙：绿色、黑色和咖啡色（圣诞节有红色），代表不同的等级，其中绿色是基础款，一般刚上班的新人都是绿围裙；通过考核达到一定级别的可以获得黑围裙，黑围裙还有 5 个加星的等级，国内有个别店面都是黑围裙店面；而咖啡色是从全球每两年举办的咖啡大使比赛筛选出来的，一个大区往往只有个位数的人获得。

星巴克通过围裙来界定员工，如果放在店面，就是一种 C 位；你想想如果了解了这些，去店面的时候，是不是很期待遇到一个咖啡色围裙的员工为你服务呢，这种专业划分会给店面带来更多专业的灵魂。

7. 店面营销的 C 位

这个有点像某平台的竞价排名，就是你的店面，在营销过程中，是不是居于同类别的关键词首位，比如你的店面是做餐饮的，在大众点评是不是排名第一位，这个还是非常重要的，一般来说排在首屏以外的获单机会就会少很多。

苹果授权经销商，是可以在苹果官网上推荐的，如果你能够排在所有经销商首位，或者你所在区域的首位，那就有机会获得更多的订单；当然不仅仅是苹果，还有其他大牌厂商，这种排序都是非常值钱的，所以看完这篇文章的小伙伴，应该立刻和供应商沟通一下，看看有没有机会把店面位置排在厂商的网站上，特别是排名在前三的位置。

店面营销现在大多数都是采用新媒体的方式，但是无论是哪一种，都要考虑 C 位排序，因为同样的页面不同的位置，价值也是不同的。

C 位是零售店陈列的一个基本功，也是我们新零售的大环境下需要去修炼的一个营销大法，零售是一个细节的集合，C 位是细节中的细节。

8
一家店面的新零售之路

新零售这些年如火如荼,讨论者甚,但是几乎所有的讨论都集中在一二线城市或者有一定规模的连锁企业,很少有人关注三线城市以下的零售店,一两家店面的就更少了。

一般来说,一家店面,基本上就是夫妻模式,然后有两三名员工,开在当地并不算是很好的位置,靠着多年的积累生存,他们几乎没有什么太好的上游资源,提货都是在区域代理或者是一些批发市场,没有太多的营销方案,也没有什么专业的培训,市场信息大多来源于周边同行或者一些新闻,他们面对新零售,不知所措,因为线上线下、大数据、混合业态、现代物流离他们太遥远,也无力投入。

夫妻店是全世界都存在的,也是生存力极强的一种模式,他们不是为了登上财富排行榜,就是在谋求一种生活,自己给自己打工,所以作为小微企业首先还是要在心理上认同自己,只有这样才有机会。

1. 要足够勤奋诚信

自己给自己打工,努力是必不可少的,因为自己既是老板又是员工,如果自己都不勤奋,那就没有任何机会了,俗话说:四体不勤,五谷不分。

所以早起、晚睡，没有拖延症，是小微企业的生存之道；比如要自己带头积极打扫卫生、自己在充满鸡血的状态下为客户讲解、自己想办法装饰不同的节日等，这时老板就是一个"全才"，而且需要是一个勤奋的全才。

不要因为曾经赚过一些钱，就可以躺在曾经积累的那一点点财富上睡大觉，记得小时候万元户还很出名了，现在的万元还能成财富的象征吗？时代总是进步、发展的，别让自己一觉醒来，都不认识自己了。

诚信是小微企业的最底层根基，因为没有什么可以抵御非诚信带来的损失，所以如果你只有一家店面，务必要做好诚信，越诚信越有价值。

2. 要有极强的学习力

世界变化太快了，在这个信息爆炸的时代，每天都有各种新鲜的知识出炉，如果不愿意学习，可能很快就和这个社会有了隔阂。

所以小微零售企业需要具有极强的学习能力，通过阅读、听课、讨论、交流等方式，尽可能提升自己，无论是什么年纪，都不能放弃学习。

举个例子来说，在大家都谈论新零售的时候，作为小微企业的老板或者老板娘，起码需要了解这个概念是什么，哪些店面具有这样的特征，圈子里能找到谁去讨论，虽然一开始这个过程比较难，但是所有的机会都是从困难开始的。

3. 要想办法参与一些圈子

一个人的圈子决定一个人的地位，虽然这句话有点危言耸听，但是在很多时候都是一个真理。你和酒肉朋友在一起，那就只有稀里糊涂；你和负能量在一起，那就只有抱怨，所以我们需要找到一个正确的圈子。

当你是班级第一名的时候，你可能会骄傲，但是如果把一个区域或者全国所有第一名都在放在一个班级，那大家进步就完全不一样了。

作为只有个位数的店面老板，一定要找到一个具有正能量的圈子，具有学习力的圈子，这样你才能发现自己的不足，才能够更快速地进步。

4. 要多出去走走

"世界这么大，我想去看看"虽然这是一个离职信，但却反馈了一个真实的思想：没有看过世界，哪来什么世界观？

这个世界变化太快，上海刚开一家号称新零售第一的店面，甚至几天过后别的城市就出现了更新的模式，其实大家都在思考如何抓住下一个风口，但是没有人知道风口到底长什么样，所以就会出现迭代。这就是为什么去年还是成功的典范，今年就会被遗忘，明年也许就成了经营不善的状态了。

所以建议小微企业的老板也要多出去走走，这个世界五彩斑斓，就当作去旅游吧，经常出来走走的零售商，视野一定是不一样的。

5. 要足够专业且有一技之长

只有一家店面，数量上已经没有办法和区域大佬去PK，那只能用专业的能力和一技之长。

这在很多餐饮行业很常见，有的餐馆只有一家门店，一年四季都有人排队，这就是专业的价值。比如日本知名的寿司店：数寄屋桥次郎，也就是纪录片《寿司之神》小野二郎的店面，这个只此一家别无分店、只有10个座位的寿司店，却曾是三星米其林最高等级的店面，吃一餐差不多要400美金，只有30分钟的就餐时间，而且要提前1个多月才能有机会订到，其专业程度吸引奥巴马在访问期间都要来品尝一次。

这种就是专业，所谓专业，就是以此为生、精于此道；如果你只有一家店面，专业是必不可少的生存之道，比如你可以是音频的大咖，也可以是人工智能的专业者，更可以是手机届的选品达人，只有成为区域的专家，才有机会长盛不衰。

6. 要有几个"高大上"的朋友

这里讲的"高大上"并不是有钱有势，而是有想法、有思路、有人脉的朋友，因为如果在一个县城，你可能出来一次并不是很容易，但是要想得到一些一手信息，要想在关键时刻有人点拨一下，那就需要有这样的朋友圈。

所以作为零售商，需要认识行业、市场、产品、营销、管理、趋势研究这6种朋友，在零售的关键时刻，他们的一句话，可能就会解决很多难题，尤其是在新零售时代，多个朋友多条路。

7. 要熟悉你的用户需求

了解客户不能挑食，需要老中青都要认识，因为只有观察、研究周边客户的变化，才能采取更适合的方式做好销售工作，比如你观察到年轻人都去商场购物而不来你的店面了，就要考虑是不是要把店面也想办法搬迁到合适的商场中去，如果店面有特色，说不定还能获得更好的商场资源的支持。

做好上面的七条只是发展的基础，还需要有一些小工具，这样将会更有助于这些小微企业的发展。

（1）建立5000人的朋友圈

用老板的身份证办理一个手机号，注册一个微信，将在店面消费过或者有意向消费的人都加进来，但是不要每天都发数十条朋友圈，可以一天3~5条朋友圈，广告的话1~2条就可以了，也可以分群组显示的方式，这样会更具有精确性。

如果你一年能加满10000个人，店面就有了初步的私域流量，这是现在最简单又有效的方式，先从5000人起步。

（2）学会送货上门

因为所在城市一般都不是很大，一定范围内一定要提供送货上门服务，不需要招聘专职的送货员，自己或者男性店员都可以（避免女性主要还是出于安全考虑），送货只是一个开始，这能够给你带来更多的高端客户。

（3）建立代购习惯

如果前两条做得都很好，可以开展代购活动，代购顾名思义，就是帮助客户购买，这是一种基于信任的购物方式，一旦已经积累了一定的圈子,就可以尝试代购业务了。

其实这是一种微商的变形,但是微商的功力确实是我们需要去研究的,专职妈妈都可以做好的事情,零售门店当然也可以做。

(4)建立会员制

如果以上都已经尝试,就可以建立会员制度,会员制度没有那么难,只要你去尝试就一定会有机会,会员制的根基在于你的专业能力和一心为客户的思想。

会员制在一家店面也可以做,不同的顾客可以推广不同的会员,但是一般一个店面会员模式不超过3种,并且请记住会员制一定要迭代。现在几乎所有的在线商城,都有会员制的模式。

(5)学会维修

如果我们能够有一技之长,可以学习维修;如果没有这个能力,加盟一个维修也未尝不可。

随着电子产品越来越多,维修的概率也就越来越大,专业、及时、诚信的维修就成为一个大趋势,如果你有这个服务,一定能够带来更多的回头客。

但维修不是坑蒙拐骗,一定要讲信用,要有专业形象和专业精神。

(6)会员定期活动

既然有会员制度,就可以经常开展一些会员活动,定期活动组织也没有那么难,现在的第三方免费软件那么多,我们可以充分利用。

活动的价值就是让会员更具有忠诚度,因为同类的人的交往,是加深相互信任的最好方式,活动可以是新品体验、科技讲解、专业讨论等,只要尝试起来,其实并不难。

(7)建立一个线上商城

建立一个线上商城对于我们来说好像是一个特别高深莫测的事情,很多人认为这个特别难、需要专家等,其实现在移动互联网的发展,都是入手即会的,即使不会也有视频教学,只要去尝试钻研,"难"这个字可以是不存在的。

线上商城可能需要一些费用,但一般都不是很高,一开始可能做不好,没有客户,但是只要坚持,就一定会有机会。

如果你只有一家店,新零售其实离你并不是很遥远,放下忧虑和彷徨,大胆去尝试,那么新零售对于小微零售企业来说就不是空中楼阁。

《寿司之神》中小野二郎曾说,"你必须要爱你的工作,你必须要和你的工作坠入爱河……即使到了我这个年纪,工作也还没有达到完美的程度……我会继续攀爬,试图爬到顶峰,但没人知道顶峰在哪里!"他说这句话的时候92岁,依旧在上班工作。

一定要热爱自己的工作,一家店,也可以成为经典!

9
做一个优秀的产品经理

产品经理，这在很多人看来是一个自带光环的岗位，因为很多大神都自称自己是产品经理，比如人尽皆知的周鸿祎、张小龙、乔布斯等，不可否认，这些大神确实在产品经理的大道上走得更远也更加辉煌，不过这都是互联网行业的产品经理，而作为新零售行业的产品经理，是一个什么样的状态？

1927年，产品经理这个词第一次在宝洁公司出现，产品经理最多的工作其实就是产品的管理；后来产品经理工作逐步被细化，目前百度的定义是：产品经理（Product Manager）是企业中专门负责产品管理的职位，产品经理负责市场调查并根据用户的需求，确定开发何种产品，选择何种技术、商业模式等。并推动相应产品的开发组织，他还要根据产品的生命周期，协调研发、营销、运营等，确定和组织实施相应的产品策略，以及其他一系列相关的产品管理活动。

在流通型企业，产品经理的职能稍稍有一些变化，主要是负责产品引进、产品营销策略制定、产品的销售跟进、产品供应链的管理以及产品带来的收益管理等，这中间还需要考虑行业背景、商业模式、交际关系维护等，是一个非常综合的岗位；说得直白一些，产品经理就是某一条或者数条产品线的管家，吃喝拉撒睡都要去管理，到头来管得好与不好，就决定了你一年的收益。

既然产品经理的定义是一个管家的角色,那么要想做好这个职位,就按照管家思维去做。

1. 中心靠产品,核心是用户

一个产品经理的中心工作就是产品,没有产品就无法谈销售业绩,毕竟流通企业的产品经理这个工作的载体本身就是产品,所以"产品"是产品经理最为中心的工作。

那么如何选好产品?其中最为核心的工作就是研究用户:你的用户是谁?有怎样的消费能力?有怎样的购物习惯?都需要研究用户,而市场中的用户是多样性的、是渐变的,就需要产品经理深入一线了解用户变化,如果产品经理能够做到产品、用户的高度匹配,那么坐在产品经理这个岗位上就会有一个坚实的基础。

所以产品经理的中心工作靠产品,选择产品就是要研究用户。这和采销经理的不同之处就是,采销经理本身是一个执行岗位,更倾向采购或者销售,且采购与销售一般是一个人(也会有助理),而产品经理是一个管理岗位,产品经理一般都是有一个团队,无论是独立还是虚拟团队。

2. 管理靠节点,复盘是成长

产品经理需要有较强的管理能力,但是一般来说大公司产品经理会辅助总经理,中小企业产品经理是相对独立的,但是无论哪一种,在管理上都要善于抓节点管理,因为如果事无巨细,就太影响精力,而且很难培养出新人,不利于团队的发展。

但是管理并不是一成不变、制定一个策略就一劳永逸的。因为现在人的变化受到互联网的影响,变化太快,这就需要我们经常复盘,复盘是能够推动一个产品经理进步最好的方式之一,一般来说一个产品经理一周复盘一次是比较理想的,当然高手天天复盘、时时复盘,那更有利于成为一个绝顶高手。

3. 效率靠日清,节约即利润

产品经理如何提升效率呢?因为现在流通行业比拼的就是效率,当然可以靠各种有效的工具、各种规章制度,但是这里要说的却是一个非常传统的方式:日清制度。日清,就是每天的事情都在当天全部完结,不要拖到第二天,国内较早实行这个制度的是海尔集团,还出过一个"海尔日清工作法",成为当时行业争相学习的一种提升工作效率的方式。

为什么要采用这种方式呢?因为产品经理既然是管家角色,管理的事情其实有很多琐碎的、临时的,如果不能及时决断,一旦积累下来,就很容易累计成一个负担、养成拖延的坏习惯,这对于产品经理这个中层的岗位没有一丝好处。

当然提升效率不是大手大脚,提升效率同样需要节约,因为流通企业是一个本大利小的行业,很多利润来源就是靠节约,一张纸能用两面绝对不要用一面,如果按照这样的细节节约下来,一年能够节省一笔不菲的费用;以前有一个《砍成本》的书,不妨可以多去看看,借鉴一下,会有超过预期的价值。

4. 判断靠专业，人脉是财富

作为产品经理，如何去判断一个机会的出现，经验是必要的，但是扎实的专业功底依然是非常重要的，所以产品经理要做一行研究一行，做一行成为一行的专家，这样机会就不会轻易在你面前溜走。

抓住机会不会那么容易，还有一个关键点就是要有很强的人脉关系，这不是加一个微信就能解决的，人脉靠日常的积累和维护；平时的会议、活动、论坛都是认识不同朋友的好地方，但是不能只认识了就万事大吉了，要能够成为你个人发展中的一个真正的人脉，需要精心经营，日常的联系是少不了的。

人脉既然是财富，那么维护的过程也是需要一定的付出，这当然不是说请客送礼，但是一些客情关系还是需要有的。在中国这个崇尚礼尚往来的社会，人脉其实比较容易建立。如果能够发展成为生意上的合作伙伴，这种关系会更加牢固，其实生意上的利益关系，是建立商业人脉的关键所在。

5. 沟通靠主动，融洽是动力

产品经理是一个连接工作，那么沟通就是产品经理必须具备的能力，上级、下属、上游、下游、平台、外联，等等，都是产品经理经常要面对的工作，沟通得好，团队才能融洽，而融洽是团队发展的动力。

所以沟通能力是基本功，需要去不断锤炼。沟通有一个秘诀就是主动，任何被动沟通的效果都不及主动沟通。对于沟通能力强的人,建议先学习一下礼仪知识和职业习惯方面的资料,对于个人的成长是很有好处的。

沟通能力提升一定会提升团队的融洽度,当然还可以定期开展一些有益的健康的活动、一些集体学习活动等,来提升团队团结,不过最有效的方式还是通过制定一些考核目标,靠集体努力实现一个目标,这才是锻炼团队的最佳方式,因为团队的一起努力成功的荣誉感,远远超过个人成功的荣誉感。

6. 学习靠自觉,业绩是权威

产品经理因为需要跟上这个日益变化的社会,且又属于中层,所以学习才是让自己不落后的最重要的方法,但是这个职位是没有办法挤出大段时间去专职学习的,只能靠自己主动学习。现在学习形式非常丰富,产品经理可以利用好自己的碎片化时间,持续更新自己的知识库。

学习是为了让自己以及团队保持积极向上的精神,为了获得更多业绩收获,因为业绩是产品经理管理团队时最重要的指标,更是个人权威的体现。权力是可以册封的,但是权威需要靠自己打造,作为团队负责人,业绩是建立权威最有说服力的工具。

7. 业绩靠开源,结果是导向

既然业绩这么重要,那我们来谈谈如何获取业绩。传统的零售企业就是靠店面销售,但是如果给自己定义为一个流通企业,就会有更多的开源机会,我们可以做礼品、可以开发中小企业采购、可以用微商城方式实现更多复购等，不要做等客户上门的被动方式，要积极采取拓展的态度，业绩就会有更多的意想不到的机会。

产品经理的业绩之所以那么重要，是因为一个企业最终看的就是结果，没有结果的企业，无论你怎么努力，都没有办法获得市场的认可，所以我们经常说"结果导向"。产品经理在管理过程中，应该秉承"结果导向"这个指标管理团队，因为这是最为客观的方式，也是最为有效的方式。

产品经理在流通企业中是一个极为关键的职位，一般100人的公司，能够有5名以上优秀的产品经理，这个企业就能生存得很好；但是这也说明，产品经理是一个非常难寻找的职位，优秀的产品经理总是稀缺的。

产品经理是企业的灵魂工程师。做一个产品经理，其实真的没有那么难，只要你真心付出，总会有机会。如果你想成为优秀的、甚至卓越的产品经理，需要付出的努力就不再是一天8小时了，因为功夫都在8小时外，这几乎是所有成功人士的秘诀了。

第三部分

趋势篇

1
5G，我们应该什么时候入场？

人们对 5G 的认识，现在应该不需要做太多的普及工作了，他不是 3G 升级 4G 那么简单，也不仅仅是速度更快了，而是一个革命性的迭代。因这次的升级，将会给我们的生活带来全新的变化，很多以前在科幻中的发生的事情，就可以变成我们未来真实的生活，比如智慧城市，会让社会更加安全；比如可以实现远程医疗，让普通人也可以享受顶级医生的服务；比如可以用混合现实，让远程的维修更加方便，让体验更加真实，等等。万物互联，在 5G 时代有望成为现实。

作为开零售店的零售商，也许更期盼 5G 时代的到来，因为每一次技术的革命，都意味着一轮新的硬件销售机会。

1. 手机等主机产品的机会

手机等主机，对于零售商而言，其实机会都是差不多的，因为 5G 这样的全球性趋势，一定是国家整体推动，然后大企业或者有创新精神的企业来主导跟进。在这种历史性机遇的时候，零售型企业必须要跟进好那些能够引导潮流的企业，这是我们这些以销售硬件为主的零售企业的使命，其实也是最好的选择方式。

所以在初期，零售型企业需要关注哪些企业在做 5G 的产品，虽然可能一开始产品并没有很惊艳，但只要敢于推出5G手机、平板电脑、笔记本的企业，那就是探索者，是值得去跟进尝试的。因为市场上总是有相当一批勇于吃螃蟹的人，他们愿意先尝试5G产品，并且具有极强的传播能力；而销售这类产品，不仅仅是获得了利润，更是获得了市场发烧友的口碑，这些专业的口碑一定会推动未来零售店更多普及性产品的销售。

手机在可以看到的未来几年内，还是人类最重要的一个科技产品，未来的手机也许不仅仅是一个手机，而是一个人最重要的外脑服务器，随着5G的发展，这种功能将会被强化，所以手机将会显得更加重要，5G还会有更多值得期待的功能，我们可以更多关注华为、小米、OPPO等中国品牌，当然也需要留意一些创新品牌的机会。

2. 物联网产品的机会

5G时代，将是万物联网，这里的万物，不仅仅包含家居、汽车、家电等，还包含一个非常重要的"人"的连接，人也是物联网中间极为关键的一环，但往往也是我们容易忽视的。

物联网机会有多大的？硅谷风险投资人、知名自然语言处理和搜索专家吴军博士认为：今天全世界超40亿设备（30亿移动设备+10亿计算机）在联网，而到2022年最保守估计全世界会有300亿个设备联网，甚至有人说是500亿。这是一个什么概念？就是要在短短的3年内，增加近10倍的供应量，这难道不一个机会吗？

机会可以粗略地分为两部分,一种是新产品的机会,就是未来会有众多带有物联网属性的产品出现,这需要全新的架构,否者海量的设备无法同时上网,不过 5G 可以解决这个问题;一种机会是现有产品的物联网机会,家里有冰箱还能用、自己的行李箱刚买的、现有的汽车开得也很好,并不准备换新的,那怎么办呢?这就涉及到现有产品的上网问题,相信很多知名企业未来很快会发布类似产品,这也是需要关注并且抓住的机会,并且这样的机会更容易变现。

所以未来几年,整个市场将会遇到一个硬件大爆发的时代,这对于零售企业是一个千载难逢的机遇,前提是你现在就需要做好准备。

3. 行业服务类机会

5G 时代,有些是消费类产品,可以直接销售给普通消费者,有些产品属于准行业级的消费或者就是行业级别的消费,对于这样的机会,零售型企业要有能力做好服务工作。

一般来说,在新技术普及的前期,都会遇到强服务类型的方案销售,尤其是物联网时代,初期一些连接,在系统不完善的时候还是有一定的复杂性的,如智能电子锁这样的产品,也需要上门服务,所以作为零售商,需要从产品销售型向客户服务型转变,这也是一种需要打磨锻炼才会拥有的能力。

服务型零售商,是未来的零售商发展的一个方向,也是一种潮流,零售的本质是为了提升特定人群的品质生活,而服务是一个重要的手段。

那么零售型企业应该什么时候入场呢？

也许对很多人来说，已经拿到了入场券，只是还在犹豫是不是要进场，其实任何机会的发生，都是潜藏在你春风得意，亦或犹豫徘徊甚至悲伤绝望的时候，当然通讯行业生意整体还不错，这些不错里面正蕴含着未来一个新的机会，不要因为赚钱了，就忽视了一个新芽的萌发，虽然它看起来还没有那么茁壮，但未来一定会茁壮的。

趋势大于优势，对于零售型企业而言，当下的优势要抓住，也要勇于跟上未来的趋势，毕竟还有诗和远方，之所以说"要勇于"，因为能抓住趋势的人都需要一种勇气，一种拨开迷雾、看清未来的勇气。

怎么抓住优势？给大家7个建议，希望能够有所帮助：

① 正确全面了解5G是什么，包括背后的逻辑和技术，行业的分布和排名；

② 紧跟几家具有创新精神的"巨无霸"企业，这样可以获取更多更高维度的指导；

③ 在公司内部做好5G普及教育工作，如果有条件可以外聘行业专家；

④ 在零售店做一个5G体验专区，不仅仅要有手机，还要有物联网产品；

⑤ 对于体验的用户，做好记录和调研，特别是做好微信的收集和关注；

⑥ 加强与运营商沟通，获取更多的信息和支持，运营商在 5G 上提供的将不仅仅是网络，还有非常多的衍生品，他们也在摸索创新之中；

⑦ 加强对外交流，每个区域 5G 发展时间和推进的进度不同，保持对外开放学习的心态非常重要。

任何的机会，都有人盈利有人亏损，在做好准备的同时，也请做好准备金，因为有准备才不会输。

5G 是属于这个时代每个人的机会，也是每个企业的机会，新基建的大幕已经拉开，各行各业都在行动，既然人的一生很难遇到这样的机会，那又为何不尝试一下呢？

要相信未来会更美好，零售企业也是一样，未来会有阳光沙滩，但现在就要做好准备。

2
IoT，未来谁是王者？

2018 年 12 月 26 日，华为在深圳总部举行了一场以消费级 IoT 为主题的媒体品鉴会。会上，华为公布了 AIoT 生态战略，同时也为华为的消费领域 IoT 实验室举行了揭幕仪式。方舟实验室有 1000 平方米，是全球最大的消费领域 IoT 实验室，也是业界唯一能够提供众多专业能力测试以及产品孵化的实验室。2019 年该实验室已经扩大到 4000 平方米，AIoT 也成为华为第四大终端业务部门。

华为的高调介入，让本来就已经是风口的 IoT，更烈火冲天，业界认为 IoT 的春天来了，但事实又是如何呢？

IoT 其实并不是一个什么新鲜的名词，他是一个叫做 Peter T. Lewis 人提出来的，比尔·盖茨在 1995 年出版的《未来之路》一书中提及物互联，2000 年左右的时候微软提出维纳斯计划，就是智能家居的雏形。这十多年来，无数公司折腾了各种方式，但是没有一个是成功的，主要原因有两方面，一是互联网本身还不够成熟，网速不够快，基础实施没有办法支撑；二是当时参与这个概念的企业基本上是软件企业和家电企业，这些企业都不具备入口的功能。

但是这几年，这个方向又开始火爆起来，主要是互联网已经进入 4G 时代，正朝着 5G 狂奔。另外参与的企业发生了变化，国外基本上是以谷歌、苹果、亚马逊等企业推动；中国主要是阿里巴巴、腾讯、京东、小米、百度等，最近新加入了华为、OPPO、vivo 等，这些企业具有互联网的基因，同时具有手机这个普及的载体。

国内把 IoT 带热的第一波，应该是小米公司，2015 年，小米首次公布以手机为核心连接的 IoT 战略；到 2017 年底，小米 IoT 平台联网设备已经超过了 8500 万，接入设备超过 800 种，合作伙伴超过 400 家，小米已经成为当时全球最大的智能硬件 IoT 平台；而到了 2019 年 3 月 7 日，小米成立 AIoT 战略委员会，小米"手机 +AIoT"双引擎战略加快落地，并计划未来 5 年投入超过 100 亿元的研发费用，很显然小米把 AIoT 放在和手机同

等重要的位置。(AIoT 即 AI+IoT,人工智能 + 物联网平台)

而中国另外一家手机公司 OPPO 于 2019 年也开始介入 AIoT,据了解 OPPO 正在积极构建开放的 IoT 平台,加快推进 AI+IoT 技术研发,OPPO 在 2019 年初建立的新兴移动终端事业部就是用于探索 5G+ 时代的新入口,OPPO CEO 曾透露"我们将率先瞄准智能手表以及智能耳机。"而这个方向和小米、华为基本一致,竞争不可避免。

那么这么多企业,谁更有机会呢?

1. 华为 1+8+X

华为的 AIoT 的入口,基本上就是以手机为核心,以平板电脑、PC、电视、车机这四个屏幕相对较大的设备为主,外加音箱、耳机、眼镜和手表这四个屏幕较小甚至没有屏幕的设备为辅助,这是华为提出的 1+8+X,X 就是像智能冰箱、智能空气系统、智能灯泡等泛物联网设备;华为提供连接,芯片、开源免费的 LitOS 以及 HUAWEI Hilink SDK。

华为更像一架 TB 的公司,因为他们其实要打造的是一个利益共同体,华为希望在这个链条上,企业都能各取所需,各自都能获益,所以华为说不打算贩卖数据,不靠数据盈利。当然企业达到一定规模,不靠数据是不可能的,因为只有数据支撑,充分了解用户需求,才会有更精准的发展方向。

2. 小米

小米是这一批 IoT 的国内先行者,他们已经销售了过亿的 IoT 设备。但是小米是一家典型的 TOC 公司,也就是说小米关注的核心是终端用户,所以小米的策略就是维护好用户,当然要做好这个服务,就一定会利用大数据,这是和华为最大的区别。

这几年,小米生态链真正的对手不多,所以小米虽然也利用第三方渠道销售,但是给予的毛利率非常低,产品客单价也不是很高,未来小米如果想和各个高手过招,必须要解决渠道口碑和盈利问题,否者在市场上可能的帮手真的不是很多了,只靠单打独斗的话,未来会很辛苦。

3.OPPO

OPPO 是一个新进入者,据了解 2019 年已经招聘了 200 多人的耳机研发团队,看来他们会把耳机作为一个重要的入口。这并不奇怪,因为音箱这个入口这几年已经出现充分竞争,几大互联网公司把价格打到 500 元以内,甚至百元以内,所以这样的方向即使加入也很难获得什么明显的回报。

OPPO 在国内 3~6 线城市,拥有大量的用户群,这是一个非常大的优势,就是说 OPPO 具备了 IoT 入口的先决条件,这甚至是一些互联网公司无法比拟的,因为手机现在才是最常使用的工具,所以 OPPO 还是拥有明显的优势。

4.BAT

应该说互联网公司这几年同样是在加强 IoT 的行业渗透，比如阿里、腾讯、百度都开发了自己的音箱，百度音箱一度还成为市场上炙手可热的产品，并且赞助了 2019 年的春晚，可见 IoT 的魅力对于互联网公司来说同样有效。

现在的互联网都是针对人来服务的，而随着 5G 时代的到来，网络中将不仅仅有人，还有众多的物，所以说 4G 改变生活、5G 改变世界，既然世界都能改变，现在的互联网公司岂有不参与的道理？

这三家公司都是以音箱为入口，说明他们第一步走的就是 AI，不过还是希望和自己的网站集合，至于未来是否在芯片、系统上做连接还很难说，但是有一点不可否认，三家巨无霸企业拥有太多的资源，一定是未来 IoT 上强有力的竞争者。

5.科大讯飞

实事求是地说，科大讯飞如果单纯从规模上来说，是没有办法和以上公司竞争的，但是科大讯飞拥有一个独特的武器，就是语音识别入口，并且经过数年的发展，现在已经拥有自己的护城河：识别率、技术储备、品牌知名度等，都是名列前茅。

这几年，科大讯飞发布了不少产品，都是基于这个最核心的功能，这些产品整体上销售不俗，并且具有较好的口碑，预计未来科大讯飞还会推出更多的产品，建立自己的 IoT 生态系统。

当然科大讯飞的在消费类电子领域的市场上并不占优势，品牌知名度和推广能力还需要持续加强；但是在行业拓展上，科大讯飞未来的空间会更多一些。

另外一个机会，对于科大讯飞来说，就是国外品牌进入中国市场，如果选择普通话的入口，科大讯飞是目前最优的选择之一，毕竟英语体系的语音设备在中国市场还是比较落后，因为 AI 最大的能力就是用的人越多，改进越快、功能越好，这就叫深度学习。所以科大讯飞已经积累了大量的中国使用者的语音大数据，这是其他语音设备暂时没有办法与之竞争的一个优势。

AIoT 是下一个万亿美元级别的市场，尤其是随着 5G 的发展，万物联网，这中间具有无限的想象力，目前 AIoT 周边如大疆无人机、寒武纪芯片、商汤科技、欧瑞博、云从科技、涂鸦智能等都极具成长机会，或许还有更多没有发现的公司，这几年都会异军突起，这一点都不奇怪，因为异军突起，正是这个拐点的魅力所在。

作为一家零售型公司，当然要参与这个机会，因为只有抓住趋势的公司，才是真正有未来的公司，零售型企业需要寻求符合用户发展，也能给零售商一定操作空间的公司合作。

在 AIoT 下，拥有无限可能，绝不仅仅是只有一种颜色，还会有五颜六色。

3
IoT 要进军耳机行业带来的影响

2019年的深圳,什么人才最受欢迎?据说是耳机研发人员,华为挖走了索尼前高管角田直隆,公开消息显示,角田直隆是索尼音频部灵魂级的人物,曾是索尼 R10 开发团队的二把手、Qualia 010 的研发者、EX1000 研发者、SONY MDR Z1R 的监制,也是索尼音频现在唯一的元老级人物。

而同时传来的消息是 OPPO 也在组建耳机研发团队,2019年团队规模已经有 200 余人,并且还在四处网罗人才;进入这个方向的还有腾讯、出门问问、科大讯飞、万魔等公司,俨然智能耳机就是一个台风口,很快各种智能耳机就会扑面而来。

2016 年秋苹果推出的 AirPods 促进耳机市场的真无线化和智能化,给智能耳机带来突破式发展;目前市面上已经有 8 大芯片品牌推出 18 款解决方案,蓝牙智能耳机市场即将迎来一个大爆发。

2019 年苹果更新发布 AirPods 二代,并且推出 AirPods pro 版本,比第一代更加完美,更受欢迎。产业分析师分析,2019 年苹果 AirPods 出货量将超过 6000 万套,2020 年更是有望达到 9000 万套,整个智能耳机市场全球在 2020 年预计将会达到 400 亿美金以上,因为智能耳机的各种机会和创新,在未来几年将会成为科技界的一个热点。

什么叫做智能耳机？基本就是无线连接、智能降噪、语音交互和综合应用传感体监测这个4个标准。

无线连接，目前流行的TWS是True Wireless Stereo的缩写，是真正无线立体声的意思，这种技术的实现是基于芯片技术的发展。

智能降噪，按照降噪技术分为主动降噪和被动降噪。

主动降噪简单说就是耳机里有一个话筒和处理器，当周边有噪音的时候，主动降噪就会通过处理器创造出一个完全相反的声音将噪音中和消除，声学中这就叫"相消干涉"。比如人的交谈声，以及周围环境各种设备发动机的噪声。

被动降噪技术，简单说就是物理隔绝，主要是通过不同材质的阻塞物来防止噪音进入耳朵，就像放鞭炮用手捂着耳朵一样。这种降噪方式是最为传统、普遍的，其价格相对于主动降噪耳机会低廉很多。被动降噪有个安全方面的大问题，就是在室外骑行、闹市散步的时因为耳机堵塞耳朵，很容易遇到交通安全问题。

语音交互，智能耳机现在基本都在尝试语音识别能力，可以做到不用动手，就可以实现一些基本的功能，比如接打电话、搜索歌曲、使用导航、了解天气等，基本上就是解放双手、减少束缚、全天候佩戴。

综合应用传感体监测，就是耳机增加更多的智能穿戴功能，识别人的心率、体温、监控健康等，这是耳机功能的衍生，更是一机多能的体现。

所以，未来智能耳机将会成为智能手机的一个标配，更可能会成为人类一个新必需品,现在的智能耳机除此之外,还走一个时尚炫酷的路线,苹果的 AirPods 已经成为很多年轻人时尚的一个标志了。

那么未来,手机市场会有怎样的走向呢?

1. 传统 HIFI 耳机依旧具有影响力

IoT 抢占的是 AI 入口,并不是真正要做音频,只不过音频产品恰好具有这样的入口功能罢了,当然在如今的技术条件下以及市场需求下,也不可能把音质做得太烂,这样也会没有用户,当然短时间内,他们绝不可能去做 HIFI 类产品,毕竟他们追求的是数量和规模,那这样就不会把价格定得太高。

传统 HIFI 耳机,满足的是那些对于声音有一定要求的人,比如高中低音、自然还原度、现场感等,应该说这只是耳机中 20% 的需求,但是随着社会生活水平的提升,大家的艺术素养也会提升,对于 HIFI 级的产品也会相应增加。

这部分人群又分为发烧友级和普通爱好者,前者基本不会受这次 IoT 影响,后者只会增加一个购买品类,整体影响不大,但对整个大市场会有巨大的影响。

2. 传统音频厂商均会开始增加 AI 功能

传统音频厂商并不是一成不变的,他们也会根据市场的变化而变化,比如他们也会在一些主流型号中间增加 AI 功能,目前来说这并不是什么困难的事情,有众多的授权可以选择,而一旦有出众的设计,他们依旧具有竞争力。

IoT会有自己的芯片和系统推出，但短时间内还很难实现万物联网（2~3年内），所以传统音频厂商还有一定的时间去跟上变化，但对于那些因循守旧的企业，这一轮变革确实是一个难关，这期间具有较大的变数。

3. 手机厂商更多考虑和自己手机的结合

手机商场这个时候挤入耳机行业，并不是因为耳机有很好的规模和利润，而是在 IoT 入口上，他们大多数并没有抓住音箱这个机会，音箱基本上被互联网公司瓜分。

而耳机具有更广泛的使用性，覆盖也更为广泛，并且具有一个非常特别的扩展功能，就是在技术成熟的前提下，可以变成一个穿戴式电子设备，能够收集人的身体信息，这具有把人也变成一个数据的特征，这是未来更多大企业会进军耳机的最大动力因素。

穿戴式电子发展多年，但是一直不温不火，主要是低功耗芯片和传输带宽没有解决，生意模式也没有很好地被整合应用，但是随着5G的到来，很多难关很快就会成为历史，也就意味穿戴式电子热潮也会很快再一次到来。

4. 互联网公司耳机将会和内容做更多关联

既然有这么大的空间，互联网工业绝不会闲看云雨，一定会争先恐后地进来，比如腾讯就已经加入了这个战场，互联网公司的优势就是拥有内容，如果网易云音乐也出一款这样的产品，那么他就会变成运营商的角色，这种竞争就会成为更加复杂，也会变得更加有意思。

互联网公司的加入，会给整个 AI 智能耳机市场带来血雨腥风，多年未变的行业，将会有更多与众不同的创新。

5. 耳机将会被赋予更多的功能

耳机能做什么？除去听声音、听音乐、降噪，还有什么功能吗？未来的耳机将会被赋予更多的功能，有的和耳机有关，有的可能和耳机原来的定义没有什么关系了。

比如可以增加助听器的功能，随着老年人越来越多，耳机需要被增加一个全新的功能，就是助听器，当然也不仅仅老人会用，户外运动、嘈杂环境的工种，都会有这种需求；

比如，耳机可以增加一个芯片，变成一个可穿戴式通讯设备，这样将通话变得更加简单，未来的手机或许就是人的另外一个 AI 大脑，耳机变成电话设备，这不是没有可能，因为芯片即将进入 5 纳米时代了；

比如变身一个人体数据收集器，可以收集更多的数据如体温、心率等，甚至一些脑波收集、记忆收集也不是天方夜谭，耳机转身成为一个脑机接口的产品也不是不可能，这可能还需要一个相对比较长的时间。

耳机将不再是耳机，这才是众多企业加入的一个隐藏因素。

6. 中低端耳机市场势必会有极强的价格竞争

按照目前的推断，未来中低端耳机市场的竞争将会非常惨烈,有的公司已经将蓝牙做到99块钱甚至更低,虽然品质可能一般,但是对于市场还是一个明显的冲击。

未来千元以内的耳机将会被洗牌,一些小品牌如果没有创新,很容易会被淘汰出市场,这个行业经过几年的竞争,将会变成一个品牌相对集中的市场。

1000~2000元市场也会迎来较大的变革,智能中高端产品会在这个区间大打出手,这也是未来各大厂商争取优质客户的一个重要的区间,苹果带了一个头,也奠定了未来智能耳机的竞争空间,这仅仅是无线耳机;还有头戴式耳机,很快就会有新的模式加入,除了期待,就是加强自己对趋势的关注了。

7. 耳机将会成为一个新兴产业

耳机市场未来会成为一个新兴产业,经过数十年的发展,耳机将会进入一个全新的发展阶段;其实不仅仅是耳机市场,随着人工智能的发展,各种基础条件的成熟,众多传统行业都会迎来发展的春天。

作为一个零售商,需要关注这种变化,因为如果不去关注,不仅仅是选品判断的失误问题,更是一个历史性机遇的错失,所以,无论您是不是做耳机的生意,都需要多多关注。

改变世界的5G和AI,即将给整个零售生意、生活带来天翻地覆的变化。

期待那个更懂人类的人工智能世界,机器将把人类的生活带到一个全新的高度。

4
智能可穿戴设备，新一轮的爆发会什么时候开始？

2019年下半年，华为智能手表非常火爆，很多时候都是一表难求，这也预示着：智能可穿戴产品是不是又要火爆起来了？

智能可穿戴发展其实已经有很多年时间，二十世纪五六十年代，麻省理工学院数学教授 Edward O. Thorp 在他的赌博辅导书《Beat the Dealer》第2版中提到，他最早于1955年想到了一个有关可穿戴电脑的点子，用于提高轮盘赌的胜率，并且在1960~1961年期间同另一位开发者合作完成了该设备的开发。1961年6月，该台设备开发完成，并且成功地把轮盘赌的胜率提升了44%，这是智能可穿戴的最初思想。

经过几十年的发展，2006年，耐克和苹果联合推出了 Nike + iPod——一款允许用户将自己的运动数据同步到 iPod 中的运动套件，将苹果的感应设备放在耐克特制型号的鞋内，这是20世纪智能可穿戴火爆的一个雏形产品。而随之2007年，Fitbit公司成立，只用了不到3年的时间，将智能可穿戴设备带到了一个成为新行业的机会。后来2012年有 Pebble 智能手表、谷歌眼镜，2014年谷歌公司推出了专门用来搭载可穿戴设备的 Android Wear 系统，智能可穿戴设备得到了高速的发展。

智能可穿戴设备，狭义的按照佩戴身体部位来说，一般来说分为三类：

一类是头部设备：智能眼镜、智能耳机、智能头盔等，分为身体数据收集和外部数据收集两种，比如智能耳机一般是收集心率、体温等身体数据，而智能眼镜为外部数据的可视化反馈；

一类是腕部设备，常见的有智能手表、智能手环、智能戒指等，主要是收集身体数据；

一类是辅助类（腰部以及腰部以下），比如智能腰带、智能鞋垫、智能外骨骼设备等，这类设备除了收集身体数据以外，还有一定的协助人体工作的功能，比如防摔倒、辅助出行、防走失等。

这几年，可穿戴式智能设备，在国内主要还是以腕部设备为主，比如小米手环以及小米生态企业华米科技，都占据一定的市场份额，比如小米手环4，出货8天，订货量就超过100万只。

华为智能可穿戴经过几年的发展后，2019年7月，华为智能手表、手环的全球出货量已经超过1000万，GfK报告显示华为在国内市场的份额已达33%，已远远超过竞争对手。

2019年智能手表出货量能够达到6300万块，而到了2022年全球智能手表的出货量能够破亿，苹果手表占据第一位。苹果未来还会在智能可穿戴上会有更多的发挥，因为苹果拥有大量的技术储备、收购了大量的健康科研企业并且和众多的美国科研机构合作。

当然还有佳明、颂拓这些以运动为主打的垂直细分类的品牌，销售量也有一定的增长。

以上数据因为口径不统一，有一定的偏差，说明整个智能可穿戴领域还处于战国时期，并没有出现真正的王者，也没有谁已经占领稳定的头部市场。从另外一个方面来说，这个行业正在重新兴起，有实力的参与者将会拥有更多的机会。

那么新一轮的爆发什么时候开始呢？

随着5G技术的成熟，以及人工智能的高速发展，市场即将迎来新一轮智能可穿戴设备的发展。

1. 从简单的数据收集到复杂的数据采集

目前的可穿戴设备，大多数都是简单的数据收集，比如心率、脉搏、日常健身识别和数据收集等，有的还会加上一些NFC功能，这类产品的零售价不会超过500元，大多数都是在300元以内。其实如果购买者没有太多的诉求，这类产品已经足够了，价格实惠，并且一旦升级，丢弃也不可惜。

未来的可穿戴设备可以收集更多、更复杂的数据，将会更加智能，比如测试血氧饱和度，能够24小时实时监测心率、心电图、睡眠质量等，这类偏向医学，有些已经实现，有些还需要国内的医疗级认证，一旦这些复杂数据的收集被认可，并且获得权威的医疗机构的认可，将会具有更大的市场空间，因为这将会把健康预防带到一个全新的进阶。比如华为和301医院的合作，苹果与美国心脏协会的合作等，未来都是一种常态。

2. 从单向收集到更多双向的数据沟通

目前的可穿戴设备大多数都是单向数据收集，也就是收集一部分人的一部分数据，收集完毕对于拥有者来说，也就是看看，实用价值并没有得到更广泛的应用。

未来的智能可穿戴设备，数据都是双向的，设备可以独立联网，一旦发现人体数据和标准建议数据有差异，就会实时提醒和反馈，并且随着大数据的积累，还能够通过个体数据的观察，对比各种疾病，一旦有相类似的变化，可以给予个体更多的提醒和建议，这将会对个人的身体疾病预防带来革命性的变化。

3. 传输不一定以手机为中转站

未来的世界，是物联网的世界，这个"物"的组成，有一个极为重要的要素，就是"人"，如何让"人"在线，是一个非常庞大的工程。人在线有两个方面，一个是人的外在社会化信息，一个是人的身体内在数据化信息；而智能可穿戴设备主要是将人的身体信息数据化。

目前这种数据化，还是要依靠手机作为中转，设备自己没有这样的能力或者只是有较弱的能力。设备与设备之间没有关联，这是 4G 网络下的常见形态，但是在 5G 技术下，可以实现低功耗，设备与设备之间可以关联管理，相互信息互补，这个时候才是真正的万物联网。

所以，你未来的手环也许可以和你的耳机直接关联，也可以和智能眼镜相互补充和配合，这样可扩展价值就会更大。

4. 价格将不再高高在上，而是靠服务盈利

目前的可穿戴设备，基本上分为两个价位段，一个是平民

价格,价格实惠;一个是千元以上,甚至数千元。其实未来智能可穿戴设备,除去一些高端款以外,绝大多数价格都将会更加平价化,因为未来的智能可穿戴主要是靠服务收费,比如年费或者月费等。

比如你的健康数据收集和医疗机构数据对比,给予你实时的建议,并且享有医疗机构一定的特色服务;

比如你的特定运动数据和一些专业的运动机构对接合作,给你更为科学的运动建议;

比如对于一些患有身体疾病者的保健预防和实时监控等。

以上这些都是很好的收费服务方式。

未来的服务可能不仅如此,还会有更多意想不到的创意,是值得我们期待的,但服务收费将会成为一个主流模式。

5. 重要的技术突破,让智能可穿戴实现爆发式增长

目前可穿戴设备一方面还不够智能,一方面缺少杀手级的应用,而未来会有一些杀手级的应用,将会大大推动智能可穿戴产品的普及。

比如现在苹果手表能够监测心电图,但是在国内还没有获得审批;如果国内有这样的产品,将会大受欢迎,因为心电图可以监测心脏的健康情况;如果未来还能够有血压监测(经过医疗审批认证)、无创血糖监测等各种和健康相关的监测,智能可穿戴设备将会有一个指数级的增长,也将会改变整个医疗健康产业。

目前这些技术已经有了很大的突破,芯片低功耗、低延时、

智能化，以及各种跨界、跨学科的研究发明，都将会促进整个行业的发展。

杀手级应用一旦推广，仅仅在功能上突破还不足以改变世界，还需要专业的辨识和解决方案，和医疗健康的真正结合，这样整个行业将会出现爆发式增长。

6. 智能可穿戴设备将成为一个极为重要的品类

未来的智能可穿戴设备将会是一个怎样的规模？我们预测，未来的智能可穿戴设备，有机会形成和手机一样的规模，甚至会超过手机产业规模。因为将人接入互联网，一方面是手机，一方面就是智能可穿戴设备，这两者是不同的作用，前者是社会化需要，后者是健康诉求。按照马斯洛理论，健康诉求实现的基础上才会有精神追求，所以，这些功能更具有广泛的需求效应。

未来还会出现非接触式样的可穿戴设备，比如眼动技术的成熟，将会让手机等各种摄像头发挥更大的功能，比如可以检测心率、血氧、心血管、血压、压力、情绪等，很多知名手机公司都在积累这个技术专利，未来摄像头不仅仅能做人脸设别解锁，还有更广阔的发展空间。

这大概就是为什么这么多的大企业争先恐后要加入的一个原因了，毕竟没有企业愿意错过这样一个改变人类健康方式的机会。

智能可穿戴设备，如果现在你仅仅是个人使用，建议购买普通的平价产品即可；如果高端一些，华为等品牌的智能手表是一个具有高性价比的产品，但是智能可穿戴产品每年都会有比较大的革新和迭代，目前更换周期甚至都不超过 12 个月，所以，一旦换代，上一代会有较大的跌价，一般也就是一年前的 20% 左右的二手价格，所以这还是一个全新的硬件方向，技术每天都在进步，所以积极参与、谨慎高价。

作为零售商，我们现在其实是布局的一个非常好的机会点，一般来说厂商支持力度都比较大，并且可以抓住一些热爱健康、喜欢运动的客户。其实零售店只要营造一个店面有这一大类产品的氛围就可以了，当然对于一些毛利较低又有品牌的产品，可以帮客户代购，因为这类的客户都是品牌控，你只要有一些价格优惠就好。

并且现在的智能可穿戴产品，其实可以实现很好的会员营销，绑定会员，争取更大的复购率，毕竟 12 个月就要换代一次，这还是一个非常值得期待的生意。

可穿戴式设备经过数年的沉浮，即将迎来一个新的时期，这还需要这几年不同厂商的创新和努力，即然已经看到黎明和机会，那就别再错失这个机会。

5
潮流玩具的机会

这几年，如果出现让人排队的生意，那一定是让人心生羡慕的，但是让现代人排队又是何其困难，餐饮倒是有一些，奶茶、面包、咖啡都有排队的生意，但也只是偶尔出现，而在数码圈子里，出现的次数更是屈指可数了。

但是却有这么一类产品，不仅仅要排队，还有很多是限量销售，甚至动用摇号的机制，然后疯狂地购买，怎么看都有点以前炒房团的感觉，这就是这几年比较火爆的潮流玩具，让众多宅男宅女走出家门、爱不释手的新艺术产品。

很多人不明白为什么一个"玩具"会卖那么多贵？也有人质疑盲盒的销售是不是一种赌博？是不是排队的人都是把买到的限量款拿到二手网站加价给卖了？质疑可以理解，毕竟这是一个新鲜的事物，新生事物往往都是在质疑中长大。

首先什么叫潮流玩具，难道就是盲盒吗？当然不是，盲盒只是潮流玩具的一种营销模式，并不是潮流玩具的全部。潮流玩具本身并没有明确的定义，其实潮流玩具本身就是一种艺术玩具，又称之为设计师玩具等，它是由一些设计师、艺术家设计制作，尺寸由几厘米到几十厘米不等，材料主要是容易塑形的搪胶，偶尔也会出现木制材质、金属材质及像素类材料；潮流玩具通常是限量发行，使得其价格比起传统玩具要高得多，可以称得上是玩具中的奢侈品。

潮流玩具其实发源地并非日本，而是中国的香港，1999年，日本、美国的玩具业都不景气，香港玩具产业迎来一个机会。当时，在广告公司工作的 Michael Lau（中文名：刘建文），在香港艺术中心举办了一次个展，他将画作中一个街头风格的人物形象制作成 6 英寸的搪胶玩具，引起很大的反响。同年，香港设计师 Eric So（中文名：苏勋）也发布了 24 个时装版李小龙的活动人偶。仿佛一夜之间，全球开启了一场搪胶人偶的狂欢盛宴。西方人惊叹它为"异类雕塑"。这股潮流发展至今延伸出两种类型：一种是欧美系的设计师、艺术家玩具；另一种则是日本以 Bearbrick（积木熊）为代表的潮流玩具。

如果按照市场热度来分，目前最火的是美国，其次是欧洲，第三才是亚洲，国内市场目前也只是刚刚启动，因为对于这类产品的认知还需要时间，所以目前比较火的是盲盒类产品，而欧美一些有影响力的潮流玩具因为价格昂贵，还没有大规模进入中国市场，所以对于中国市场而言才刚刚开始。

潮流玩具从本质上来说并不是玩具，而是一种艺术品，只是在市场初切入的阶段，有很多产品是以玩具形象和营销形式出现的，所以给很多人的错觉：潮流产品是一种艺术品的存在。随着这个行业的成熟，潮流玩具将越来越国际化，潮流带来的不仅仅是一种营销，更是一种生活方式。

1. 潮流玩具是现代年轻人的一个梦想

很多人说潮流玩具除去好看、造型特别，也没什么实用价值；如果从实用价值来看，确实如此，但是满足人的精神需求，是不是一种价值呢？

现在的 80 后、90 后，小时候大多数都是看动画片长大的，可以说动画片给他们的童年带来了快乐，也是孩子认知世界的一个启蒙，这批人长大后，动画片从电视的虚拟人物转变成在你面前的一个玩偶，那会是一种怎样的感觉？是欣喜还是许多美好的回忆？相信这些都会有，每个人都有自己的梦想，小时候你或许把自己想象成为一个拯救世界的超级英雄，也可能梦见自己变成一个拥有无限潜能的圣斗士，亦或是茂密丛林里的白雪公主，而现在你终于有了自己独立的生活能力，生活也许你把变成一个朝九晚五的工薪族或者"996"的工作狂人，但是梦想还在，在潜意识里这些都还存活着。

所以潮流玩具承载着现代年轻人的一个梦想，由艺术家去帮他们实现，这就是这个生意能够火爆的原因。

2. 潮流玩具是一种个性化的生活方式

现在我们经常讲去中心化，什么是去中心化？就是每个人都有自己的生活圈子，每个圈子都有一个小的中心，理论上来说，每个人都可能是去中心化下的一个中心，也可能是在不同的去中心化圈子中。而潮流玩具恰恰满足了这种个性化的生活方式，尤其是在互联网高度普及和人口众多的中国，这种个性化圈子将会带来更多的机会。

潮流玩具设计，是每个设计师通过自己对社会、生活、未来的理解，制造出来的不一样的世界，每个产品背后都有自己的故事，有的浪漫温馨、有的街头炫酷、有的未来异形等，这些都是在我们生活中自己没有办法去实现的一些一闪而过的思想，现在设计出来，摆在你的面前，并且限量发行，这就满足了很多人的个性生活。

有很多潮流玩具爱好者，会根据各自的喜好，收集不同类型的潮玩，这样在自己的个性得到满足的同时，也让一大批设计师有了体面的生活。

未来的世界，是具有创意才华的设计师时代，这是人工智能无法取代的。

3. 潮流玩具也是一种社交货币的存在

现代的社会，每个人都需要有一个标签，但每个人又都想撕下这个标签，但是无论哪种人，如果想获得更好的资源，都需要更多的社交货币。

潮流玩具，就是一种社交货币的存在，因为每一个都不同，每一个都有自己的文化属性，都会有一种文化认同感。把一个你喜欢的或者收藏的潮流玩具拍照发到朋友圈，一定能够获得更多的评价，也许，你就能在茫茫人海中，找到那个和你有一样爱好的人，这就是网络时代+潮流玩具最有趣的地方。

如果你入坑很深，便会发现，一群喜爱同一个设计师产品的人，一定有办法聚在一起，或通过群的方式，或在线下的一种临时的聚会，这里交流的不仅仅是潮玩，还有更多的探索。

4. 盲盒只是潮流玩具的一种启蒙状态

盲盒只是潮流玩具中的一种营销模式，并不是潮流玩具的全部。在潮流玩具登陆某一个市场的初期，一般都是会采用盲盒的形式，因为这类产品一般来说价格低廉、式样多变、容易搭建更多的场景，这对于培育整个潮流玩具市场，起到了一个启蒙的作用,更是很多人开始关注潮流玩具的第一步!

盲盒也是很多零售商做这类产品的第一步,毕竟8cm或者12cm的手办价格都比较高,有一句玩笑话,说是"手办一面墙、浦东一套房",可见这还不是目前普通消费者的领域,这个市场还需要进一步培养,二手交流市场还需要完善,只有足够多的人参与进来,潮流玩具市场才能真正稳定发展,这还需要数年的时间。

所以,盲盒只是一个开始,这个行业还需要更多的人才积累,更多的设计师参与,更多的爱好者进来,这是一个具有艺术气息的市场,也是一个细分人群的机会所在。

5. 潮流玩具的销售需要店面精细场景

潮流玩具的店面零售,和我们常见的标准化产品有较大的区别,并不是放在那里就有人购买,潮流玩具的店面需要精细化的陈列场景。

如果想做好这一类的产品,需要寻求年轻人流量比较集中的地方,店面需要具备IP化的特色,不一定要很大,但是一定要丰满和有趣,要具有高度的识别感。

店面内部陈列,需要根据设计师的不同风格理念,采用不同的方式,设定不同的场景,这需要技巧,如果没有一定美学基础和陈列学基础,做起来是有一定困难的。因为这类产品也才是刚刚开始启动市场,只要用心经营,也没有那么大的难度。

一般来说场景搭建都是采用玻璃罩的模式,一个罩子内一个空间,由大小不同的手办或者盲盒组成,根据店面大小、产品分布不同,设定不同的场景,一般来说,一个店面还会有限定款、签名款或非卖品的场景，以提升店面的层次感和价值感。

店面场景一定要精细化，切不可粗糙无序，因为能购买潮流玩具的人一定很会在意细节，如果细节做不好，做这类生意也就很困难了。

6. 潮流玩具的选品和数码有较大差异

现在潮流玩具在国内比较难选品，因为知名度较高的一些品牌都是采用预售的方式，也就是说提前 1~2 个月预售，4 月份预售 5 月份甚至是 6 月份以后的货，有些特别款甚至要提前一年时间订货，这是因为这类产品的设计师都很在乎自己的名誉，一般来说除去盲盒，生产数量都是有控制的，即使盲盒，同一个系列也不是无限生产，达到一定量就会销毁模具，以保持市场的一定稀缺性。

而潮流玩具也不是所有都会畅销，所以对于选品要求具有一定的识别度，一般要求采购经理既是潮流玩具的爱好者，又需要具备一定的商业思维，否者是很难在这个圈层做得很深入，爱一行干一行，就是这个意思。

目前国内排名前列的供应商，对于开发新的零售店有极高的要求，不但要求店面位置、装修、陈列，还需要一定的连锁等。当然不存在永远都是甲方市场的商业环境，只是这个行业发展才刚刚开始，还需要更多的优秀企业加入。

7. 潮流玩具的销售并非简单店面推广

这个行业不是一个靠自然流量就能有很大销售额的产品

线，还需要有更多的营销手段。

比如需要建立一个潮流玩具分享群，将经常买产品的用户拉到群里，大家不用担心比价问题，这个行业价格都非常稳定。通过群的形式，将这部分人群聚集在一起，那就是一种社群营销的开始。

如何运作好这样的群？这就需要零售企业有扎实的社群营销能力。不是群建立好，就会有互动的，而是我们要有一套符合社群运营的方式方法，这和店面等客上门卖货形式不同，一种是守株待兔，一种是主动出击，很多零售店都习惯以前的方式，主动出击还需要学习、尝试，但这也是未来零售的必由之路。

潮流产品销售才是刚刚开始的状态，未来还有巨大的空间。

（1）会有更多品牌进入国内市场

目前进入国内市场的品牌还是以香港和日本为主，欧美众多设计师品牌并没有真正进入中国市场。中国设计师目前也只是刚刚启动，大多数设计师也就是这一两年才开始介入，所以这个市场具有庞大的想象力。

任何一个行业的发展，基本套路就是符合创新曲线，目前只是在抛物线的一端，未来还有更多的起伏，也会有更多的机会。

（2）二线以下城市基本没有

因为潮流玩具市场刚刚开始，目前基本上集中在一二线城市，三四线市场启动不多，即使有个别零售商销售，也是个案，这个市场空间还需要一定的时间，怎样做好还需要不断尝试迭代，因为潮流玩具的特殊性，基本上没有分销网络的概念，所以开拓更多的下沉市场还需要时间。

只要有空间，就会有机会。

（3）二手交易市场还不成熟

目前潮流玩具的二手交易市场还不成熟，基本上都是每个企业自己做自己的，很多个体消费者还是把闲鱼和一些盲盒群当作一个主要二手交易平台。未来潮流玩具的二手交易市场，将会随着这个行业的发展而发展，说不定就会出现一个垂直细分的新型平台。

潮流玩具，是社会经济发展到一定阶段的必然产物，因为随着中等收入者的增加，年轻群体没有太多的后顾之忧，艺术的追求就会成为一种时尚；加上科技的发展，未来会不会出现AI+潮流玩具，还不好判断，但是任何行业的发展都离不开科技的推动，所以，这是一个充满想象力的市场。

零售企业一边做好现在的生意，一边也需要登高望远、看看未来，或许机会就在你登高的那一瞬间，我们也可以成为一个潮人。

6
国潮的未来之路

国潮云涌、传统兴起，这两年有一个非常大的流行趋势，就是：国潮。这是国家兴盛、民族自信的一个必然，所以，国潮的流行,是一个持续的过程,这才是一个刚刚的开始。

那究竟什么是国潮?我们基本可以理解为:中国制造、原创设计、传统元素再设计、符合审美趋势、高品质和个性鲜明,这6个条件是国潮的基本特征,如果我们希望自己从事这个方向,就需要研究它。

1. 中国制造

既然是国潮,当然是需要中国制造,中国制造是要说明中国也是有高品质的产品和机会,传递的是一种自信。

2. 原创设计

设计一定是原创,因为未来最有价值的就是设计,在知识产权保护越来越规范的市场环境下,追求更多的原创机会,这是一种对于国潮的尊重,更是一种追求自我价值的表现。

3. 传统元素再设计

传统的确是美好的,但是你不能照抄照搬,一定要在传统文化的海洋中去挖掘属于这个时代的东西,因为国潮是一个趋势、也是一个商业,是商业就需要和时代结合,产生出有共鸣的设计,这才是真国潮。

4. 符合审美趋势

美是有共性的,也是会发展的,每个时代的美都不尽相同。

所以我们需要寻找符合趋势的美，不符合这个趋势的离奇、无趣、甚至是审丑，都不会有长期的发展，因为所有的猎奇都是短暂的一瞬间。

5. 高品质

国潮，不是简单的复制粘贴，而是需要高品质，因为高品质才能持久，所以山寨、低端、假冒都不可能是国潮的趋势，但高品质不是高价，而是一种匠心精神。

6. 个性鲜明

国潮需要有个性吗？国潮本来就是一种个性，是万花筒、是七彩虹，只不过这中间联系起来的是中华文明和华夏文化，这里有远古、有近代，也有当下，所以国潮要有内核的纽带，但是也要千人千面，正所谓"千江有水千江月"，乃如此也。

这几年比较火的一个国潮类别就是故宫文化衍生品，故宫有600年的历史（1420年建成），是世界上现存规模最大、保存最为完整的木质结构古建筑之一，是中华文化的一个典型象征，现在每年更有1700万的参观人数，成为全球博物馆参观人数之最，更值得炫耀的是现在每年衍生品销售规模超过10个亿，带过了整个国潮文创产品的发展。

故宫文创，是典型的流量变现+国潮趋势变现；故宫有自然的流量，国潮是当下的趋势。

国潮的发展跟进者众多，但是对于国潮的理解和接受，却是一个逐步递进过程,基本上国潮有如下几个发展过程。

(1)拼凑和拷贝

一开始国潮是因为个别品牌的成功,比如故宫衍生品,这种成功马上带来的是各种模仿甚至抄袭,很多形象都是直接拷贝,当然这种没有太多底蕴的复制,是很难有维持市场机会的,结果是成功案例很少。

直接的拼凑和拷贝一些景点在五六线城市还会有一点市场,因为价格低廉、顾客信息不足,但这不是趋势和未来,而是一种投机行为。

(2)传统文化的简单改造

当然有的企业将传统文化中的形象稍作改装,应用到自己的产品中,比如一些婚纱摄影中的唐装、传统服饰等,在国潮初期具有一定的市场效应,这种改造成本小、适合具有视觉冲击的项目,改造得比较好,生命力还是比较长的。因为国内市场具有阶梯形,所以这种看似简单的改造在某些区域和行业,具有一定的空间。

传统文化的简单改造将会成为一个小趋势,这需要有智慧和创意,才会有持续的生命力!

(3)IP授权

国潮的发展,一定是重视知识产权的,所以随着国潮的发展,IP授权品牌将会成为一个重要的支点,比如一度很火的大圣归来,当时就有很多衍生品,但是可惜推广运营不理想,没有发展起来。

所以说并不是拿到授权或者说拥有了 IP 形象就可以勇往直前了，后续的品牌运营还是一个长期的工作，需要精细规划、长期管理。

IP 授权未来将是一个主流，但是要想自己做出一个 IP 品牌是非常困难的，需要长时间的打磨和经营。而一个品牌如果和 IP 形象合作，一定是需要有影响力的品牌，因为小 IP 品牌的建设是一个特别漫长的过程，不适合普通品牌的选择。

（4）联合品牌

联合品牌这两年比较流行，基本上是具有一定内在关联性的就可以联合。这种联合大多数都是有强的新媒体推广，是一个制造话题性、提升品牌曝光的一个重要营销工具。

联合品牌并非联合起来就可以，需要寻找内在逻辑，比如喜茶和百雀羚，因为是在七夕推出，刚好有"喜鹊"的寓意，而双方一个是新锐品牌，一个是具有相当历史情怀的老品牌，加在一起的传播效应是具有话题传播性的；再比如六神花露水和 RIO 鸡尾酒的合作，内在逻辑是都是液体，但是在合作之前没有人会将这两个产品关联上，而一旦关联就会具有强社交货币属性，对于品牌的宣传热度有很大的帮助。

（5）深度创作

深度创作目前还没有特别成功的案例，但是这属于未来的方向。一些国内设计师将传统中国文化和产品相结合，打造出更具有文化内涵的产品，这些产品将代表新的中国形象，影响更多中国人和全世界的消费者，这类产品一定会走出国门，也一定需要走出国门。

（6）独立国潮 IP 形象

现在国内有很多独立的 IP 形象，有些已经开始在特定的人群中流行，所以独立国潮 IP 形象，也将会成为一个未来创业的方向，当然这需要对消费、传统文化和现代文明有着极深的敏感性，并且还能够洞察动漫文化的精髓，这是我们需要关注的方向，未来一定会有这样的机会。

国潮是一种历史机遇，这个流行才刚刚开始，当然也有捷足先登者，比如李宁这样的公司。李宁公司是做了哪些事情呢？来看一下李宁的国潮之路。

国潮的发展现在已经如火如荼，市场是你方唱罢我登场，比如老干妈都登上了纽约时装周，《中国日报》打造了国潮的头条成为炙手可日的潮流报纸，马克华菲，把传统的元素和文化融入服饰吸引更多年轻人的关注，这些都说明国潮的机会让我们看到了更多的市场的潜在机会！还有这么一家公司，他叫李宁，李宁是一个中国的运动品牌，实事求是地讲，2010 年后生意下滑很严重，但是自从开辟国潮这条线，业绩持续上涨，2018 年销售额突破 100 亿，毛利则较 2017 年的 41.76 亿元人民币上升 21.0% 至 50.53 亿元人民币；2019 年上半年营收 62.55 亿元，同比增加 33%。

1. 深挖中国文化

李宁深挖中国传统文化，并不是简单的拷贝或者改进，而是从全球消费思维入手，寻找中国传统文化的精髓，并寻求中国本土以外消费者对于中国文化认知的共性，最终是从中国的汉字入手，将"中国李宁"的繁体字作为文化的推广切口，这种方式具有较强的形象代入感，是国潮的一种高级表现。

国潮是一种趋势，李宁品牌并没有先把公司变得看起来非常中国化，这毕竟是一家国际化的公司，需要更多共性的认同。而随着中国在国际上的影响力越来越大，学习中国文化的人越来越多，汉字就会成为必然流行的元素，而中国传统的繁体字字形优美、磅礴大气，让认同中国文化的消费者更有一种强烈的认同感，从而带来消费的冲动。

2. 加大产品创新

李宁公司并非仅仅集中在文化创意上的创新，在产品设计上也有很大的变革，比如在鞋的创新上，现在的年轻人对于鞋的需求已经不仅仅是穿，而是在穿的同时也需要舒适和时尚，李宁的鞋就从这个切入口，打造了很多爆款网红鞋。

比如李宁以"悟道"为主题，以"自省、自悟、自创"为内在的价值方向，用运动的视角表达对中国传统文化和现代潮流时尚的理解，在世界顶级秀场上完美演绎了90年代复古、现代实用街头主义以及未来运动趋势三大潮流方向，向全世界展现了中国李宁原创态度和时尚影响力。

这个系列基本上上市后就会秒光，鞋经常从900多元被炒作到1500元以上，成为市场上的抢手货。

李宁终究还是一家运动品牌公司,所以所有的营销都不能脱离这种实用价值。高品质是一种当下正在成长的诉求,所以李宁并没有脱离本质,这才是正确理解创始人李宁说的:我们还是一家运动品牌公司,并不是一家潮品公司。因为提供运动器材是本,潮品是表,表只是一个外壳和一种营销因素。

3. 寻求强强联合

李宁不仅仅从内核上去打造,还能在市场中寻求更多的强强联合,这种强强联合并非简单的拼凑,而是寻求代表新中国梦想和力量的合作,比如和中国红旗的合作、和中国歼20的合作、和《人民日报》新媒体的合作等。

这些合作产品,基本上都是新中国力量的代表,联合的社交货币属性大大被加强,你说这是不是中国文化呢?当然是,而且是当下最流行的文化,所以李宁公司的选择,更具有眼光,是一种智慧的营销方式。

4. 利用国际宣传舞台

李宁公司已经连续多次参加巴黎时装周和纽约时装周,比如2018巴黎男装周的新一季大秀以"中国李宁"为主题,以李宁运动员生涯的盛世传奇为灵感,用未来视角解读90年代复古经典运动潮流,这种在国际顶级时装周上的表现,是一种传播诱因,因为运动品牌本来就鲜有参加这样时装周活动的,而李宁公司不但参加了,还带来了一种风潮。

利用顶级国际舞台，是未来国内企业的必由之路，检验自己的产品品质和影响力的同时也做好了宣传。在这个海量信息的社会，你要真的有两把刷子才可以。

李宁登上国际大舞台，有自己的梦想，2019年3月22日，在香港中环大厦35楼，创始人李宁当众立下"中国第一、亚洲第一，国际领先"的目标。

5. 致敬经典

李宁品牌有过辉煌，正如他本人一样；李宁运动服曾经是多个运动项目国家队的御用服装，红与黄，一度被戏称"西红柿炒鸡蛋"。这不仅仅是一种经典，更是一种情绪和故事，我们曾经为之欢呼和鼓舞，也为之奋发向上，这就是情绪的价值，毕竟这是一种大众最美好的回忆。

所以李宁这一波对于故事和情绪的把握，还是非常到位的，不仅仅赢得了中国用户，还获得国际用户的赞赏。

李宁品牌再次突围，有很多值得思考的地方，那些能够大起大落之后，再度翻牌的企业，一定是有一种内在的成长因子，他们一定会有与众不同的基因，李宁只不过是借助了国潮这个影响，把自己变得更强大。

研究、学习国潮，很多时候是在寻求之中的"势"，因为任何发展都不可能和"势"博弈，因为趋势从长期来看总是大于优势的。我们需要了解"势"的本质是什么，不要只看表象，只有弄清楚内在的规律，你才能真正的抓住"势"，才能顺势而为、驱势为利，驾驭的前提是了解并且具有专业能力。

国潮将是一个长期趋势，李宁只不过是成功的版本之一，未来还会有更多因为国潮而奋起的品牌，相信在这一轮的发展中，会出现更多的奇迹！

7
未来商业变化的7个趋势

商业社会的发展包含两方面要素：空间要素和时间要素。空间要素就是能够影响的范围，比如很久以前的走街串户卖货郎，能够影响的人是非常有限的，仅仅能影响自己遇到的人；后来一个小卖部，只能卖货给周边一定距离内的居民；现在电商平台可以把货卖给全国甚至全世界。时间要素理解起来会更容易些，以前的人交流靠手写书信，一封信从上海到北京要数月甚至更长时间，后来有了汽车、火车几天就能到了，现在互联网信息传递通过微信在瞬间就可以完成。时间要素和空间要素的每一个变革，都会带来整个商业形态的变化和革命性发展。

因为2020年疫情的影响，品牌在线化和用户在线化已经是一个被快速推动的趋势，加上未来5G等新基础设施的普及，我们将会面对很多新的商业模式，这些模式都是建立在空间和时间的效率提升上。

1. 内容与渠道融合化

以前看电视就是看电视，看视频就是看视频。记得有一年春晚，主持人用的口红色号被疯狂搜索，然后消费者去电商平台买断货，这中间采购过程是：看电视——搜索平台搜索信息——到电商平台或者零售店下单，至少需要 3 个步骤才能完成最终的购买，中间浪费了太多的时间和效率，品牌商也可能浪费了很多销售机会。

现在你一边看电视或者视频，觉得好立刻就可以下订单，不需要再花费精力去折腾那么多流程，这就是互联网技术从文字到图片再到视频时代带来的进步，未来的媒体渠道化将是一个不争的事实。

所以无论是抖音还是快手，无论是公众号还是专业网站们都开始走上带货之路，因为技术推动融合，融合提升效率；而传统电商被逼也只能加大内容的产出，变成渠道也要有更为丰富的内容，因为光是卖货是没有那么多诱惑力的。这就是内容媒体渠道化、渠道开始内容媒体化，从而推动了整体的内容和渠道融合化。

2. 供应链平台化

市场中有一句话，"做自营的不如做平台的"，因为平台可以整合更多的资源，只要平台有稳定的流水，做的就是稳赚不赔的生意，比如亚马逊、淘宝都是一个平台，现在京东也加大第三方开店的力度，但做平台需要拥有绝对的实力。

未来的平台依旧会存在，卖货当然是一个选择之一，但是未来还会有一类平台，主要是做供应链。知名主播薇娅的母公司谦寻内部正在搭建一个"超级供应链平台",将完整的两层办公楼共约一万平方米的场地改造成了一个大型选品场地,形似商场。谦寻邀请商家入驻供应链基地展示自家商品,商家既可以选择专柜展示,也可以选择只使用货架一隅,供主播自主选择,实现主播"拎包直播"的模式。谦寻会收取商家一定的入驻服务费,不过服务费要比在商场和超市中租用对应展示位便宜得多,这就是供应链化的平台。

现在这样的平台很多,比如淘宝分销、有赞分销、微商分销等,都有不同的供应链平台,帮助更多的企业和个人实现"拎包销售"的模式,这样的供应链将会越来越多。

3. 供应链前置化

现在几乎所有的厂商、总代理、电商、零售商都会有自己的仓库,存放自己销售的各种不同产品,一般来说大型仓库都在城市的郊区,因为空间大、房租低。

这些仓库的产品其实是没有直接面对消费者的,直到有一天销售出去,而这个过程其实就制造了消费者与产品的空间距离。未来的供应链前置化已经是一个不可改变的趋势,现在在生鲜行业已经开始试点,就是通过自动售货机或者其他可以监控货物买卖的设备,将仓库的产品直接投放到用户流量大的区域,实现用户和产品的直接接触,扩大产品曝光率,同时推动销售的完成。而因为联网的大数据可以实时监控各个前置供应链的产品数量,实现每一个节点的数据化管理和调配。

2016年12月5日，亚马逊宣布推出革命性线下实体商店Amazon Go，这是一家无人商店，主要销售速食品、加工食品和饮料，还有极少量的快消日用品。初始阶段这是一家对内员工测试的店面，一直到2018年1月才正式对公众开放；而到了2020年2月，亚马逊首家总面积1.04万平方英尺（约合966平方米）的无人收银杂货店（Amazon Go Grocery）对外营业，这家商店提供近5000种商品，包括农产品、奶制品、海鲜肉类和烘焙食品以及酒类等产品。这种模式也是一种供应链前置的表现，并且会极大推动供应链前置的发展。

2020年3月亚马逊宣布将向其他零售商出售Amazon Go系统，该系统也被称作"Just Walk Out技术"。据悉，目前已经有数家零售商与亚马逊签约，其中美国OTG就将采用这个技术，它的CIBO Express Gourmet Markets在十个主要机场设有100多个网点，都将陆续使用这个技术。而这个技术有可能给亚马逊带来10亿美金的收入。

供应链前置有各种不同的公司在尝试，它可以减少行业库存、实现产业链系统化库存管理，通过数据挖掘还可以实现反向定制，当然也方便了用户，让整个行业管理成本大大下降，实现货与人的空间折叠。

4. 经济运营主体个人化

目前的社会经营主体基本上是以企业为主，因为企业能够整合更多的资源，实现规模化经营。而随着更多供应链的平台化，加上互联网沟通技术的发展，未来的经营主体将会趋向个人化，即：平台+个人。

个人在未来将会成为经济发展的一个主体单位，在宽泛的意义上，人人都是知识工作者，人人也都是某个领域的专家，这会让个体的工作与生活更加柔性化，个人的能量将通过分享平台展示给更多的人，实现长尾生意。当然这里的个人并不是说没有监管的，而是需要通过市场认可的模式实现有序管理（前期还是会以公司形式出现），只是个体发挥的空间会远远大于现在"公司+雇员"的模式。

经济运营主体个人化，是社会给人的发展提供的一次迭代，人终于可以成为独立意义上的"人"，当然这还需要一个比较长的过程，因为原生代才刚刚兴起。

5. 跨界经营超级用户化

随着社会的发展，各种互联网工具的出现，可以将社会需求从中心化转变成去中心化，社会连接的节点将会更加密集。这种去中心化的方式结果就是不同类型的用户会有自己的一个小中心，那么如何满足这些用户的不同需求呢？这里就出现了超级用户的概念，所谓超级用户就是关注店铺、买过商家的商品、反复复购并带动亲友体验购买，这样的人称为超级用户。

超级用户概念已经出现了好几年，而随着渠道融合化的发展，加强超级用户经营将是很多企业的最重要工作，这里就会涉及到更多的跨界经营。

举一个简单的例子，李佳琦是"口红一哥"，但是他也会销售按摩椅、厨具、零食等，而且基本销售得很不错。为什么他还会销售不同品类型的产品呢？以前定位理论讲的是某一品牌占领消费者心智，是以产品为核心的；现在企业经营定位更多是以用户为核心，李佳琦就是以用户为中心，帮助粉丝挑选好物，他只要坚持：新品＋首发＋低价，就能赢得更多用户的青睐。

跨界经营上升到一定的阶段就可以称之为生态链体系。小米生态链就有各种不同的产品，有的根本看似没有任何关联，比如毛巾、旅行箱和电子产品是没有关系的，但是如果从用户视角看，又都是可以关联的。因为小米手机的用户，大多数的需求习惯是类似的，在这个基础上，小米就可以根据用户需求去整合产品，实现超级用户的经验。

超级用户是企业未来在经营中要去打造的一个群体，如果没有这样的群体支撑，那这个企业的经营核心竞争力就将值得忧虑了。

6.CTM 反向定制化

未来的社会如果能够实现每个人的需求都可以得到个性化满足，那就是一个叫做 CTB 的社会。但是目前实现这种完全个性化满足的社会，还需要漫长的时间，因为工业制造如果需要实现全员个性化定制，就需要 3D 打印、纳米材料、制造流程等变革，目前看一对一成本还是太高，时机还不是很成熟。

而 CTM 反向定制，目前看是一种比较务实可行的方式，拥有大数据平台的公司，根据某一类产品的需求偏好、以及整体用户喜好分析，向代工厂或者品牌商反向定制某一类产品，实现针对各个小中心化的用户群体的个性化满足。这种产品定制方式摆脱了以前厂商自主定义产品的模式，由消费端反向推导到产品端，并且能够实现一定的规模化量产，而国内拥有良好的制造业基本盘，刚好又可以支撑这种反向定制模式。

CTM反向定制较好地满足了去中心化趋势，必将成为各种电商平台未来几年的一个巨大盈利利器，也是能够有别于线下销售的一种差异化销售模式，这将会对线下实体店面销售带来新一轮的冲击。

7. 实体零售OTO化

线下实体零售店，如果未来还仅仅只有实体门店，经营的压力一定会进一步放大，因为单一的实体门店没有办法在空间和时间上实现更高的效率。所以对于实体零售而言建立自己的私域流量和线上商城将会是一个无法逃避的现实。

实体零售建立线上的私域流量平台是为了实现自我经营的闭环，建立在线商城，接入互联网这个大平台，可以实现相互之间的数据聚集效应，当这些聚集的数据达到一定的规模，也可以实现反向定制，实现自己的个性化销售，以此来抗衡大电商平台的冲击。

如果能够实现这些目标，还有一个传统电商无法企及的优势，就是实体门店的体验是线下零售商独有的。建立私域流量和线上商城可以实现OTO的经营模式,这种创新的模式目前看还可以满足更多不同的消费者。

不过有一点可能是实体零售商压力比较大的,就是建立这样的平台需要一个漫长的时间,并不会一蹴而就,并且这个过程同样需要相当的投入。所以一开始流量不大、带货能力不强都很正常,就像开一家实体店一样,线上同样需要持续经营。

未来的商业社会依旧是围绕时间和空间两个要素做文章,这个过程会因为网络基础设施的越来越发达,在万物联网下将会有更多的商业创新,每个企业在竞争中又希望实现自己的闭环效应,所以未来的竞争将会更加倾向于技术的使用,真正的以人为本的科技型社会正在朝着更丰富的商业模式迈进。

所以请多关注一下新基建,多关注一下不同行业的发展,多去尝试,让企业在新消费时代的跑道上,跑得更远、更有方向感!

第四部分

新营销篇

1
做一场直播的 17 个关键点

2020年初，因为疫情的影响，很多线下零售企业不得不走上直播带货之路，这是一篇针对没直播过的小白的文章，手把手教你怎么去直播。

（1）注册一个直播账号，现在直播平台很多，你选择一个适合自己的，比如抖音更适合一二线城市，快手更适合三四五线城市，淘宝直播要求你要有一个商城，有赞也需要你有一个有赞商城。当然目的不同，直播平台也会不同，B站直播会更容易吸引年轻用户关注，前提是你要有能力成为会员。

（2）要给自己一个定位，就是所谓的人设，你的直播号是干什么的，是卖货还是唱歌，如果是卖货是要卖什么类型的货，比如科技类产品，比如美妆，比如家居生活，定位清晰，你才有下一步工作，否则你会越做越迷茫。

（3）账号名字可以是你真实名字，也可以取一个化名，当然要琅琅上口，"火星文"也不是不可以，但是要和你的直播身份匹配。如果你注册企业认证，也可以是企业名字，或者企业昵称，不过基本上所有的企业认证都是要付费的（2020年疫情期间有一部分平台免费）。

至于是个人号还是企业号，要看自己的选择，如果希望有更多功能，直播是公司作为一个未来的战略方向，建议是企业号。当然一个公司一般不只有一个号，个人号可以有很多个，不同平台可以相互借力。

（4）首批粉丝：首批粉丝是你建立直播的一个信心，首批粉丝主要来源于你熟悉的人，比如家人、朋友、同事、客户等，可以通过适当发一些红包或者礼品的方式，邀请他们关注你，建议首批粉丝底线是 200 人以上，如果从首批粉丝中能发掘 50 人左右的具有影响力的粉丝（姑且称之为 KOC），请这些人帮助你转发一下，效果会更好，当然这时你可能要送一些小礼品。

请注意，如果被人拒绝，千万不要生气，因为拒绝本来是一个正常的决定，帮忙应该感谢才是。所以不要把拒绝你的人拉黑甚至老死不相往来，这样你只会失去一个朋友，直播不适合心胸狭窄的人，宽容大度的人直播才会成功。

（5）每一次直播，一定要确定好内容和标题，虽然我们不赞成标题党，但是好的标题确实能够吸引更多的关注，比如：成交的 30 个干货套路，能够让你年轻 10 岁的美容神器等，要文题标配，不要在标题中直接提折扣比例，要和你的用户切实相关，要有共鸣感、文字要简洁等。

（6）内容一定要有提纲，一般建议 1 个小时的直播要准备 10 个段子，比如带货直播，可以讲企业创始人历史、企业发展历史、研发细节、生产中的一个细节等，可以是产品本身的诸多细节、使用习惯等，一定要有例子，最好是真实的例子，这样会避免直播的尴尬。

好的内容是直播成功的关键，所以在这方面请务必多下工夫。

（7）要有营销方案设定，如果是带货直播，至少要准备3套营销方案，可以采用递进方式，比如买赠，达到一定人数再赠，团购总数达到多少可以再有礼品等。一方面是增加互动性，一方面是为了裂变营销。方案可以细化，每次要有迭代，具体细节不再一一赘述。

（8）所有的直播一定要有提前预告，预告最好是有海报，精美的海报比文字更有诱惑力，如果是裂变海报会更有价值，很多电商直播工具中都是有裂变海报的，可以自动生成，比较方便，当然大多数这样的模块都是收费的。

如果提前预告，有提醒功能最好，如果没有，可以让用户回复"1"，有回复的参与率基本上是80%以上，如果没有，效果不佳。

（9）一般来说主播颜值高比颜值低会更有聚集效应，这个我们不能否认，为"悦己者容"，很正常。这对零售型企业并不难，李佳琦也是导购出生，我们店员大多数都能说会道、颜值不低，这个不难选择，也可以从自愿报名的人中选择，愿意做和被动做其实还是不一样的。

主播也可以是男女搭配，前期可以不固定，筛选一批有能力、能坚持的主播来。

请注意，主播可以化淡妆，开美颜。

（10）零售企业不要自己做自己的，前期一定要全员参与，不参加直播的，要去看直播，要有不同的角色，比如有的负责直播时留言、有的负责送礼品、有的负责发链接、有的负责转发等，要形成公司全员参与的氛围，而不仅仅是几个人做。后期可以还选出一部分有思想、习惯网络沟通、能够及时回复信息、有高质量的用户维护能力的员工参与直播互动。

（11）要想办法让直播中有兴趣的人关注公司微信号，可以有人专门发微信号，可以设计一个方案，比如加满500人发红包、优惠券等，拉满多少人发单独红包等，想办法将直播观看人群转化到微信号上，公司可以有几个不同的微信号，同时有专人运营（不过一般直播平台都是限制的，会有一定的风险）。

（12）每个公司员工获得用户微信号后，要一对一和用户沟通，即使不购买，也要保持联系，能够加你的其实都是有想法的人，是不是能够成交不重要，重要的是长期维护；这里注意，要有对负责这项工作的员工有清晰的考核。

（13）无论做什么直播，如果你想变现，一定要有一个商城，现在商城都大同小异，你要看这个商城是否适合你的直播。这是实践的科学，没有绝对的好与不好，因为每个客户情况不一样，就像微商城，有的适合个体，有的适合连锁，但是品质好一些的都收费，没有看到完全免费的。

（14）所有的直播都要有每天相对固定的时间，一般来说晚上人气比较旺，但是晚上直播的人也多，竞争也激烈。固定时间有利于积累人气。

（15）参与直播的主播，可以给予一定的销售提成奖励，激励这些人去研究直播，条件成熟的可以成为公司专职主播，但是因为是零售企业，即使专职，也要经常去店面锻炼；如果刚开始做，半年之内不要想专职的问题，除非你一开始就是独立事业部运作。

（16）所有的直播变现都有一定的目标，但是现在是信息透明的时代，所有的目标都是为了获客，为了用户利益，一旦你想做一锤子买卖，就不可能持续成功。

（17）直播需要一定的投入，天下没有免费的生意，并且直播一开始并不能带来更多的利益，但是只要你坚持，把直播当成零售店的一个有效的辅助工具，就会有不同的收获，请记住：零售店＋微信运营＋直播＋短视频＋在线商城，五合一将是一个趋势，因为渠道融合本来就是一个趋势。

好的心态是直播成功的关键，请不要有一夜暴富的心态。

直播是一个实践的学问，只有去试试，才会有更深的体会。直播也并不难，难的是你的思维的改变，把自己从一个互联网的用户，变成一个互联网的参与者，这才是最大的价值。

2
直播间带动人气的 22 个法则

2020 年初，因为疫情的影响，零售商都开始做直播，对于直播新手，如何增加直播间人气？这里总结了 22 条法则，按照前期准备、直播期间、直播后归类，新手只要参考去做，相信会有收获的。

1. 做好身份准确界定和准备

首先要非常清晰自己的定位，新手基本上都是一个素人，新主播可以有成为李佳琦的梦想，但是要清楚地知道梦想不会须臾之间就会实现；因为所有人的成功都是经过漫长的努力和艰辛的奋斗，不要只看到别人的辉煌，而忽视了他们艰难成长的过程。

另外，新主播也不要把自己当作一个老师，老师授课有一种强烈的对应关系，他的听众是具有约束力的，讲得好与不好，听众并没有太多的选择自由；而主播与粉丝没有这样的强连接。

所以新主播要做的事情就会更多，一开始的定位可能会有偏差，这没有关系，但是趋势和方向不能错。

新主播的目标是什么，有的人可能就是为了娱乐大众，有的人就是希望给用户推荐好产品，有的人可能喜欢分享一些特殊的技能，但是如果把赚钱放在第一位，一定不会获得你想要的结果。钱永远要放在第二位甚至第三位，赚钱永远是顺带的事情，如果这个搞不清楚，那方向就错了。

2. 做好预告

什么叫做好预告，就是在直播之前你一定要有一个预告宣传，最好要有精美海报、精炼过的标题等。

预告可以根据自己的能力范围，发到朋友圈、群里甚至是公众号、微博等，要告知什么时间、什么平台、有什么样的直播，会有怎样的惊喜和神秘的礼物等，预告最好让参与的人回复，如果条件容许，可以将回复的人拉到一个群里，这样就能够大大提升前期的参与率。

随着主播的知名度越来越高，可以吸引更多的公域流量的人，这时就可以不用建群，即使建群也是铁粉群，也就是KOC群，因为这些人更具有传播能力。

但是当主播影响力还没有达到的时候，强宣传就非常重要，否则直播间没有人气或者只有寥寥数人，主播就不会有什么激情，因为没有什么成就感，这样只会让直播间人气越来越低。

所以在没有成名之前，做好预告极为重要，不要怕在这上面浪费时间，这个时间是值得"浪费"的。

3. 关于化妆

主播需要化妆吗？答案是显而易见的，现在无论男女，拍照发朋友圈有几个不美颜的？所以既然要做主播，化妆也是必然的，即使带口罩，还可以画眼影妆，虽然现在直播都可以美颜，但是否化妆了还是有很大差别的。

化妆都是以淡妆为主，根据销售的产品不同、搭配的服饰不同，妆容要相匹配，所以如果主播没有化妆师，请自学一下化妆技巧吧，美妆将是一个大趋势。

在直播中，请记住：他喜不喜欢看是他的自由，你化不化妆却是你的"义务"。

4. 背景图

直播间的背景图很重要，因为直播时的整个主题应该在背景图上，所以如果主播是带货直播，希望有更高的人气，请精心设计背景图。

背景图不要太凌乱，如果是店面直播，背景图是产品陈列或者带有 logo 的背景也是可以的，实在没有时间也可以是一面白墙，白墙比凌乱的效果好，但白墙不是首要选择，它对于主播要求很高，需要主播有很强的表达能力和演示能力。

5. 准备好段子

直播为什么要准备段子？这里面我们要理解段子的本质是什么？段子不仅仅是讲一个笑话、说一个故事，他将穿插整个直播，是让直播更加有趣的一个方式。说相声是 3 分钟要有一个包袱，这样才能让相声有味儿，直播也是如此，比如 5~8 分钟表述一个段子，这个段子可以是一个创业故事、也可以是一个研发故事、还可以是使用中的一个故事，你可以在这些中间夹杂一两个笑话，笑话需要有水准，不能低俗，还需要和产品有一定的关联。

这是一个很重要的工作，如果前期准备好，你就不会冷场，不冷场的直播才会有机会自嗨，不能自嗨便是没有激情的直播，就不是一个好直播。

6. 准备好道具

直播间需要有人气，还需要一个非常重要的东西——道具。道具有两种作用，一种是协助演示，一种是创造惊喜。

协助演示比较容易理解，比如要演示一个电动牙刷，主播如果自己刷牙，对拍摄技巧要求高，还会掉妆，效果不好，如果用一个牙具模型，就能很清楚地演示电动牙刷是怎么工作的，让观众一看就会明白。

创造惊喜，就是在直播演示产品中，拿出一个意想不到的道具，让观众觉得是一个有趣或者好奇的段子。比如还是演示电动牙刷，但是你拿出的道具是一个恐龙的模型，张牙舞爪，这样就能够迅速抓住用户的视角：见过人刷牙，没见过恐龙刷牙吧。这样夸张的模式，其实就是给观众创造惊喜，让观众有较长的停留时间。

7. 有技巧地讲解产品性能

讲解产品，需要提前下功夫，不要在讲解的时候卡壳，否则会变成一个直播事故。零售店的店员基本都不是专业主播出身，临场发挥的技巧都还需要锻炼，所以要想做好直播要提前做好准备，学会有技巧地讲解产品。

一般来说，用户关心的是这个产品对于他有什么作用或用途，所以要围绕这个展开，而不是读说明书，所以可以提前做一个直播文本，把需要重点讲解的写出来，并自己阅读背诵熟练，在直播的时候，发挥就会更好一些。

8. 幽默，宠粉

一个人的幽默感是不是天生的吗？当然不是，憨豆先生罗温·艾金森(Rowan Atkinson)是牛津大学电机工程博士，患有严重的口吃，"笨拙，有一点幼稚，有一点单向思维(脑筋不转弯)，有一点腼腆,最重要的一点,又有一点短路的家伙……"在生活中他并不是十分具有幽默感的人,但是在舞台上就能让你捧腹大笑。

郭德纲说自己私下是一个"特别无趣、乏味的人,喜欢待在书房里写字、看书,没有别的爱好,不抽烟,不喝酒……"但是在在舞台上同样让你笑得前仰后合。

周星驰在日常生活中很严肃,你完全感受不到他的那种无厘头,但是他拍的电影,让你看了还想再看!

所以直播中的幽默非常重要,主播日常生活怎样并不重要,重要的是在镜头前,能不能让观众开心得不愿意离开,这是一种需要锻炼的能力。这也很难,需要做大量的准备,但不要因为难就放弃,因为难,你才会有赢的机会。

宠粉是什么?就是要维护粉丝,比如李佳琦要封杀某品牌,就是因为没有给他最低价,而没有最低价粉丝就会买贵了,这就叫实力宠粉。宠粉的方式还有很多,比如一般的感谢、偶尔发红包等都可以;真正宠粉还是寻找最好的货源、给予最好的价格、提供最好的售后服务等,这是基础。

幽默和宠粉,是直播间人气的保障。

9. 唱歌、跳舞调节气氛

如果以上技能都没有怎么办?也可以适当唱歌、跳舞,虽然是偶尔为之,但也能吸引人气,网上一些并非"高富帅"的男士,舞蹈也能获得百万点赞。

所以,主播在直播间要有自己的风格,主播高颜值虽然是一种资源,但是即使长相普通也没关系,有特点就可以。

10. 空播

直播时主播离开镜头，叫做空播，这是直播的大忌，有很多平台会对这个有比较大的处罚力度，所以请注意一定不要有这样的失误。

但如果有特殊情况怎么办？这就需要助理临时顶上了，所以有时候助理还是会起关键作用的。

11. 促销和购物链接

直播间带货，需要有促销和购物链接，促销需要是一个全网最低价（现在通行规则），观众看的时候能够通过购物链接快速无障碍下订单，如果没有这两个要素，即使有人看，发现找不到自己需要的资源，很快就会离开，因为人不会在一个对自己没有价值的地方呆太久！

12. 准备好私域流量关注

在直播中，如果平台容许，可以尽可能导入自己的私域流量中，但绝大多数平台都是不容许的。

因为是 To C 的直播，为了更精准，可以对购买产品的人加入私域流量，这会更有价值，这也是为未来的直播间人气做得非常重要的准备工作，有机会点对点地通知买家，这种宣传成本是最低的。

13. 直播不要被互动打断

在直播中发现有人提问，小白主播就会给予解释，这个动作本身是没有问题的；但是如果被频繁打断，就会影响直播质量，有时候打断了就容易拉不回来。

针对这个问题，实时重点解答，其余集中解答，根据提纲直播，走偏了马上拉回来。

14. 全员参与

在有些公司，直播是主播一个人的工作，其余员工不知道或者不关注、更不会参与，这是不可取的。直播需要公司全员参与，目的是使直播间有人气，加强互动感，因为初期直播没有人气是最可怕的，而自己的员工会更有参与度，更容易烘托直播间气氛。

在任何公司的初期，全员参与是必不可少的一个步骤，除非你的粉丝达到5~10万以上的级别，否者最好还是调动公司员工的积极性，全员推动会有更好的效果。

15. 互动和感谢

直播期间如何和观众互动，一个是回答问题，一个是感谢送礼品的朋友，如果互动量比较大，可以先挑重点，然后找时间集中感谢。

互动不仅仅是回答问题和感谢，这个只是一个引子，可以根据这些挖掘更多的用户需求。

16. 了解平台直播规则

要了解不同平台的直播规则，对于希望带货的直播来说，电商平台的直播效果会更好，其余内容平台，快手排名靠前，抖音、小红书更倾向品牌的宣传和种草。

可以多看看直播分析报告，研究平台规则，对于直播还是非常有帮助的。

17. 利用好平台扶持期

很多直播平台，都会给予 7~14 天的新注册主播扶持期，要利用好这些时间，因为有的平台是靠算法来定位每一个账号，然后根据不同的权重来给予不同的流量分配，所以要利用好平台的扶持期，对于直播间流量的发展会有较大的帮助。

18. 直播时间要固定

直播不能三天打渔两天晒网，要有固定的时间段，可以不是每天都直播，但是时间一定要相对固定，一般来说晚上 8~11 点带货直播是效果最佳的。

建议带货型直播每天都要进行，这样就像电视剧一样，粉丝会有追剧的感觉，更容易带来人气。

19. 直播时长

一般直播如培训类、演艺类，每天直播 1 个小时就可以；带货直播每天 3~5 个小时为最佳，如果时间太少，粉丝积累不足，直播间人气也不旺，所以前期需要积累一些数据，这需要长期的坚持。

20. 复盘

直播后一定要复盘，复盘的最大好处就是能够发现问题，并及时纠正。比如李佳琦一般都是直播到午夜12点后，结束后还有1个多小时的复盘会，虽然辛苦，但是每次都很有收获，这样的直播成长就会比较快。

另外，专业直播公司的相当一部分人员上午是不上班的，下午才开始正式工作，直到午夜时分。

21. 对关注的粉丝一对一沟通

对于在直播间关注了私域流量工具的客户，要一对一沟通，这个沟通不只是要推销产品，而是要建立平台信任，可以告知对方你能够做什么，可以提供什么服务、联系方式等，这部分工作可以分配给公司一些有想法、愿意在线积极沟通的同事。

对于已经用专业团队的公司来说，可以直接由专业团队负责。

22. 购物优惠群

可以对已经购物的粉丝，建立购物优惠群，平常在群里发优惠券、秒杀、技巧等，请注意一定要在促销前，做好种草工作。

以上是初级直播者的常见问题，换一个思维考虑这些问题或许会更有感触，那就是大家为什么要看直播呢？为什么要看你的直播呢？如果换是你，你会在什么平台看怎样的直播呢？把这些问题想明白，也就学会直播了，有时候可能想得不是那么清楚,因为这也是一个需要交流、沟通和碰撞的过程。

有几点提示,因为要回答上述问题,还是挺复杂的。

(1)不同区域、不同城市的人看直播的平台是不同的,这个不同仅仅是相对的,而不是一刀切,比如说南抖音北快手、一二线城市抖音三四线快手,这是一个大数据核算出来的比例,但是不代表南方人都不看快手,也不代表三四线城市的人都不看抖音,但是这个数据对你初期选择平台会有一定的参考意义。

(2)抖音以品牌宣传为主,讲究创意;快手以娱乐为主,讲究分享;抖音的马太效应很强,就是你越有影响力推荐越多,因为抖音靠算法;而快手马太效应很弱,会"扶弱抑强",帮助弱小、降低头部的影响力,当然这些也都是相对的。除去这两个平台,直播平台还有很多,每个都有自己的特点,很多传统电商直播都在介入,会形成怎样的风格还在探索之中,跟上并研究透彻,将会抓住不一样的发展路径。

(3)如果零售商想带货,淘宝一定是首选,其实大的购物平台都是首选,现在京东、拼多多的直播扶持力度也是非常之大的;第二梯队才是快手、抖音和微信,但是每家带货方式都不一样,你需要花心思研究,不能用东家的喜好去说给西家听,搞得很辛苦还没结果。

(4)调研发现,不同城市的人直播诉求是不一样的,一线工作狂大哥可能就是来解压,而家庭主妇就是看看有什么好玩的东西买一点,所以你要匹配,在什么平台用什么风格,都要考虑好,并且要有延续性,这就像央视有不同的频道、不同频道又有不同的主持人，主持人都是有标签的，不可能说每天换一个风格，那样估计也不会有太多的粉丝。

所以要研究你想直播的平台，发现自己的风格，前期也可以多机位直播，筛选一下自己适合哪一个。

（5）在互联网时代，每个人都要打造自己的品牌，当主播还没有自己的团队，就不可能去尝试所有的平台，毕竟作为一个素人小主播，能做的就是发现自己、培养自己，让自己在全民直播中慢慢积累，实现破茧而出。在还没有"破茧"的时候，就想着要带货，确实有点早了，可以有这个目标和期望，朝着这个方向去努力，但是不要急，因为不可能一口吃个胖子。

（6）多琢磨、多研究不同的分析报告，既然在某一个平台去直播，那就要去了解他，比如SKP是全球第二大高端百货，这里的消费基本上都是高消费的代表，奢侈品布满一二三楼，如果你想在一楼买一个几百块钱的包显然是不合适的；所以所有的平台也是一样的，都有自己的定位和目标，只有做到知己知彼，才能百战不殆。

（7）所以请所有的素人主播考虑好：你是谁？平台是谁？观众是谁？如果你是观众你需要什么？如果你看一个直播，什么样的情景会让你多待一会儿？想明白了这些问题，你就会直播了。如果你已经开始了，这就已经是一个巨大的进步，迭代是互联网的最大特点。

在全民直播时代，我们要学会对着屏幕演说、要学会和屏幕对话、要能够面对屏幕制造语言的情景化和场景化，这就是直播能力也是直播情商或者叫做屏幕情商。

直播情商，是指面对屏幕能够和多人：熟悉的或者不熟悉的，进行有效的交流和沟通，相互获得对方有效信息，形成相互认同感，并有机会获得更多的信任，这种信任会给面屏者更多的机会。这种面屏者沟通方式随着5G和人工智能的发展，将会逐步成为社会沟通的新的主要形式之一，将带动社会朝着去中心化方向，形成一种更多元的个人生活和经营模式。

这是一个需要锻炼和积累的过程，因为年轻的95后、00后是屏幕原生代，更容易接受这种沟通形式，所以他们更有机会成为网络红人和个人经营者。

如果你希望自己的直播有更多人气，请多换位思考、多想想如何增加直播智商和情商，或许就会有更多的帮助，请一定要相信：积累的力量，水滴可以石穿，在直播时代，人人都拥有平等的机会。

3
提升直播带货能力的22个法则

现在是全民直播时代，直播除了可以卖化妆品、卖服装，现在连房子、汽车、家具都可以卖，直播带动了营销的多样性，也在改变很多人的生活方式。

但是很多人直播了一段时间反馈说，直播倒是都做了，但是从销售结果上来看并没有什么变化，有的企业也直播了较长一段时间，可是一个产品也没有销售出去，这是怎么回事呢？

本文通过介绍定位和产品、主播技巧、促销力度、直播后的维护等22条，分析在直播间如何带货。

1. 定位要清晰

很多直播号一开始并没有要确定怎么做，有时候直播卖货、有时候直播唱歌、有时候放空播（镜头前没人），所以给用户的感觉也是不知道为什么要关注你。

如果你想直播卖货，那就定位清晰，你是做什么的，比如化妆品就是化妆品、手机就是手机，起码在粉丝没有达到一定量级的时候，不要多元化，专注能够给你带来更精准的粉丝，千万不要以为自己是万能的，什么都想做，往往就是什么都做不好！

2. 选择的产品要有特点

一些零售商在很多时候都是按照实体门店的思维去选择产品，这是不对的，因为有些强体验的产品，在主播没有达到一定的影响力之前，是没有办法去销售的，很多创新科技类产品，都是这样的产品。

按照目前各大平台的特点，抖音销售的是以50~300元之间的产品为主，要具有一定的品牌和格调，但直播带货较少，以品牌广告曝光为主；快手主要销售30~200元之间的产品，有些是白牌，也有具有一定影响力的品牌；淘宝是任意价格都可以；

其中快手和淘宝都是千亿量级。

京东、小红书、拼多多等都已经开通直播,并且有扶持政策的支持,所以请一定做好自己的定位和选择,别选择一些毫无特点、品质一般的产品。

选品是直播中最难的工作,别觉得自己店面有3000个SKU,可能真的一个都不合适直播,因为要考虑平台接受度、价位、上下游政策、你的粉丝平均购买能力等。

3. 产品和平台要匹配

因为各大品牌直播的影响力是不一样的,所以我们要选择对应的产品类别,比如抖音和快手基本上前三名都是食品、女装、个人护理,只是排名不同,而手机基本上都是排在10名以外,所以在选择产品的时候,要和平台相匹配,如果产品与平台特点相差万里,带货的概率自然就会下降。

所以零售企业要认真研究每一个平台特点,知己知彼,才有机会百战百胜。有很多直播,其实既不知道对方、也不了解自己,这样的直播一般都坚持不了多久,因为没有成就感的事情不可能会被长期坚持。

4. 产品要前期种草

从产品维度上看,绝不是说你今晚直播了,今天就能销售好,前期要有一定规模的种草工作。可以通过短视频、微博、公众号等新媒体,开展至少3天以上的宣传,没有这些新媒体密集的宣传,不大可能说上来就要打造爆款;即使是宣传也未必能爆发,但这是直播成为爆款的前提,爆款也需要一个积累的过程。

种草是一个大学问,因为一开始的素人主播并不是头部大V,他只是一个素人,所以种草就显得尤为重要了。

另外要说明一下,几乎所有优秀的店员,在初期直播中都会有压力,因为这和店员虽然在表面上是一种工作,实际上却是两种不同的工作,以前看直播只是一个用户、一个旁观者,现在成了参与者,这是以前的经验用得好,当时可以帮到自己,但是用得不好会让自己无所适从。

所以优秀的店员做直播,首先要有空杯心态。

5. 主播和粉丝要逐步建立依赖感

一个素人直播,前期即使有一些关注度,也是通过各种关系获得的,并不是从公域流量中通过自己努力获得的影响力,所以这个时候,即使有人关注,也不代表他就已经信赖了主播,更不可能产生强烈的依赖感。

素人主播至少需要经过3个月以上的持续直播,才能逐步建立自己的人气和信任感。如果要想获得更多的依赖感,还需要更多的时间去坚持、需要做更多让粉丝具有依赖感的事情,比如持续分享有价值的知识、持续给人带来快乐、持续推荐好产品等。

在没有这种强烈的依赖感之前,带货能力都需要经过漫长的积累过程,不可能一蹴而就,一定要有这样的心理准备。

6. 主播介绍需要专业

主播在介绍产品的时候,是否能够专业地说出产品的功能特征,如果能够熟练、不打磕绊、极为流利自然地表达,那就是一种专业的能力,也能给用户一种信赖感。这个能力是需要在线下反复锻炼的,因为在线的时候没有给你太多思考的时间,你需要脱口而出,更不会给你更多停顿、找资料的时间,冷场是直播的大忌之一。

这种专业还需要让用户听得懂,比如介绍电动牙刷的时候,经常会提到一个词叫:阿罗角,这是一个百度上都找不到的专业词汇,这就要给客户介绍什么叫"阿罗角":就是电动牙刷头的设计要达到的一定的圆弧形的级别,因为这对口腔具有最佳的保护作用,很多没有生产和设计经验的企业把牙刷头设计成为扁平型,好看是好看了,但是会有潜在的对口腔黏膜伤害的风险。只有这样介绍,才能算得上专业;当然一边演示一边介绍,效果会更好。

专业的主播,要对产品有深入的研究,并且能够通俗易懂地翻译,这是主播的基本功。

7. 主播要学习销售技巧

线上介绍产品的销售技巧和线下是有一定区别的,因为在线上属于一对多的推荐,那就要具有针对大众演讲的技巧,这个比一对一推荐技巧要复杂一些,因为需要具有控场能力,这也是需要锻炼的。

这里给出一个推荐产品的建议介绍流程：

① 在没有使用推荐产品之前，人们用怎样的使用方式？

② 如果使用推荐的产品，会带来什么变化？

③ 用户在使用推荐的产品后，会有怎样的感觉？

按照这个流程，要尽可能学会传递有效信息，不要说太多无关的话或者跑题的话，即使有时候插播品牌商广告，也需要尽快回到正题上，不要出现一跑题就拉不回来的现象，这会让在线观众无所适从，一旦离开就很难再回到正题上。

有的人说主播在线最好是段子手或者说相声的，3分钟一个包袱，有这个能力当然好，但这需要多年的功夫积累。建议素人主播多看看头部主播的视频，适当听一些相声和脱口秀，也有助于你提升自己的主播技巧。但仅仅听价值不大，你要学会锻炼自己，找更多的机会和场合去锻炼，然后每场复盘，提升就会比较快。

8. 主播语言要有感染力

语速方面，主播需要将语速保持在正常语速230字/分钟左右，注意眼神和手势，当然有时候主播也可以展示一下自己的语言能力，让观众感受一下华少一分钟念400多字的快感，但你需要在台下先练习这个技能。

什么叫做感染力？就是观众接受你的能力；观众为什么会接受你呢？因为看着你会比较舒服；为什么会看着你比较舒服，因为你就是他们的化身。要做到感染力，首先说话要符合自己的身份,满嘴跑火车肯定不具有感染力;其次是要有和蔼的态度、良好的亲和力;还要在语言上给人以肯定的气势,要有精气神,这样可以让他相信你。

如果你能够熟练使用一些名言警句、诗词歌赋,能够使用一些排比、比喻、设问句等,也会提升你表达的感染力,但是这些在推荐产品上都需要提前做好逐字稿,并加以练习,这是一个技术活。

投入进去、忘记自己,让自己成为整场直播的组织者、参与者、控场者,就像是主人接待朋友一样,你的感染力自然就会提升。

9. 主播要有激情状态

激情状态并不是说每个主播在每一个场次都能靠自我发挥而拥有的,这个也需要提前收集资料,并且做好有默稿,酝酿并控制好自己的情绪。

一般来说,激情可以用在两个地方,一个是泪点,比如说创业艰辛之路、研发过程的不眠不休、为创业曾流浪街头等,要实事求是,可以做一些艺术加工,但不能无中生有;一个是震撼点,比如过经过怎样的努力后获得了世界大奖,如红点奖、IF奖、艾普兰奖等。这些节点,都可以让主播激情在线。

感染力和激情状态是主播的一种能力,并非一朝一夕就能拥有的,这个能力需要学习、锻炼和不断地尝试迭代,如果你想成为一个好主播,这些都是必经之路。

10. 直播间粉丝积累

很多企业都是因为2020年初的疫情才开始直播,之前并没有太多的积累,所以粉丝数量普遍不是很多。不是说粉丝少就不能带货,而是带货的概率会比较低,如果200粉丝中有在线100人在线看,你觉得会有多少带货的可能呢?

一般来说公域流量的粉丝转换概率要比私域流量低,如果你的粉丝没有10万+,一般来说带货能力都不是很强,有很多微商都是把粉丝做到20万+才开始带货,这些都是可以参考的基数,但不是绝对数。

粉丝积累有一个过程,要多面开花,不要仅仅局限在直播,短视频、图文、付费、裂变都是一种方式,大家可以在这个方面多下功夫,才会有更多的粉丝关注。

11. 创造直播间带货氛围

推广的是什么产品?直播间是一个怎样的布局?如何"装修"自己的直播间?这些都是学问,这些学问的目的就是要打造一个有销售氛围的场景,因为场景化是促进带货成功的推动剂之一。

可以在背景墙、直播间的颜色、道具、产品场景化陈列方面下工夫,甚至主播的服装、发型都是需要精心策划,制造出一种销售热卖的氛围,热烈的氛围更有助于你带货的成功。

12. 直播间内的相互配合

主播,并不是一个人在战斗,一般来说一个主播三助理,这是针对有一定规模的直播。助理的工作主要是配合、帮忙,有点像主持人中间的副咖,就是配角的意思,插科打诨、调节气氛、协助帮忙,这样一方面是给观众一种团队意识,一方面是帮助直播间主播做演示,这样的配合往往会有比较好的效果。

配合需要一个磨合的过程,在直播初期,其实并不需要那么多主助理,但是至少要有人协助你,这样的相互配合更容易有人气。

13. 直播间要有商家福利

一般来说,带货直播都会在直播期间发福利,这个福利包含发红包、优惠券、限时特价等,一般都会设定条件,比如直播间达到一定人数就发一定金额的红包,这样就会让已经参加的人多转发和邀请,实现裂变,增加粉丝关注数量。

带货直播的福利,是一种增加粉丝观看时间的好方式,需要在直播中提前预告,让关注的人舍不得离开,这就类似于春晚发红包是一样的道理。

14. 直播间要有互动

直播间一定要有互动,比如用户提问是不是要回答?一般的建议是选出典型的适当回答,要不会显得没有人情味。因为店面是货对人的模式,而直播间其实是人对人的模式,看直播本身也是在寻求一种参与感。

如果问题太多,可以找助理记下,集中时间段回答,可以告诉大家，每30分钟集中回答一次；另外如果直播间有人送礼品，要有实时的感谢，如果送礼人太多，感谢其中一部分，其余同样集中感谢。

直播间的互动给观众带来更多的参与感，有参与感的氛围，信任就会逐步增加。

15. 促销政策要清晰

很多直播的在线促销政策是不清晰的，这里说的不清晰主要是指不符合在线的正常促销模式，一般线下促销，写一个海报就可以了，不清楚店员可以去解释；但是在线，每个平台都有自己的规则，在没有弄清楚规则的前提下，写的促销方案很容易让人看起来摸不着头脑。

举个简单的例子，在线下满1000元减200元，很容易理解，但是放在线上，你就要写清楚能够累计吗？能拼单吗？能使用平台优惠券吗？是在优惠券之前减还是之后减？你不说清楚，靠主播去解释，就会显得比较乱。

所以促销政策一定要清晰。

16. 促销力度要足够

曾经有一次某品牌给李佳琦的价格比给薇娅的价格贵了五块钱，没做到承诺的全网最低价，然后李佳琦就说要在他的直播间封杀这个品牌；这其实就是反映了直播带货的最真实现象：低价+饥饿营销。

几乎所有的网红带货都有一个要求,就是全网最低价,这是他们与用户建立信任的一个关键点,可以说目前没有人敢打破这个铁律。而饥饿营销,主要是针对促销力度下的整体数量控制,制造人为稀缺;很多厂商都喜欢通过联合品牌来控制数量,因为这样一方面会有更多的话题,一方面能够带来秒光的效果。

这样的政策,内核就是给予用户更多 VIP 的特权感,这种感觉会刺激用户的下一次观看和购买,是直播带货的一个关键点。

17. 要讲解下单流程

因为有些直播时间不长,还不太会设定如何在直播页面做好下单连接,所以,请主播一定要在直播的时候,讲清楚下单流程,当然也可以由助理来分享,让主播有喝水的空隙。

很多直播间因为没有说清楚下单流程,会有大量的机会流失,因为这是冲动消费,而冲动其实就是那一瞬间。

18. 直播要解决后顾之忧

在线购买的产品有售后服务怎么办?这也是需要在直播间说明的,因为看似主播的一带而过,但确是一种促进订单成交的技巧,因为主播推荐的也许并非大牌,售后问题的解决,相当于主播做了一个承诺,这会让已经有信赖感的粉丝,快速形成购买决定。

19. 主播要学会逼单

先举一个例子,如果主播推荐一个套装,应该怎么说?有的主播会直接说"299 元套装，包含一个贴膜，一个数据线，一个移动电源，一个定制真皮手机壳"，但是如果换一个方式，效果就会完全不一样，你可以这样说：

"299 元套装，包含一个贴膜，一个数据线，另外送一个品质超好的移动电源和定制版本的真皮手机壳，数量只有 1000 套。真的很超值哦。"

这是主播技巧，其实也是一种逼单方式，逼单是主播必备的技能，限量、限时、绝版、整点抢等，都是逼单的方式，逼单不能太过于直接，因为所有逼单都是为了用户考虑，只有按这个思维，才会成功。

20. 直播后的跟进

直播时长每天少则 1 小时，多则 5~8 个小时，直播结束后，零售商还可以做一些什么？其实还有很多工作要去做，比如要拍一些短视频，让后续用户能够继续了解商品；可以发一些文章、微博等，不能今天结束了，然后就没有后续了。

有些直播大 V 可以没有后续，那是因为厂商给的钱就没包含后续内容，有经验的厂商一定不会省这笔钱的。

21. 直播的日常客服问题

如果有条件，直播结束可以建立这个产品的粉丝群，解决后续问题，这样就可以圈定一大批粉丝，实现后续的持续经营，将公域流量转变为私域流量，私域流量的积累会给零售企业带来更多的长尾价值。

22. 直播带货需要投入和坚持

既然直播带货是一个生意,并且已经是红海时代,就更需要坚持,虽然可能大多的零售商最终都会放弃,因为互联网是一个头部集中的生意,一旦头部形成,别人就很难撼动这个位置,除非零售企业和主播有非常特别的投入、才能和运气。

但是建议零售商需要持续投入这个生意模式,因为只有成为其中的专家,才会有更多看到机会的可能,如果自己两条腿走路更顺畅,那就尽可能去实现它,千万不要好了伤疤忘了疼,那以后在竞争中就一定会更有压力。

直播电商的底层逻辑是什么?李佳琦说是:新品+限时,限量低价;但是当全民直播的时候,就不可能全是新品了,后者依旧成立;那么直播电商的的底层逻辑应该是:特色产品+极致体验+真实推荐+高效购买+限量限时低价,直播的低价一定是一个时间期限之内的,因为品牌不可能永远打低价,品牌商选择直播,一方面是广告效应、一方面是爆款思维,只有了解这个底层思维,才能在直播中有更多的斩获。

直播电商还是一个新生态,还在不断的演化迭代之中,要时刻关注和研究,因为互联网的不变永远是一个伪命题,只有在变化之中寻求不变的规则,才会先人一步,获得市场的先机。

白居易在《无可奈何歌》说:虽千变与万化,委一顺以贯之。我们只要顺应潮流,总能够找到属于你的变与不变,直播、短视频等都是一个时代进步的工具,无论怎样变化,只要抓住用户服务这个思维,就能有更多的感悟和收获。

4
如何激活公司的沉睡会员

如何激活会员,俗称会员活跃程度,如果你的会员都是沉睡会员,其实价值是有限的,因为这些会员并不会再带来流量和销售。

所以如果有人说他有 10 万、20 万、100 万的会员,你就要看看他的会员有多少是每日(月)登录的、有多少是经常互动的、有多少是有高频复购率的,等等,但是要想做好这些指标,就需要对会员活跃度有一个深入的了解。

会员活跃度,是一个衡量会员质量的一个重要指标,一般来说,要想做好会员会活跃度,需要遵循下面三个原则。

1. 存在感

一个消费者成为你的会员,首先要让他感知到他的存在感,即你要让他知道已经拥有了会员资格,知道自己的权利和义务,这个需要非常精确地表达出来,比如可以通过短信或者微信告知,可以通过电话回访告知等。

如果有自己的网站,要有自己的会员中心,让会员清晰地知道自己地状态,比如有多少优惠券、现在是什么等级、离下一个等级还有多大差距等。这就像参加一个聚会,如果你是那个被冷落到角落的人，有心的主人一定会把不善言辞的你介绍给更多的朋友，让你有更多的存在感，这样才是一个优秀的聚会。

如果零售型企业无法让会员感知到自己的存在感，会员很快就会被其他复杂的信息所渠道取代，不久之后这些会员就会成为睡眠会员。

2. 参与感

一个会员感知到自己的存在感，只是工作的第一步，第二步就是需要让会员自己有十足的参与感，比如会员线下培训课堂，就是一种很好的参与感，但这种组织难度会高一些、成本会大一些。

参与感，是激活会员的一个重要方式，人只有参与一件事才能发挥他的主动性，身在其中的乐趣和体验是旁观者无法感知的，这就是为什么很多慈善机构乐于组织一些实地活动的原因，只有参与才能具有持久的魅力。

所以我们要千方百计地设计更多会员乐于参加的活动，比如拼团、裂变、推荐等都是很好的参与感活动。

参与感要创造氛围和价值，这是参与的根本所在。

3. 价值感

一个会员有了存在感、参与感，能否有持久的热情，这就要看能不能激发这个会员的价值感。就像打游戏，如果仅仅是参与，但是永远打不赢，那就会很失落，没有什么价值感，也就是很难持续火爆。所以好玩的游戏,都会制造价值感,虽然简单,但是每一个台阶,都有一种荣耀和光环,这就是价值感的存在。

自我价值感是指个体看重自己,觉得自己的才能和人格受到社会重视,在团体中享有一定地位和声誉,并有良好的社会评价时所产生的积极情感体验。有此情感体验者通常表现为自信、自尊和自强;反之,则易产生自卑感,自暴自弃。

可见价值感是精神世界的东西,人来到这个世界上,就是要寻求自己的价值感,无论是学习、工作还是生活,都缺不了价值感,只有创造合适的价值感,才能让一个事物或一个项目具有更大的诱惑力。

所以,会员制度一定要制定合理的价值感台阶,让每个会员都有一种荣誉感,在不同的阶段、不同的活动下,只要通过存在感和参与感的努力,都能获得一种价值成就,这就是一个非常成功的会员体制。

那么在存在感、参与感、价值感下,零售型企业有哪些具体的方式方法激活会员呢?

1. 会员中心

消费者一旦决定成为零售型企业的会员,一定是你的一项会员福利击中了他的痛点,所以才会决定成为你的会员,尤其是收费会员。但这仅仅是当时的临场感觉,稍纵即逝。所以,一旦一个消费者成为你的会员,你必须做到以下几点:

① 可以通过短信、微信等工具,第一时间恭喜他(她)已经

成为会员,并告知权利和义务;

② 会员中心要非常明显,容易打开(如果是网络会员),打开后要按照消费习惯,告知客户的各种权限,特别是优惠券的使用;

③ 如果消费者第一次注册会员,请一定做一个首次会员特别优惠,这是让会员有存在感的一种最佳方式;

④ 如果技术容许,首次会员可以生成分享图片,增加会员的存在感和荣誉感,这也是一种领地意识;

⑤ 如果分享图片能够有邀请优惠,会有更高的价值,可以让会员拥有较强的价值感。

会员中心是需要经常打磨的,但是无论怎样,都要让会员能够深深感受到自己的存在感。

2. 会员证书

一般来说,会员会有不同的等级,建议可以设计不同等级的会员证书,可以增加会员的存在感,如果能够将不同等级的会员中优秀的代表适当宣传,更可以加持会员的价值(需要经过授权,类似于优秀校友或者优秀同学会)。

会员证书可以有不同的形式,这几年各个名牌大学在录取通知书上下了大文章,其实就是为了让被录取的学生有一种荣誉的存在感,同时也起到了传递和宣传的作用。

3. 会员裂变

裂变是继微信红包之后,一个最好的营销工具,因为这个工具能够让会员有存在感的同时还有更多的参与感和价值感，是一个难得一见的互联网营销利器。

裂变形式有很多种，简而言之就是会员可以拉新，然后获得相应的报酬或者礼品、积分等，当然这种拉新最好不要超过 3 级，因为超过了就涉嫌违法违规了。

裂变对于三四五线消费者非常有效，现在在很多下沉市场，这个工具被广泛应用，因为这些城市有很多收入不高但是有足够时间的人，他们更愿意做裂变的分享者。而在一二线市场，还需要有一定的创意，太过直接可能会出现欲速不达的状况。

会员裂变，值得所有零售商研究的工具。

4. 会员拼团

拼团是一个常见的裂变工具，拼多多就是一个典型的活案例，虽然他们是做下沉市场，但是在一线市场这个工具依旧有效。

拼团是一个能够激发会员参与感的最有效工具之一，混沌大学就曾成功使用了拼团这个工具，占领了更多的会员的朋友圈，这就是拼团用得比较好的一个价值体现，要知道以前这些人中的绝大多数都是不会拼产品的，他们并不是因为价格，他们需要的是拼团后的特权。

拼团后的特权，是很多高端用户"拼"的一个重要原因，因为看中的是背后的价值，又不会觉得没面子，这是拼团纵向发展的延伸，要做好这个工作，你就要有引爆点，类似于药引子。

引爆点，是拼团队成功与否的一个重要因素，需要做大量的调研，寻求集体意识引爆点，需要花费更多的工作，这个未来我们可以找机会再分享。

会员拼团，值得所有零售企业都去尝试一下。

5. 会员等级

很多人喜欢打游戏，优秀的游戏都有一个打怪升级的套路，每一级难度都不是很大，只要加以训练，都有机会升级，这是优秀游戏的特质：低门槛、有台阶、高参与感、高成就感。

会员等级完全可以借鉴这个套路，给我们的会员提供更多的升级机会。其实很多网站就是采用这个套路，只是因为营销类会员等级不宜太过复杂，需要简单明了，这样更有价值。如果有不清楚的，可以看看一些航空公司的等级服务，会比较有借鉴价值。

6. 会员荣誉

要有会员荣誉吗？当然，任何会员体系都可以设定会员荣誉，看看苹果手表运动关联的APP，就会有各种荣誉徽章；荣誉，是成就感的直观体现，更是激发会员获取更多荣誉的一个重要工具。

所以零售型企业需要建立一个荣誉体系，这是保证会员激活率的一个极为重要的部分，当然荣誉不是随便就可以拿到，需要跳一跳才够得着，不要台阶太高，否则没人参与；也不能太低，会让人觉得没有挑战，没有挑战的荣誉感只是一种瞬间的快乐，没有持续的意义。

荣誉等级其实类似于职称等级，和职位没有太多关联，又有一定的联系，是巩固会员制度，也是激活会员的一个非常有效的方式。

会员激活还有很多种方式方法：线下活动，就是一种社群模式；会员日，就是一种针对全体会员的一次彻底翻新，比如618和双11；折扣季，很多城市分为春秋两季，一旦到了这个季节商场就会出现排队现象。这些都是非常重要的策略，都可以去借鉴学习。

所以，拥有会员制度只是一个开始，后续有很多纵深的工作需要去做。这是一个非常值得投入的方向，因为会员制度，可能实现你的营销闭环。而会员激活，可以让会员在闭环内高速运动起来，只有动起来，才会有更多的机会。

所以心动不如行动，行动不如立刻就动，做永远比说有价值，激活你的沉睡会员，从现在开始。

5
KOL 详解

KOL 是一个营销学上的概念，是英文 Key Opinion Leader 的简称，中文的意思是：关键意见领袖，通常也被定义为：拥有更多、更准确的产品信息，且为相关群体所接受或信任，并对该群体的购买行为有较大影响力的人。

以上解释也许太书面化，通俗一些来说，就是在某些特定领域具有影响力的人，比如罗永浩曾经就是一个意见领袖，虽然手机没有成功，但是拥有一批忠实的粉丝；比如李佳琦，就是在美妆行业的领袖，能够带动整个行业风向；这样的人还有很多，如主做知识服务的罗振宇、以解读书籍为主的樊登、以母婴教育为主的年糕妈妈等。KOL有一个简单的特征：有大量的粉丝，并且能够影响粉丝的行为。

KOL与流量明星有什么不一样吗？其实还是有的，KOL不一定是大明星，流量明星也不见得都是能成为KOL，因为KOL还有一个关键指标，就是具有极强的带货能力，比如李佳琦和马云的PK，就是一个经典的案例。2018年双11，同样是5分钟，李佳琦卖出了1000支口红，马云只卖出了10支，这是因为马云虽然是流量明星，但是在口红销售上，李佳琦是一个关键意见领袖（KOL），他拥有专业的知识和影响力，这不是马云这种商业明星老板能比的。

KOL需要具有专业的特定行业内影响力，并且能够在特定的媒体上制造并传播内容，吸引更多粉丝的持续关注，从而带动较强的实际销售能力。这里有一个非常关键的指标，就是带货能力，这也是和网红的一个最基本的区别。

因为KOL本身具有流量，也就是传播效应是明显的，并且还能够给品牌带来直接销售，所以现在很多品牌热衷于寻求KOL，而不是明星代言或者网红推广。这其实也有情可原，因为品牌推广有三个维度，知名度、美誉度和忠诚度，简单的明星代言只能带来知名度，但是没有办法带来美誉度和忠诚度，而KOL不同，他不仅仅能给企业带来知名度，还能够同时带来专业的讲解、专业的推广，从而给产品带来美誉度，甚至让用户产生忠诚度，这就是KOL的魅力所在。因为KOL要深入了解产品、使用产品，甚至会给品牌方提出更多具体的建议和意见，寻求产品改进更符合用户需求，所以KOL本质上是用户思维的一种品牌推广机理。

现在KOL越来越多，有点鱼龙混杂的现象出现，所以，作为品牌方一定要注意识别。

1. 品牌方需要有专业的品牌推广职位

现在绝大多数初创企业都没有品牌推广的专业岗位，这是有违商业发展规律的。一般来说初创团队要拥有技术、营销、品牌和资本四个方面的专业人才，而一般企业都比较重视技术，VC投资也比较重视资本，但是营销和品牌往往是思想重视，但是行动上没有太多付出，或者付出得不系统。

没有专业的人员，就很难有系统性的品牌推广规划，所以在品牌建立上就会出现东一榔头西一棒，品牌成长缓慢，跟不上公司的发展节奏。

2. 需要对品牌有一个短中长期规划

一个企业选择品牌推广，一定需要有一个短中长期规划，没有规划的企业，一定不是一个好企业，短期服务营销结果、中期关注品牌宽度、长期优化品牌成长，只有在有清晰规划的前提下寻求KOL，才会更加精准。

3. 需要对产品有一个清晰的定位

如果想做好品牌规划，就需要有一个清晰的品牌定位。定位是一门大学问，很多公司自以为定位做得很好，但是定位却并非那么容易，因为现在的社会要想占领消费者心智，是一个非常困难的事情，尤其是在需求多变的时代。

任何一个品牌，都需要有清晰明确的能够长期执行的品牌定位。

4. 需要有一个明确的品牌渠道规划

因为品牌公司的最终目的还是销售更多的产品，产品再优秀，如果没有良好的销售通路，也达不到目的，所以我们在做品牌推广时，一定要做一个清晰的全渠道规划。现在渠道复杂、消费者获取信息和购买的通道异常多，所以任何一个品牌都要做全渠道规划，而且渠道开发有轻重缓急的顺序。

做全渠道规划之前，还需要对于自己公司的产品、产能、服务有一个详尽的安排，因为KOL是具有较强的带货能力的，如果这些服务跟不上，会影响公司的口碑。

5. 选择合适的KOL

什么样的KOL才能适合我们呢？首先这个KOL需要具有

专业精神,有良好的粉丝基础,并且口碑良好,如果有过行业更多的成功案例,就更具有说服力。

KOL不是一个人的功劳,还需要关注他们团队的能力。同时要注意KOL也是有风险的,不能有潜在的形象损毁问题,比如:偷税漏税、不良嗜好等,这需要通过合约的形式约定。品牌公司还要在选择之初就建立B方案,以便应对可能存在的危机。

KOL是一个新事物,也是社会发展的必然,以前有的品牌代言人什么都敢代言,影响了代言人市场的诚信度问题;而KOL主要依靠带货获取利益,所以他们会更在意自己的形象稳定性,更关注代言品牌的品质、功能、知识产权等方方面面,所以KOL一旦形成,更具有市场的影响力。

KOL也是用户发展到一定阶段的产物,是中等收入者大规模兴起的一个产物。在1968年,著名的戏剧家Arthur Miller在其剧本《代价》中曾说到:"过去一个人如果难受的话,他也许上教堂,也许闹革命。今天你如果难受的话,不知所措,怎么办呢?去消费!"现在的用户,不仅仅要消费,还需要品质、个性化、标签化、符号化,KOL也就由此而生,因为他们代表了不同消费群体,代表每一类人的自我归类。

KOL更细分了品牌、市场、社会和消费者,零售商也要有自己的KOL,也要建立零售门店的KOL,这些都是值得去研究的。

6
KOL 进阶手册

本文从"人"的角度分享,怎样才能有机会成为一个 KOL？

1. 兴趣是最重要的

兴趣是成功最大的动力,如果没有兴趣就是一种机械式的劳动,在 KOL 这条道路上是很难坚持的。所以如果一个人想成为一个 KOL,就一定要非常清晰自己的兴趣爱好,并且能够长期坚持,而不是三分钟热度或者伪兴趣爱好。

兴趣可以是读书、旅游、越野、打太极,等等,同时还需要将这种兴趣做到极致,最好能做到这个方向的头部。每个人兴趣很多,不可能都是做到最好,所以要选择那些既是兴趣,同时又是发展趋势的方向,这样的坚持才会有所成。

2. 要让自己的人格标签化

如果说兴趣是根基,是内在的东西,那么另外还需要有外在的人格标签化,标签化是 KOL 发展的一个必由之路。

标签有很多种,比如专业方面要有标签,例如专业在电子类产品的爱好、专业美妆类产品的关注、专业音频领域的研究等,还可以继续细分,越细分,标签就会越明显。

标签还可以表现为这个人的穿着打扮，类似于乔布斯的牛仔裤、扎克伯格的灰 T 恤、周鸿祎的红上衣等，这个更容易让人记住，也容易形成一种标签。

人格化标签，说起来容易，做起来并不简单，一是要定位准，二是形象准。标签在没有确定时需要努力打造，一旦确定也很难改变，如果一个人有多个标志性的标签，那说明这个人是一个多元发展的大家。标签是一个长期积累的过程，初期不要期望太多。

长期坚持，是 KOL 人格化建立的一个重要秘诀。

3. 要能够持续生产出内容

KOL 的标签有一个极为重要的指标，就是能够持续生产出内容，就是要有输出。输出和自己人格化相匹配的内容，内容可以是文字、视频，也可以是图画、声音等；内容要原装，要有专业度和创意。

持续生产内容并非易事，一开始内容并没有那么精彩，没有人看，可能会出现失落，任何一个 KOL 都有一个积累的过程，没有持续的积累，就不会有优质的内容。

4. 要能够长期坚持

坚持是一种品质，但是真的能坚持的人少之又少，比如读书，能有多少人能坚持一个月读一本？也许有的人一年也不读一本，读书虽然不能加工资中彩票，但是如果能坚持 10 年、20

年、30 年,你的人生一定会越来越精彩。

KOL 也是一样的,要想成为一个人人关注的 KOL,坚持是一种不二的选择,虽然这是一个辛苦的过程。

5. 要学会使用合适的媒介平台

如何让内容被快速地推广出去,这就要感谢当今的时代了,因为现在有众多的媒介平台,这就是机会。

现在有各种自媒体渠道、微博、视频分发渠道,要利用好其中的一个或者几个,学会规则、研究趋势,定期分发内容。

请注意一定要定期分发,不要三天打鱼两天晒网,定期是影响他人习惯的最好方式;一开始不要太介意阅读量、粉丝数量,一开始一定要学会总结,学会迭代,这样才能快速进步。

6. 粉丝的积累和互动

如果已经积累了一部分粉丝,就要学会和粉丝互动,在前期可以建立粉丝群,随着关注人数的增加,我们要学会使用一些互动工具,比如留言、问答、抽奖、小规模区域见面机会、粉丝见面会等。

粉丝的积累和互动是需要一直做的工作,只要一个人还在 KOL 这条路上,这就是绕不开的话题。

7. 带货能力要从初期培养

带货能力大概是最需要关注的一个事项,因为这也是和网红的唯一区别。能不能带货,是考验一个KOL的关键指标。

所以,在带货这个问题上,不要犹豫和不好意思,建议从一开始就要学会带货,每周要有2~3个内容是和带货有关,不要让自己的内容全部走文艺风或者学者风,适当地推荐产品,是KOL的必由之路。

带货一定要注意品质,注意人群的定位以及和自己标签的匹配度,千万不要为了利益卖假货或低品质的货,否则就成了某些电视购物的结局,诚信依旧是KOL的最基本要求。

培养自己成为一个KOL,如果有条件,需要有一个强大的团队去策划,而不是独自去挑战。现在的社会,单打独斗成为英雄的时代已经过去,团队合作、发挥自己长处、坚定一个目标的团队,才是一种有效的方式。

如果不是刻意追求KOL,那么也可以把自己梳理成一个具有一定标签形象的人,这样更容易建立自己的社会影响力,虽然成不了关键意见领袖,但可以成为关键意见人物,这样的人更容易取得成功。

KOL建立不是靠博眼球、也不是靠花钱买流量、更不是靠灰色赚取利益,只有靠抓得住"关键"问题,能够提供独特角度的"意见",长期坚持,方能成为"领袖"。

尝试一下,做个KOL,也是一个不错的选择。

第五部分

手机零售篇

1
手机店的未来在哪里

手机店依旧是这些年消费类电子店面的主流方向,虽然存在诸多可以升级的地方,但是大部分店面还是有一定利润的,加上运营商补贴、话费分成、服务增值、行业礼品、APP分发等,有很多店面还是有可观的收益。

因为未来的可持续盈利的店面模式还在探索之中,还是一个模糊的目标,所以虽然现在绝大多数的手机店老板都想改变自己,但是也都在犹豫。因为这几年试验的几种模式都还没有形成标准化的方案,无论是生活馆还是潮品店、无论是线上线下结合还是微商模式,都没有一个统一认知的标准,还需要深入的尝试和研究。

1. 寻求大流量入口开店

流量不重要吗?现在一些新兴的电商,获客成本都已经是上百元,线下流量呢?当然不能花数百元去获得一个客户,因为线下零售企业没有互联网这样的工具去维护客户,所以就实体店而言必须寻求大流量的入口开店。

以前通讯一条街是大流量,因为线上不发达,消费者喜欢逛通讯卖场、通讯一条街去逛;现在渠道多元化,大家也就摒弃了那种嘈杂的令人不安和不舒适的地方，线下选择去 Shopping Mall、步行街等有品味、有风味的地方，这些地方才是流量的聚集地。

所以对于手机店，只要做线下，就没有太多的选择，一定是跟着趋势走，而位置的趋势，就是寻求人流量聚集的区域，每个地域都不太一样，一定要认真调研、仔细分析，不要贸然行动。

2. 店面年轻化

零售店面，只要是年轻化的方向，就一定是一个对的方向。以前的手机店，应该说比较本分，就是一个销售的场所；而现在年轻人，大多数都非常 OPEN、非常忙碌，也偶尔有一点点焦虑，这时大家需要的就是有颜值的店面，产品更具 IP 化，服务更加能够让大家放松心态等。

店面服务的人，也同样需要年轻化，因为年轻人拥有的朝气是年纪大的人比不过的。

年轻化的店面，其实就是抓住了根本性的方向和趋势，只要去坚持，这个方向就一定会有机会。

3. 必须线上线上同价

为什么那么多人喜欢线上购物？很多人的回复是方便、便捷、可以比较等，其实互联网购物刚开始的时候并没有这么多便利性，电商的优势不是一天形成的。

线上有一个绝对的优势，就是相对便宜，相对于实体店，很多产品价格是有一定优惠价格的，因为价格优惠，再加上便捷等原因，很多人就选择了网上购物。

线上销售是亏损的吗？当然不是，线上只是比线下便宜一点点，但就因为这一点点，消费者就不在你店面消费了，虽然现在也有坚持不上网销售的品牌，这种品牌除去个别奢侈品，普通商品已经很少了。

曾经有一个小故事，一个朋友销售某品牌的产品很不错，一个店面一个月能有30多个的销售，一个毛利产品600元，这已经是一个很不错的业绩了。但是有一次厂商会议公布这个区域一个月销售是3000个，那也就意味着他其实只是占有1%的市场份额。后来这个聪明的老板就开始调研，寻求为什么他只能做1%的市场。调研之后，他就调整了自己的零售价格，比京东还便宜50~100元，再经过自己的包装、宣传，后来一个月的销售量稳定在100个以上，总体利润也有大幅度的提升。

其实50元差价，是现在消费者线下购物的一个坎，也就是说一个1000元单价的单品，消费者能够接受的是线下比线上贵50元，如果价格高出这个数字，消费者线下购买率就会大幅度下降，而很多店面，往往就是因为这50元，失去了很多客户。通俗一些说，线下零售店把一大群客户逼到线上去了，理由就是线下成本高；但是消费者是不理会的，他们为什么要为你的成本多付出额外的支出呢？

现在的互联网，已经不仅仅是让大多数人不放心的场所，尤其是大电商、有品质保证的旗舰店等，绝大多数消费者已经认可网络购物,这时线下除去比拼服务,其实最重要的一点还是价格。

请记住,在商场上,价格就是最大的利器。

4. 不要再妄想暴利

暴利的行为,在新零售时代将不复存在,因为在信息高度透明化、消费者认知扁平化的趋势下,暴利这种利用信息差获利的机会就越来越少,并且店面暴利被发现的机会也会越来越多,最终会被消费者抛弃。

零售型企业不能再指望卖一件产品,获得超预期的利润,现在已经进入超级用户时代。超级用户思维,不仅仅是挖掘客户更多的需求,更是一种薄利多销的思维。

未来的产品,都趋向线上线下同价,因为竞争的关系,价格都将趋于理性化,所以靠手机溢价的状态将一去不复返,即使偶尔出现,就当作天上掉馅饼吧,绝不能当作一种常态。

做好客户服务,做好超级用户,才是王道。

5. 主机 + 潮品是一种模式

主机 + 潮品,从本质上说,就是一种超级用户模式的初期状态,一个消费者不可能一年内只有手机购买的需求,还有更多的科技产品、家居产品、礼品的需求。

以前的手机店,基本上都是以销售手机为主,虽然现在也没有特别大的变化,主流依旧是以手机销售为主,最多有一些配件；而一些具有创新的精神的店面，已经开始6:4比例的划分，60%面积是主机，40%是智能产品，这种类型的店面，对于装修风格也不同于以往，有较多时尚风格特征。

主机+潮品表面上并不是一种生意模式的创新，依旧是以产品导向为主，但是本质上已经从客户单一需求服务，转向了用户多需求满足，这其实就是未来超级用户的概念，虽然还是比较简单直接，但是已经在朝着一个"正确"的方向努力了。未来的手机店，将会逐渐变成一个综合店，可能是潮品结合、也可能是家居结合、甚至可能是生活类产品的结合，这还有一个比较漫长的尝试迭代过程。

6. 离用户越近，机会越大

未来的企业，谁拥有的用户越多，谁的成功概率就越大；谁离用户越近，谁的机会就越大。对于手机店的拥有者，其实一度离用户非常近，但是我们有个别企业却没有把握好，让很多用户又离开了。

这里的原因就是没有用户管理工具。在没有微信之前主要是通过短信、邮件沟通。这种沟通成本高，效果也不理想；后来有了微信、公众号，和用户沟通方便多了，但是很多零售商因为店面生意不错，忽视了私域流量的建设。

零售型企业要充分利用各种工具，拉近和用户的距离，如果遥遥相望，就需要经常沟通，否则成功概率是不大的，因为离得太远就容易彼此遗忘。

零售型企业不仅仅要拉近和用户的距离，还要想办法提供更多的客户便捷，比如快速订货送货、快速收银开票、快速回应点赞等，这些都是要让用户感觉你就在身边，只有让人感受到温暖，那才是真的温暖。

7. 店面合伙人化

店面合伙人制度，是这几年比较火的一种管理方式。其本质上就是将操盘手、店长等关键职位，从打工状态改变为"股东"状态，让他们更具有主人翁的意识。

店面合伙人，不是只有一个标准，有的确实可以成为股东，有的仅仅具有分红权，这是一个非常专业的知识，需要进行专业的学习。

手机店大多数还是自上而下的考核模式，在股权改革上都不专业，但是如果未来不能改变为自下而上的考核方式，零售公司的内部管理就会存在问题，尤其是中小型零售企业，能够吸引员工的方式和能力都不足，而合伙人方式，会是一个比较有效的方式。

在 5G 即将来临的时候，手机店的机遇依旧大于危机，只是我们要善于抓住趋势、跟上趋势，对于现有优势不放弃的同时，要避免踏步不前，同时更要勇于创新，紧随甚至引领趋势。

未来的手机行业零售界限将会被打破，多渠道运营已经成为现实，跨界合作、跨行业、跨区域都是常态，这个变化过程中，对于中小企业而言更容易现实弯道超车（同时也容易被淘汰）。

能够弯道超车的人，不是车技有多好，而是发现了新的道路。因为消费群体和科技的高速发展变化，让条条大路通罗马不但成为现实，更是打破了传统马车方式，变成了高铁飞机，这种不在同一个维度上的竞争，让手机零售行业充满不确定性，而不确定性的存在，往往就是机会的存在。

手机店的未来就在手机零售企业的管理者手中，市场还在，只是看如何去应对。

2
手机店面的发展方向

作为数量众多的手机店，究竟是应该维持现状还是升级改造呢？说维持现状，因为华为等手机品牌的快速成长，很多手机零售店生意不错，利润也不错；说升级改造，是因为大家也都在想明天还能保持吗？

对于一家零售企业，做这个决定确实有些困难。

1. 手机专卖店未来2~3年还会存在吗

手机专卖店未来2~3年还会是主流手机销售方向吗？答案当然是肯定的，未来3~5年内，手机的线下销售依旧是依靠专卖店，因为专卖店是品牌公司的主要抓手。

（1）品牌发展需要

一个品牌的推广，需要走两条线，一个是线上，一个是线下，单纯地走任意一个方向都是不符合市场需求的。在可以预见的未来，品牌依旧需要通过线上线下等全渠道推广，才能获得普遍的关注度。

（2）品牌之间竞争需要

可以预见的未来，手机行业不可能只有一家，如果依旧还有两家或者两家以上，就一定会存在竞争；只要有竞争，专卖店就是一个资源，在某一个特定区域，就是稀缺资源。

品牌为了获得更好的位置，必然会展开竞争，谁能获得最佳的位置，谁就能够给消费者不一样的宣传导向，通俗地说你能够获得更多的关注流量。

（3）消费者习惯需要

消费者这样的个体未来还会逛街吗？会不会都宅在家里？这显然是一个伪命题，人是群体性动物，所以还会有"逛"的需求，只要有这个需求，"店"就一定会存在。

所以专卖店还会存在，并且目前没有什么商业模式能够更高效、更优雅地取代专卖店，所以只要它存在并且不可取代，专卖店就依旧是有足够的市场。

2. 如果改造，应该走一个怎样的方向？

手机店如果一定要升级，会是一个怎样的方向？我们认为手机店变革，应该会朝着用户服务和精准营销方向发展。

（1）超级用户方向

手机专卖店最大的优势是什么？就是流量成本相对比较低，因为这是一个销售品牌的店面，品牌有足够的吸引力，就会有流量。

那要如何留下这些流量呢？因为手机店一般只销售手机，即使现在很多手机公司做IoT，也不可能满足用户太多不同需求，因为面积就在那里，不会有无限量的陈列空间。即使可以做得面积大一些，但是消费者一般来说也不可能自己所有的东西都购买一个品牌，要不他也会觉得有点不舒服。

那如何满足这些消费者的其他需求呢？这里就有一个超级用户的概念，你要想办法满足用户更多不同的需求。简单一些说以前靠流量赚钱，现在要靠个体产能赚钱。所以，多品牌多品类销售就会成为一个机会，当然这不是一个容易培养的机会，因为还有一个消费习惯的社会化养成过程。

（2）数据化门店方向

为了做好超级用户，零售商就要想办法服务好这些客户，关注这些客户更多的信息。所以店面数据化就会成为一个必然，数据化是手机零售店未来的一个重要趋势。

数据化很多，比如进销存、客流量、转化率、会员系统、前中后台打通等，这是B端信息化的必然，也是未来5G时代物联网下的一个大趋势。

零售店单一店面数据化，是有一定价值的；但更有价值的是连锁和零售店联盟的数据化，未来一定会有这样的公司出现，提供零售店大数据分析，这是方向，有实力的企业一定不要放弃这个机会。

数据化是一个尝试的过程，这中间有太多试错成本，如果公司规模较小,尽可能选择低成本方式。

说了这么多,那么手机店究竟应该怎么办呢?

1. 品牌手机店继续保留

手机店既然是未来 3~5 年内一个机会,就没有理由抛弃他们,当然你要选择好这几年能够高速发展的品牌,找到了一个优质品牌,就是找到了一个机会。

手机行业一般要具有极强的科技研发能力、产品设计能力、团队规划和管理能力等。目前,国产手机机会更大一些,因为他们更务实、也更努力,关键还是非常熟悉国内的消费者发展趋势。

2. 手机店开店位置符合趋势

手机店位置要顺应潮流,比如去更好的 Shopping Mall,去更适合的社区,去人流量更大的步行街等,抓住人群爱去的位置,是手机店未来的一个主流方向,也许未来 LV 旁边就很适合开手机店,只要买 LV 的人越来越多,就可以尝试。

位置,依旧是开店的要考虑的第一要素。

3. 做好超级用户和数据化

有条件的企业一定要尝试超级用户和数据化,这个比买股票更靠谱,投入越早收获越大。这是一个逐步成熟的过程,不可能一蹴而就。

条件不成熟的企业，可以从一个点开始，逐步完善，这个点就是"用户"，特别要考虑"超级用户"，这是所有的思维出发点，最值得投入。

其实手机零售企业有两种，一种是做品牌，就是销售别人的品牌，绝大多数企业都拥有这样的能力；一种是自己就是品牌，说这是一个行业理想，也是一个趋势，但真的能够把自己做成一个品牌的企业还不是很多，如果能做到这一点，那么升级转型也就成功了。

3
手机零售店的 20 条盈利法则

国内有多少家手机零售店？有的说 100 余万家，有的说 60 万家以上，估计很难有一个确切的数据，但是 60 万家应该是一个保守数据（授权 + 非授权），即使最近几年出现了关店潮，但是也有大量开店的品牌，所以店面整体还是一个庞大的数量。

手机店开了那么多，这些店面靠什么赚钱呢？本文梳理了一下现有手机零售店的赚钱法门，供大家对照参考，以求都有不一样的收获。

1. 手机本身利润

手机本身零售利润整体上还是比较可观的，国产品牌毛利率一般大于国外品牌（国产品牌的毛利率为 5~15%，国外品牌的毛利率为 5~8%），如果品牌商市场管理不严格，利润就很难保证。

主机利润一般是店面的基本保障，虽然配件毛利较高，但是如果没有主机利润支持，店面基本很难长期维系。

2. 手机保护类配件

手机保护类配件，一般就是指手机壳、手机贴膜等配件，这类产品看似不起眼，单品价值也不高，但是因为毛利空间比较大，这是店面非常重要的利润来源，因为媒体宣传，电商竞价，现在要想暴利已经不大可能，但这依旧是店面的基本功，修炼好的店面，服务能力也会上一个台阶。

请注意，这些产品也有品质的要求，千万不要贪图利益、选择低品质产品，因为产品的品质会决定下一次是不是还有复购的机会。

3. 手机功能类配件

手机功能类配件比较丰富，比如移动电源、线材、车载充电器等，这类产品基本上也是店面重要的销售点，因为和手机亲密度比较高，更容易被购买。

手机功能类厂商众多，利润可观，但是迭代快，对于库存管理要求更高。选择产品时需要注意品牌的延续性，这类产品的消费者是会关注品牌价值的，三无产品很难获得认可，且有安全隐患。

4. 手机强关联延伸产品

现在手机已经不仅仅是一个通话的工具,更是一个智能控制中心,可以和耳机、音箱、电视、游戏等产品强关联,可以丰富用户不同层面的生活。

这类产品毛利率虽然不如保护类产品,但是单品价值较高,所以依旧有一定的利润,只是销售难度较大,需要有持续的培训和顾客引导,场景体验也是促进销售的一个重要手段。

一般来说这类产品需要专职销售,一是为了专业,二是这类产品的销售考核方式和手机销售有较大不同,区别开更容易产生价值。

这类产品的消费者更重视品牌价值,没有品牌销售难度会大大增加。

5. 店面团购业务

店面团购业务,其实就是针对部分中小企业采购的生意,这是店面一个非常重要的业务,建议店面在门口合适的位置一定要长期有这样的宣传引导,培训店长或者骨干能够有能力接待店面的团购咨询。

如果团购业务能持之以恒,是店面利润的一个重要支撑点;但是目前看绝大多数公司并不是很重视,还是靠守株待兔的方式,其实这个业务也是可以主动出击的,比如同商圈内的其他商户都有可能是团购客户。

6. 手机保险类服务

手机保险类产品前几年比较流行，最近因为互联网将价格打到一个非常低的水平，这个业务在下降，但是对于很多连锁企业，这依旧是一个创新业务。

其实手机保险业务，在国外零售市场依旧是一个重要的项目，这不仅仅是能够给店面带来利润，还能够给顾客带来保障，具有互惠互利的双重意义。

7. 手机虚拟服务卡类产品

现在零售店的虚拟服务卡种类繁多，比如：会员优惠卡、售后服务卡、延保卡、系统服务卡、旧机保值卡等，这是一个需要创新和精算的服务，只要能够贴合用户，利润不可小觑。

不要用忽悠的方式去做这类虚拟卡的生意，这表面上是虚拟服务卡，实际上是店面信誉的保证。

8. 手机分期业务

现在手机价格普遍比较贵，很多消费者在延长自己的手机使用时间（从 22 个月到 27 个月更换一次手机），这对于店面零售来说并不是一个好消息，所以店面手机分期业务被广泛推荐。

手机分期业务是一项金融延生品，零售商选择好有保障有牌照的金融机构，就可以开展这项业务，这里面的利息对于零售店来说，也是一个可观的收入。

而且你必须找一家快速、高效、有保障的第三方企业，切不可贪图利益，给自己造成无法弥补的损失。

9. 手机旧机回收业务

旧手机怎么办？扔掉可惜，还污染环境，那么手机回收业务来了，可以寻求靠谱的专业公司合作，也可以自己做二手机业务，只要经营得当，这是一个风险小、利润稳定的业务模式。

旧机回收和二手机业务，是零售店一个成长性业务，尤其是在三线以下市场。

10. 手机维修服务

手机维修现在分为厂商授权、无证维修小店和专业第三方，一般前者价格昂贵，且服务态度一般；中间者维修没有保障，有时还会有宰客现象；后者是一个趋势，采用互联网化工具，获取长期用户。

零售店是一个非常好的维修场所，只要有维修品牌、有资质和能力，在业务创新上下一些工夫，获得存量的手机维修市场，是一个不错的生意，只要还有手机这个产品，维修生意就可以持续。

在手机维修生意上，不要采用假冒伪劣的配件，这不仅仅会带来诚信危机，也会让自己的处于违法的境地，在当前法治社会、互联网的大环境下，对企业的长期发展没有任何益处。

11. 手机厂商租金补贴

现在手机品牌厂商之间竞争依旧是非常激烈的,特别是5G时代,各个品牌需要更多的曝光率,所以我们如果能成为品牌厂商重点扶持的企业,就有机会获得更多的手机厂商租金、装修等补贴。

要想获得补贴,一般需要位置好、在厂商具有一定的占位、有良好的人脉关系等,这是很多体验店、旗舰店的生存之道,既满足了厂商的形象需要,又促进了自己的发展,一定要努力争取。

12. 运营商合作补贴

做手机,如果不和运营商合作,基本上就是失去了一大块利润,运营商合作可以有租金补贴、广告费补贴、定制手机销售补贴、手机卡销售提升、话费提成等,这是一个非常庞大的业务。

如果希望和补贴的运营商合作,你可能需要有不同的公司名称,因为他们之间竞争还是非常激烈的,一般企业会选择一家为主,其余为辅的策略。

运营商是手机零售商必须面对的一个金主,虽然现在已经在限制,但是各地运营商还是有更多的话语权。

13. 运营商合作提成

运营商有非常多的业务,自己能做的其实并不是很多,覆盖也不是很全面,非常需要不同的零售商去支援他们。

所以零售商除了和运营商合作获得补贴以外,也可以靠自己的能力获得更多的产品销售提成。其实运营商有很多定制类产品，拥有自己的补贴，价格上是比较合算的，消费者也乐于接受，只是因为平时进运营商营业厅的机会比较少，如果零售店位置好，这些产品销售还是有比较好的空间。

这里面要重点提及的就是卡号的销售，特别是 5G 商业化后，换机风潮将会涌起，对于一部分喜欢新科技的人来说，很可能就会采用换卡的方式，跟上这个潮流。卡的销售不仅仅有提成，还有话费分成，这部分一定要定点考核，使之成为企业利润的一个重要环节。

14. 店面广告费用

店铺广告费用，一般是指灯箱片广告，有些连锁企业也会有进场费，不过现在已经不多见。

广告费用，对于店面位置有一定的要求，所以连锁或者覆盖率比较高的企业会有帮助，比如机场、高铁等人流量大的店面，广告费就是店面的一个主要利润来源，仅仅靠产品，是很难获得店面正常的盈利的。

广告费用不太容易获得，但有条件的企业可以试试看，特别是有较好位置的连锁企业。

15. APP 推广补贴

现在 APP、小程序开发如火如荼，推广一般都是通过线上广告，或者大 V 的转发，其实线下也有推广，但仅限于连锁企业，这类提成比例不等，1~20 元都有，这是一个有价值的需求，毕竟每个人买手机回去，不可能只是打打电话，一定会有更多的需求，这都需要应用程序，而对于老年群体，这个服务就会用得上。

但我们不能推广有害的 APP 或者一些灰色的打擦边球的 APP，比如一些理财类型不明确的产品，所以要注意辨别；这类产品做得好，就是一个能够增强用户粘性的服务，做得不好，也可能会给自己带来不必要的麻烦。

16. 市场费用

一般授权零售商都是可以获得上游的市场费用支持，协助零售商做活动，比如热卖、路演、校园推广等。

市场费用有助于零售商销售量的提升，帮助零售商扩大影响流，获得更多的资源。

17. 会员制转化

会员制是手机零售店的必修课，会员制度有收费或不收费两种，积累到一定基础的会员，就可以开展更多的转化工作，对于零售店来说，这也是线上线下的一个完美结合。

18. 店面代购业务

手机零售店做得再大，也不可能无限存放产品，一来说线下就是做爆品，互联网才是做长尾的，所以正常来说一个店面无法满足一个顾客的所有需求。

但是现在随着供应链越来越发达，很多供应链公司可以支持一件代发业务,这就给零售店带来了一个新业务:代购。

代购是建立在会员互信基础之上的,也是建立超级用户关键的一步,如果我们建立有效的代购业务,和用户之间的关系就会更加深入,这种黏性的加强,有利于零售企业的持续稳定生长。

19. 店面分租获利

这其实是一种"二房东"业务模式,有很多手机零售店老板,一次性拿下更大的面积铺位,这样一般可以获得比较优惠的租金,然后根据需要自己留一部分,剩余的分租出去,其实就是一个"二房东"的角色,这样可以非常有效地降低自己的租金成本,甚至可以实现 0 租金。

当然这需要有较强的实力和影响力,才有机会以较低成本拿下更多的面积,这里面有一定的运作风险,中小企业还是要谨慎对待。

20. 其他阶段性利润来源

随着移动互联网的发展,手机零售的盈利模式会有更多的创新,零售商要留意不同的营销工具,比如裂变营销、微商推广、KOL 推广等,吸取他们的精华、为我所用,因为零售的升级已经是一个不可忽视的趋势,2020 年的疫情,让这个趋势变得更加清晰。

手机是一种改变时代的产品。手机零售,要能够承接科技的进步，提升自己的营销效率。20种盈利来源，不一定都能做到，但是作为零售商不能不知道；当然也不是说这20条做好了，就一定能盈利，企业盈利有众多的关键因素，本文库存管理、团队建设、员工培训、企业文化都没有涉及，这些都是我们需要加强的。

随着5G兴起，手机也将面临一个新的机遇和挑战，零售商一定不要局限眼前的利益，要放眼长远，方能有广阔天地，希望我们都能抓住机会，让自己的企业更上一层楼。

4
手机店的融合产品销售

融合，物理意义上指熔成或如熔化那样融成一体；心理意义上指不同个体或不同群体在一定的碰撞或接触之后，认知、情感或态度倾向融为一体。

融合产品，通俗一些说就是能够有相互关联，有各自相对独立的产品，每家公司对于融合定义其实并不相同。华为有1+8的融合类产品；小米主打的是跨界生态链；苹果没有讲融合，而是说授权配件类等。

所以融合是一个概念，大一些说就是围绕手机又不限于手机相关的产品，当然这些产品又是围绕用户需求而设定的。

融合类产品销售难度大多数都是高于手机的，大家别觉得手机是高科技产品，需要很高精端的销售人才，其实真的不需要，因为现在消费者已经有相当高的认知水平，所以卖手机只要记住基本功能、会给客户演示（基本上没有难度）、有良好的服务态度，这个工作就可以做，因为手机已经是成为人的一个必需品，这类产品已经不需要去花费大量时间说服用户。

而绝大多数融合类产品，都不一定是生活中的必需品，也就是常说的可买可不买，有很多产品因为是创新类产品，普通消费者甚至不知道是干什么的，所以这类产品需要花费更多的销售时间、需要专业的讲解和演示、需要比较高的销售技巧，所以这类产品销售难度是远远高于手机的。

下面我们按照销售难度从低到高，做一个排列，分类讲解一下这些产品的销售难度系数。

1. 极低销售难度产品

这类产品我们一般称之为无需体验、不需要讲解的产品，就像超市的销售的口香糖，放在合适的位置就可以，最多加一个品牌引导台卡或一句话术，这类产品基本上都是客单价比较低的低端手机壳、膜、线材类产品，价格是市场均价的一半或者更低。

大多数店面都可以销售这类的产品，但是缺点是规模小、利润低，店员成就感小，顾客满意度也不高，无法吸引中高端客户，有些零售店不再做这类产品。

2. 低销售难度产品

低难度销售产品，一般是中高端手机壳、膜、线材类产品，外加手机移动电源、品质家居类产品等，这类产品的特点是功能单一，一般一个产品只解决一个用户痛点，使用简单不复杂。

这类产品需要给用户 1~3 分钟左右的介绍，如果有设计合理的台卡或者场景化，甚至 30 秒的介绍就可以。产品不需要复杂的演示，因为本身属于和手机或者生活有强关联，所以有较高的连带购买率，这类产品也是现在手机店销售的一个主流方向。但是因为客单价不是很高，一般来说单品毛利也就在 80~150 元之间，属于走量拉客型产品。

最近流行的潮流盲盒类产品在一二线城市属于极低销售难度产品，在三四线城市属于低难度销售产品，这类产品之所以如此火爆，除去产品本身的 IP 趋势有关以外，还和销售难度有关，因为不需要复杂的讲解，所以店面更愿意去销售。

3. 中等销售难度产品

这类产品目前种类比较多，比如功能不复杂的健康类产品（如电动牙刷、冲牙器）、智能穿戴产品、文创类产品、儿童类、中低端音频类产品等都是这样的产品类型，功能相对单一，操作上需要 3~5 分钟讲解，演示过程不需要与人体直接接触，并且能够控制在 3~5 分钟之内演示完毕。

这类产品客单价一般来说在 300~500 元之间，消费者购买不需要刻意比价，又和生活息息相关，是目前零售店发展的一个主流方向，一般来说单品会有 100~150 元之间的毛利，是目前零售店高速增长的一个品类。

不过因为文创类对店面有较高的要求，所以并非每个店面都合适，手机店面能够销售文创产品的不是很多；儿童类产品需要考虑店面周边环境和店面氛围；而智能穿戴类销售过千元，就不再属于中难度产品了，而是属于高难度产品类别。

这类产品因为性价比高，很多用户购买是为了提升生活品质，所以对于产品质量要求较高，所以选品的时候，我们不能单单看媒体零售价，还要看产品的品质、色彩、售后等，最终能得出是否有利于销售的判断。

4. 高销售难度产品

高销售难度产品，其实也是一类比较重要的产品，一般常见的为中高端音频类产品、按摩健康类产品、智能出行类产品、无人机类产品、机器人类产品等，一般来说这类产品功能强大，并且需要专业的介绍。比如中高端音频类产品要能够听出高中低音，并且对于不同的音乐搭配不同的产品要有一定的研究。比如无人机类产品，除了要求有专业讲解，还需要有操作飞行的基本功等。

这类产品一般来说需要 10~30 分钟的讲解演示时间，甚至更长时间，演示也会比较复杂，要求店员能够流畅掌握这个过程就必须要有专业的培训或者训练，也就是说店员需要有一定时长的培训时间。

这类产品一般来说都不是生活中的必需品，而是用于提升生活品质的产品，更倾向于享受生活，所以购买频率不高，并且用户在购买这类产品的时候更倾向于多方比较、体验，决策过程比较犹豫和反复，但粉丝爆款除外。

当然这类产品毛利相对比较高，一般单品毛利率在30%以上下，不过一些知名品牌因为具有一定的点名率，有的毛利率不足10%。

5. 特高销售难度产品

特高销售难度产品一般是智能全屋家居类产品、中高端美妆类产品，还有新兴的高端AI类产品。

智能家居因为本身还不是很成熟，使用上有的还不是很方便，偏于概念，很多产品都是为了智能而智能，并且很多需要定制安装，所以销售难度属于特高级别。

中高端美妆类产品属于这个级别，其实和行业销售习惯有关系，消费类电子产品的销售是不需要和用户有身体上的直接接触的，而美妆类产品很显然需要这样的服务，而绝大多数的手机店原有店员都是做不到这种服务，所以产品很好，但是服务跟不上，就变成了特高销售难度产品了。

新兴的高端AI类产品，技术还是不是很成熟，操作复杂，实用性不强，所以这类产品一般都不太容易介绍，很多店面用这类产品来招揽客户。

这类产品中间的绝大多数讲解和演示都需要30分钟以上

的时间,成交率不是很高,所以很多店面不愿意推荐,或者推荐不专业,会怠慢了用户。

另外还有一个特点,除去美妆类产品,其余这类产品普遍毛利率不高,销售难度和利润不匹配。

当然以上都是基于产品的分析,其实手机店能不能做好融合类产品还有一个至关重要的因素,就是自己的能力问题,我们一般把手机店分为两类。

(1)只能做品牌的手机店

很多手机店只能做品牌手机店,就是只能销售有品牌的手机,利用手机品牌的影响力产生销售,店面销售得好与不好除去位置、店员素质外,最重要的就是手机品牌的宣传和影响力。

很多授权店面就是这样的店面,还有很多非授权店面,其实也是这样的店面,这些店面一般来说只能销售极低难度的和低难度融合类产品,其余类别即使做,也是提升一下店面形象,实销一般来说都不是很理想。

(2)能做自己品牌的手机店

能做自己品牌的手机店,并不是说手机品牌是自己的,而是这个店的名字在当地有一定的影响力,已经形成了一个品牌,这类店面理论上是所有的融合类产品都可以销售的,不过也要具体情况具体分析,如果有店面已经拥有5000+的会员,高难度产品会有较多的销售机会,如果有20000+以上的会员,极高难度的产品也是可以尝试的。

当然这样的店面也不是很多见,也是手机店要努力的方向,要想做到这个方向,你就要知道什么是品牌,这个很重要。

那么手机店如何销售好融合产品呢?这里给出3个具体办法,希望对大家有一定的帮助。

1. 专区

手机店如果要想做好融合类产品,首先要有专区,专区建设是通讯门店转型的第一步;很多授权店面因为厂商的限制,还没有办法做到这一点,所以这里说的专区,是有这个能力的店面,可能是非授权或者能够处理好厂商关系的店面。

专区主要目的是和手机区域做一个区分,让消费者很清楚地知道这个区域卖的产品是融合类产品,而不是手机;有条件的店面,如果店面面积足够大(300平方米以上),可以建立一个店中店的概念,也就是这个区域可以适当和手机区域区隔,比如做成一个玻璃半透明的店中店,可以是屏风遮挡、也可以是通过货架将区域明显区分开。店面面积300平方米以内,那就不要做店面分割了,会让店面很局促,影响销售。

专区产品面积一般来说不要超过店面面积的40%,这就要有清晰的店面设计,而不是随便摆一下产品,店面的产品布局要考虑动线、也要考虑消费者选择产品的时候由易到难的一个心理过程。

专区最好是场景化陈列,让消费者看到有购买需求的冲动,并且陈列道具要具有品质感,能够衬托产品,起码500元的产品看起来值500元以上,而不是500元的产品看起来像100元的,那就是很失败的陈列了。

不同的产品有不同的场景化陈列方式，不要千篇一律，也不要太过于奢侈，店面还是要追求符合大众审美的生活方式，可以来源于生活场景适当高于生活场景，这样的店面更容易被消费者接受。

专区可以按照品类或者品牌去陈列，一般来说一二线城市按照品类，二三线城市按照品牌，但这不是一成不变的定律，还是要看产品属性，品牌有一定知名度的，还是建议按照品牌陈列会更有存在感。

专区陈列是手机零售店销售融合产品的第一步，也是非常重要的一步，一般来说店面不要只有一个品牌的小专区，而其余区域都是手机，一定要多品牌、有一定的销售氛围，这样才便于下一步，也会让店面有融合产品销售的气势，方便客户成交。

专区选品是一个学问，单一的产品也很难引起消费者购买欲望。

2. 专人

很多手机店开始转型的时候，并没有设定专人，而是店面所有卖手机的店员都可以卖融合产品，结果很多店员反馈是产品难销售。事实真是如此吗？真正的原因是融合产品销售和手机销售有一定的区别，习惯卖手机的店员，因为不了解融合产品的销售方式和技巧，自己并不擅长销售融合产品，很多时候就会放弃推荐的机会。

手机销售，店员对于功能参数记忆要求并不高，因为现在的手机基本上都属于宣传过度性产品，消费者已经比较了解产品,到店面主要是关心价格、服务、售后、增值项目等;而融合产品,因为消费者自己不熟悉,需要店员记住更多的功能参数介绍,并且销售体验时间并较长,比如说音频产品一般来说是手机销售的两倍时间,智能 AI 类时间会更长一些。

所以手机店面如果开设融合类产品专区,一定要用专人负责的方式,这里的专人负责也要防止一种现象:很多手机店老板特别重视融合产品销售,为了表示加强重视,就选择店面销售特别优秀的店员来负责融合产品的销售,结果是过了一段时间发现销售并没有提升上去,有的店员做了一段时间融合产品反而离职了。

为什么会出现这种情况呢?这就是术有专攻,卖手机的店员有自己的专长,本来在自己岗位正常发挥,把他调到一个他不熟悉甚至不喜欢的岗位上,当然是发挥不了效力的。所以用人还是要用他擅长的东西和有兴趣的方向。零售店融合区域的专人,一定要公开物色,寻求愿意也喜欢这个方向的销售。

专人,是融合产品销售的一个关键因素,所以在店员选择上要下大工夫,不要怕浪费时间和精力。

3. 专项考核

有专区、专人,还不能保证融合产品项目的绝对成功,还需要做一件事,就是专项考核。

专项考核,意思就是针对融合专区、专人进行考核设计,底薪、提成、考核标准都和手机销售不同,要能够做到这个区域的员工整体薪资高于手机销售的平均值，这样才能保证人的稳定性和专区的利益。

一般来说融合区域人员的考核＝底薪＋提成＋不同时期单品激励＋团队奖金，底薪一般是高于手机同等人员薪资，提成比例要高于手机，单品奖励一般是针对新品，团队激励是针对这个团队整体目标设定的。

专项考核，目标就是让这个区域的人付出和收益是呈现一定正向比例的；高于手机，是因为这是一个销售难度相对来说比手机零售更高业务，既然大家付出多，收益就要相对多一些，任何企业都是看投入产出比的，也不是随意的高，要让店员觉得有未来，有自己的认同感，就已经达到目的。

手机零售店的融合产品销售，其实并不是很难，因为手机品牌本身可以带来足够的人流量，一般是单店（100平方米）月销售150台以上手机的店面，开展融合产品销售的成功率会比较高，因为150单的成交，其流量已经足够支撑融合产品销售了。

融合产品销售也是各个品牌重视的方向，但要真的做好，还有很多工作要做，比如公司整体的科技化、数据化等，但这是一个值得投入的方向，也是手机店要想做好私域流量激活的一个好方向，需要更多坚持，发现其内在的规律。

广东客吉莱

LibertyGO，是客吉莱母公司广州世博港的一个子品牌，主要在 Shopping Mall 内开设，以综合潮品为主。

LibertyGO 内部陈列一个标志，是一个类似船形的展示台，可以展示产品的同时本身也具有一定的设计感，简约但不简单，是店面的一个标志。

客吉莱数码馆,是以销售数码产品为主,店面主要集中在机场、高铁站。

客吉莱数码馆的内部陈列,简单的平面式陈列风格,比较有利于用户体验。

这是客吉莱店面的智能产品区域,同样是简约风格,但是灯箱片可以烘托销售气氛。

兰州万能

兰州万能店面风格就是朴实无华,没有什么多余的、夸张的陈列,一切以用户体验为中心。

店面内部的手机陈列,同样是市面上比较流行的形式,这样的好处就是可以降低认知成本。

美妆区域采用厂商的道具,可以体现产品的品质感。

音频区域的陈列,不同品牌、不同专区,让用户更容易选择。

家具类产品在店面也有陈列销售,这种综合门店在非一线城市,具有借鉴意义。

南宁 HiFi+

南宁 HiFi+ 是一家以音频产品为主的，集合数码、潮品、礼品的集合店。

小而美的音频产品+艺术类的大件，这种风格更容易吸引用户打卡。

音频产品的专业墙面陈列，让用户更容易体验不同的产品。

音频区域的陈列,不同品牌、不同专区,让用户更容易选择。

店面音频的陈列是经常变换的,不同季节会有不同的主打型号。

鹰巢数码

鹰巢数码的北京SKP店面，单品爆款的陈列风格，突出产品、动静结合。

店面的整体以立体陈列为主，因为SKP这样寸土寸金的位置，必须要陈列更多的产品。

面向过道的陈列，每个月根据主题变换风格，让店面保持新鲜感。

店面的整体风格，更像是一个中岛的风格，这个和商城要求有关。

音频产品的整体风格是立体货架陈列，保证更多产品出样。

美妆和个护健康产品的三层立体货架。

论潮时光印社

论潮时光印社的 IP 结合店，更具有潮流特色。

潮品店内有不同的电子类产品陈列，让店面更加多元化，也符合现代人的购买习惯，属于超级用户的思维。

论潮店面的风格同样是简洁风格,不追求夸张风格,更具有实用性,让店面陈列更多的不同产品,给用户更多的选择。

论潮时光印社的店面门头具有比较高的识别度,这也是零售店的基本功。

论潮店面的音频产品陈列,专区陈列、立体货架,体现店面的专业度。

微缤礼物店

微缤礼物店的橱窗更像一个奢侈品店的风格，具有科技感的同时，又让店面具有通透的时尚感。

店面的门头设计，采用中英文的方式，让路过的人都能知道店面的定位。

店面收银台区域的盲盒类产品陈列，让更多用户有随机购买的冲动。

店面的IP产品专区，这也是微缤礼物店一直在主打的一个方向。

因为店面面积比较大，在内部适当的空间，需要突出一下店面品牌，这也是一种加深用户记忆的方式。

玻璃柜的陈列，是一种传统的能够增加产品价值感的方式，在零售店的适当使用，可以提升店面形象，也可以突出陈列产品不一样的价值。

店面刚开业时在进门位置的鲜花陈列，现在已经更改为其他产品，鲜花的销售对于潮品店而言融合度还不是很高。

联发世纪

2017壹方购物中心里运营的e·Fun Studio,是一家异形店面,店面充满设计感,是一家小而美的店面。

2018光谷e·Fun+数码潮玩社,是一个两层的潮品集合店面,店面呈现多元文化。

2018年8月于武汉武商众圆广场开建的华中首家女性科技潮品集合店e·Fun逸坊，是一种针对女性用户购买科技产品的店面尝试和探索。

2019年，联发世纪新开的e·Fun Super，整合更多潮品，让店面尝试多元化产品的销售。

2019年新店的内部陈列，空间和产品结合具有人文和科技的融合。

云南九机

云南九机门店风格一直在进化，这是九机一个新风格店面，原木色更有亲和力，是现代人喜欢的一种经典装修风格。

九机新店因为采用反光吊顶，更具有空间感，店面灯光也更明亮。

店内的大疆无人机陈列专区。

智能类产品和个护类产品陈列专区,用户可以直接体验。

不同店面，专区产品陈列会有不同的组合，但是模块都是一样的。

九机店面的手机陈列，和品牌专卖店类似，但是更紧凑，有限空间产品陈列更多。

京东之家

京东之家的店面一直在不断升级之中,这是其中使用过的一个版本,红色的门头更有吸引力。

京东之家内部自有品牌陈列专区,木质道具简单简约。

这是京东之家另外一种风格的店面陈列墙，分类清晰，陈列依旧是一种简洁风格。

这是京东之家和OPPO联名的店面。

京造专区,是一种小清新的陈列风格。

不同风格的京造专区。

347

燃逅跨界之路

这是一个烟草的跨界店面，店面前一部分销售布局采用格子铺风格，一眼看去，更具有吸睛效果。

这是一个互动屏幕，可以注册会员、了解产品信息、获取积分、参与抽奖等。

将不同年代不同类型的香烟做成一个展示区域，展现烟草发展过程中的创新。

店面后半部分的酒吧，可以在这边开产品体验会，感受一种不同的文化。

燃逅跨界之路

通过投影，实现立体互动，让空间更具有科技感和活力感。

手工体验区域，让用户直接参与到烟草定制，这种模式现在成为很多创新店面的标配。

咖啡时光区域，将生活方式带进店面，让整个店面更具有立体感，是一个跨界尝试的创新。

第六部分

案例篇

1
默默耕耘者广州客吉莱

广州客吉莱曾经是广州电脑城最大的批发商之一，后来陆续成为索尼、苹果等产品的国内知名代理商，后来在机缘巧合下进军机场、高铁，开展零售店的创新模式。目前客吉莱所在的公司,已经组建集团公司：广州世博港集团，开始采用兵团的方式,开拓国内市场。

如果问国内直营高端潮品店数量最多的企业是谁,广州世博港应该进入前三甲了,并且从质量上看,他们应更具有竞争力。

1. 选址：紧盯中产的集中地

客吉莱的选址应该说一直具有专一性,也是国内最早在机场和高铁开店的数码企业（早期叫做跨界数码）,他们选择的区域主要是机场。机场其实一直是中等收入者和商务人群的集中地,尤其是当航班延误成为家常便饭之后,这里的店面更具有实用价值。

在国外,一般来说国际航空港的商业都比较发达,国内原来机场消费都是一种垄断式的定价,后来随着新机场建设以及市场机制的引进,才逐步成为一种正常的商业形态。客吉莱刚好抓住这种发展机遇,成为很多消费者心目中的一个信得过的品牌。

选址是零售的第一要素，即使在互联网时代，选址依旧是最重要的决断，目前世博港下拥有众多店面品牌，选址依旧是其首要的考虑，无论是在 Shopping Mall 还是独立店面，他们首先考虑的还是选址，还会考虑店址的周边人群、商场的招商能力、竞争对手的布局等。即使在高铁站，也要看不同区域的不同定位，这种对于选址的高要求，其实带来的不仅仅是一个店面，更是一个企业对于零售的深层次的理解。

比如在深圳机场，客吉莱在出发厅和到达厅都有店面，因为深圳机场人流量特别大，客吉莱希望通过多店面运营，实现较好营销的同时，也能够通过机场的影响力提升自身的品牌效应，为自己在更多机场、高铁站开店建立更多的准备。

2. 开店：不同品牌应对不同模式

客吉莱仅仅是世博港的一个下属品牌，目前世博港拥有客吉莱、潮飞流（LibertyGO）、礼智道、萌法树、趣智屋等 5 个品牌。

为什么要打造这么多品牌？因为不同的商圈对零售店的要求不一样，有的店面大、有的店面小、有的属于新开业、有的比较高端，对于不同城市、不同商场、不同的店址，他们会配合不同的店面，尽可能让店面的定位和这个商圈相匹配，实现店面的落地有效性和可持续性。

多品牌运作其实是一个高难度的方式，无论对内部管理还是对外宣传上，都不是一般的操盘者能够驾驭的，可见世博港的成立也是有一定原因的；不想成为元帅的士兵不是好士兵，要容许有理想的人多一些与众不同的畅想，客吉莱的多品牌化对于连锁零售企业也带来了一定的启迪。

3. 管理：店长合伙人制度

店面管理一直是一个让人比较头疼的问题，因为在现在的社会中，单纯底薪＋提成的薪金管理模式，已经很难让一个店面具有持续稳定的价值了。

客吉莱大部分店面（应该是世博港大部分店面）都是采用合伙人制度，采用店长内部加盟的方式，实行收益分享，以增强员工的工作热情和归属感，店面的成功和店面团队的发展息息相关，这样店面就能够持续发展了，这也是目前零售店的一条比较有效的创新之路。

另外，他们所有店长，都是自己培养、自己外派，虽然有时候成本会高一些，但是这种方式更加靠谱，因为只有了解自己公司的人，去掌控一家新店面，才有更高的效率和更大的成功机会；他们的店长女性偏多，这就更加不容易，女店长外派，对于很多公司都是一个挑战。

4. 扶持：弱店提升计划

据客吉莱总经理孙朝炼介绍，2017年开始，他们开展弱店扶持计划，因为之前的管理都是将精力放在了出业绩的店面上，其实最终发现这样的做法是不合适的，因为已经能够持续取得好业绩的店，他们其实已经找到了自己运营的方式，只要稍加指导就可以，过度关注并不会带来明显的增长。

而弱店，如果不关注、不扶持，就会变成打酱油的店，因为有优质货源的时候他们抢不过那些业绩好的店面，培训师也不会给予更多特别关注，这是一个可怕的现象，因为弱店会越来越得不到关注，也就会越来越弱，变成恶性循环；现在重点给予弱店帮扶，只要找到问题的节点，业绩就能够带来突飞猛进的发展。如果确实经过3个月到半年的努力，无法改变店面业绩的现状，那对于公司来说，也知道具体原因了，是人的原因还是产品或者位置的原因，该怎么调整也就非常清晰了。

这其实是一种均衡管理效应，是符合管理的基本原理。

5. 选品：坚持线上线下同价

目前客吉莱的采购，基本上都是购销模式，对于一些大品牌或者爆款产品也可以用现金采购的方式；他们在选品上也更加严格，只选择那些经得起考验的，而不只是盲目地看商务条款的公司。

因为服务的对象都是以中高端用户为主，他们现在店面的定价模型都是线上线下同价的模式，即使是双11，他们也会跟进价格，只要店面在销售的产品线上搞活动，他们在线下就会跟进，有时候亏损也会做，因为他们认为这是让顾客信任的最基本的信条。

电子类产品能够做到线上线下同价是非常不容易的，因为线下有高昂的租金成本、人力资源成本以及出样成本，所以极少企业会采用线上线下同价的模式，以前消费者大多数也是能理解并接受线下贵一些的，但是现在随着互联网的发展，消费者越来越看重线上线下的价格差异问题。客吉莱之所以这样做，一是因为机场高铁客户本来都是优质客户；二是希望给客户一个持续的信任，为培养长期客户做准备。因为不产生信息差的店面，才是未来店面的趋势，才能够长期留住用户。

6. 会员：打通线上线下

客吉莱的长期战略，就是将线上线下打通，截止到2019年底，客吉莱线上会员已经超过20万人，并且具有较高的活跃度和复购率，这就是他们希望去做互联网+这种加法，不是单纯开发一个网站，而是后台数据都是统一的，在无论在哪个店购买，无论是线上还是线下，会员积分、优惠券、购买记录都是清晰可见的。

传统零售企业的线上线下结合做的一直不理想（电商做线下也是一样，没能够实现很好的线上线下结合），主要是试错成本太高，一般企业很难维持。客吉莱这一套系统也是自己开发多年的一套成熟的拥有自主知识产权的网络系统，这几年已经开始走向正轨，并且还在持续的迭代之中。

线上线下的融合，是一条没有选择的道路，无论传统零售企业还是电商，都必然会走这条路，其实对于所有人，起跑线都是一样的，就看谁能看准方向、跑得更快、跑得更稳了。

7、坚守：品质、体验、服务

客吉莱有一个自己坚守的标准，就是品质、体验、服务，这三条刚好对应货、场、人，这三条是零售店的根本，但是在顺序上，他们首先把货放在执行的第一位，因为这是最终的落脚点，没有优秀的产品品质，再好的体验和服务，也无法让用户有购买的欲望。因为这是基础，稻草就是包装得再好也没有办法成为黄金，所以要想成为超级零售店，选品是连接其余所有功能的一个载体，这看似是一个简单的事情，其实需要复杂的、高难度的、专业的分工，而且这方面人才极少，所有零售企业都要重视"货"，只有这一条做到位，后面的体验和服务才能发挥真正的价值。

未来几年的发展，对于客吉莱来说至关重要，因为在传统零售店的基础上，他们必须走上超级零售店之路，要做的工作不仅仅是在店面数量的领先，还需要在技术推动上下更多的工夫，也许还需要走上资本化的道路，当然这也是所有连锁零售店的无法避免的道路，也是一条充满阳光的奋斗之路。

相信能够在未来的发展中，每一个关键节点都抓住机遇的客吉莱（广州世博港），一定会在这条革新的路上创造众多的不可能。

2
精益求精的兰州万能求变之路

兰州万能在《零售风口》有过详细的介绍,但是现在的零售业是一个瞬息万变的市场,几年前的兰州万能与现在兰州万能比已经不可同日而语,因为他们一直在变化中寻求新的机遇,今天,就来看看万能的人以及他们的新理念。

1. 不得不说的创始人

兰州万能创始人陆总,是兰州本土人士,大学毕业后就开始创业,兰州万能已经成立20余年的时间,一般来说20年的企业非常容易老化、低效率,但是万能这家公司似乎越来越年轻,越来越时尚化,这些都不得不先说说这家公司的创始人。

勤奋:陆总说他每天早上6点起床,晚上12点后才会休息,通常周末都在出差,给人的感觉是:不在工作,就在工作的路上。

善学:因为早起晚睡,他现在每天要学习4个小时,在线课程、读书、写PPT,当大多数人把时间浪费在酒场、休闲场的时候,陆总把时间花费在让自己精进成长上;同时他并不是那种排斥新事物的人,对于新事物总是认真研究,学习其精华,这在中年人中实属难得。

落地:因为经常和零售商头脑风暴,时间久了发现很多人风暴完了，睡一觉这事情也就过去了，但是在陆总这边，总是能够看到后续，然后就是看到优化升级迭代；现在喜欢学习的人不少，但是能落地的真是少之又少。

勇气：陆总不喜欢幻想和说大话的人，但是一旦认清形势，他就会全力以赴，比如在会员制、在线商城这一块，就奋不顾身投入，经过几年的努力，终于找到了一个清晰的方向。

2. 坚持店面让生活更美好

可以这样说，兰州万能的店面并不是那种豪华的装修，它是一种简单、简约、实用的风格；店面分区清晰、分工明确、产品丰富，100多平方米的店面有近1800多个SKU。

万能的店面宗旨是：店面让生活更美好。所以他们不销售三无产品、不销售低端产品、也不销售暴利产品，因为他们有5万+的会员，这些会员有的已经是万能10多年的老客户了，他们的信赖是万能成长的基石。

零售店，尤其是新零售的理念本质是什么？其实就是帮助用户有更好的生活品质，因为每个人行业不同、工作不同、成长环境不同，所以即使通过各种努力赚到钱、拥有了资产，但是生活品质并不一定会有真正的质的提升，而零售店就是协助这些人提升生活品质的，因为术业有专攻，如果我们坚持这个方向，就一定会获得长期的用户价值。

所以万能的坚持，是一种对于自己定位的深刻解读，如果都不知道开店为什么，很难开出长盛不衰的店面。

3. 坚持用市场的方式来考评员工

员工怎么管理？尤其是年轻员工的管理，是现代很多管理者的一个大难题。其实如果说用"管理"，基本上也就"管"不好了，因为年轻的团队不是用来"管"的，而是用来合作的，无论你是否采用合伙人制度，未来的团队都要合作。

兰州万能在团队上都是采用合作模式，那么怎么考核呢？考核全部是靠市场的力量，比如说店面有点赞墙，店员达到一定的标准，就会获得奖励，而点赞全部来自顾客，这样服务质量就提升上去了。

还比如说预约服务，店面通过线上商城，可以预约一对一的服务，这样避免顾客集中到店（比如新品发布的时候），又解决店面持续有顾客的问题，这种服务也是店员考核的一个重要方式，就像医院的专家，如果一直没有人预约，这个专家一定会被谈话。

用市场的方式来考评员工，是一种公平、高效、符合年轻人习惯的方式，这方面其实还有更多的需要去探讨，因为这中间有无数的管理创新。

4. 团队的抱怨也是一种成长

你有员工会抱怨吗？我们经常会听到很多老板说：我不喜欢抱怨的员工。诚然，没有一个老板喜欢抱怨的员工，但是如果有一天你的公司员工一点抱怨都没有了，你是高兴呢还是紧张呢？

其实，抱怨是一种天性，每个人都会有，只是有的人学会自我排解，有的人喜欢向人倾诉，员工抱怨不一定是坏事，关键是你如何处理这种抱怨。兰州万能的创新就是，只要你把抱怨写出来，就可以获得一定的积分，如果你还能写出解决办法，就可以获得更多的积分（积分可以换成团队费用）。

万能这种办法，就是逐步解决团队出现的问题，因为团队有人抱怨，一定是某些方面出现了问题，如果你打压，大家就都不再说话了；而现在不但可以说，还可以获得奖励，这就是鼓励大家找问题，然后解决问题，时间长了，问题都解决了，抱怨自然就少了。

所以团队抱怨，如果处理得好，就能够让一个团队成长，这种成长比任何咨询公司给的建议都有价值，因为管理就是修复团队的各种漏洞和缝隙。

5. 跨行业学习与落地

因为兰州万能一直都在进行跨行业发展，这也就给公司带来更多的跨行业学习机会，比如跟各个IP大咖的学习，让他们曾经的"来福"品牌拥有众多形象；比如和慈善机构的合作，让他们发现不同的机会；比如跟深圳各种技术男学习，让他们发现行业更多的可能。

跨行业学习是万能这几年做得比较多的事情，也收获了较多成果；这些学习之后，到公司就是讨论、落地，然后开始迭代，所以去他们的店面你就会发现，基本上市面流行的产品他们都有，并且很多产品都做得很不错；甚至有很多品牌，他们是第一个做起规模的，比如说美妆产品，在数码渠道，万能就是第一个去做成专柜形象,并且获得较好收益的公司。

跨界、学习、落地,看起来很简单,但是做起来很难,因为没有一个坚强的心,基本上是很难有结果的,因为有太多的不理解、太多的坑等着你。

6. 要做就做最好

作为零售商,做产品的时候,如果做专卖店,方向感还是很清晰的;如果做潮品店,方向感就会有问题,因为 SKU 太多、产品迭代太快、行业变化太激烈,加上用户也是善变的,所以就会出现胡子眉毛一把抓的问题。

万能的习惯却与众不同,做产品在选品上就精挑细选,一旦选定,就要把产品做好,比如华为笔记本,他们成为代理商之后,就开始在笔记本销售上下功夫,研究华为的卖点和机会,提供店员激励等,一个店面月销售很快就达到 80 台以上,成为华为全国标杆店面,同时也获得了甘肃省的代理权。

要做就做最好,其实是零售商占位上需要具备的一种能力,因为无论多大的店面,你都需要有几个战略级别的产品,这样你才能获得品牌商的支持,才能有更多的机会。

7. 追求店面的坪效最大化

很多零售商以前会有一个疑问,这家店赚钱吗?那家店赚钱吗?其实这是一个非常主观的问题,按照道理说是没有答案的,因为每家店面的位置、大小、产品、员工、历史都不同,很难用谁赚钱谁不赚钱去比较。

而万能的陆总和我说，他们店面员工，每个人负责的面积，都是拿尺子量出来的，然后计算坪效，按照坪效给予奖励。

坪效是这几年比较流行的零售店评价标准，我们只有用"尺寸"，才能有更客观的评价，以后我们见面的时候，可以问，你的店坪效怎样？或许我们就能发现更多的话题、更多的差异。

8. 没有不赚钱的店，只有不赚钱的人

兰州万能目前的店面都是盈利的，无论是专卖店还是潮品店模式，这在业界是一个奇迹，因为现在大多数潮品店的经营都是有一定压力的，万能能做到如此，也说明一个道理：没有不赚钱的店，只有不赚钱的人！

万能为了做好店面利润，又不伤害客户，尝试了非常多的办法，比如说线上线下结合的方式已经迭代到第六代，采用微商城的模式，并且获得了不俗的成绩。在店员考核的方式上，每年都会根据需要去调整，同时零售店员的培训尝试各种方式促使大家一起进步等，这些努力没有白费，就是店面利润维持在一个可观的水平，员工整体的收入，也是排在行业的前列。

利润是公司的血液，没有持续利润的公司，一定不是好公司，这是万能一直坚持的价值观。

兰州万能是新零售转型过程中的一个有价值的案例，他们精益求精，寻求变通之道；他们坚持学习，寻求落地生根之术；他们上下一心，终得善果；这才是我们要学的新零售，这才是真正坚持走朴实无华路线的企业！

3
南宁 HiFi+ 的修炼之路

南宁，是一座已经有 1700 年历史的边陲古城，现在是广西壮族自治区首府、北部湾城市群核心城市、中国面向东盟十国国际大通道；这个城市是中国东盟博览会暨中国东盟商务与投资峰会的永久举办地，是拥有 750 多万人口，其中有少数民族 438 万人的多元化城市，是一个充满活力和绿色的城市。

而业界的有故事的公司南宁乐联 HiFi+，就在这个城市，是一家创造多个销售经典案例的零售店。

说起 HiFi+，很多人是从他们做音频培训开始了解的，他们在零售之余，把总结的音频销售经验整理为培训文档，在国内很多城市有过巡回培训，并取得不俗的成绩，参与培训的零售商，在产品的销售上大都上了一个大台阶，获得了众多的好评。所以很多人一说起 HiFi+，就会说他们是做培训的，其实培训只是他们在经营零售店时候的一个副业。

HiFi+ 到底是一个怎样的店面呢？

1. 从联想到漫步者再到 HiFi+

HiFi+ 创始人梁伟全先生曾经是联想广西最大的代理商之一，后来逐步转入音频行业从事漫步者产品的销售。梁总自己说当年并不是音频的发烧友，对于音频的理解也就是普通小白，但是随着销售音频产品越来越得心应手，自己也就成为一名骨灰级的发烧友了。

创立 HiFi+ 是一个机缘，当年想进入 Shopping Mall 体系，加上团队已经对于音频产品有着不一般的热爱，所以就创立了 HiFi+ 品牌，希望给喜欢音乐的人属于自己的生活空间。

HiFi+ 是南宁第一家以消费级音频为主导的零售店，这里不仅提供优质的产品，还提供全方位的服务，让每一个用户都从内心记住这个店面。

2. 定位，主打消费级中高端用户

和梁总沟通，为什么现在很多潮品店做的都不太理想呢？其实就是定位不清晰，不知道自己要为谁服务，有的店面从 2 岁到 80 岁都可以服务，这样的店面基本上没有什么机会。

HiFi+ 定位有一定音乐素养的中高端人群，不是按照性别、年纪定位的，而是按照需求定位的，这种定位会更加准确，因为相同的需求才会有一致性的行动。所以相对于行业内其他类似的店面而言，HiFi+ 这种清晰的定位本身就是一种价值，这种价值能够让 HiFi+ 一直走到现在。

音频产品店面定位相对比较容易，即有一定音乐素养的人。有的会销售一些相对低价的产品，有的会销售一些兼有发烧友属性的产品，因为爱好音乐的人也分为不同层级，开店之前一定要想好，不要成为大而全的店面。

3. 专业，是音频的命脉

音频产品有其他产品没有的显著特征，就是产品具有一定的文化属性，因为音乐门类繁多，产品也是千差万别，所以就需要我们有特别专业的能力，这是音频产品的销售命脉。

音频专业知识有很多，比如什么叫做振膜，什么叫做低音，什么叫做动铁单元，等等，这些是销售音频产品必备的基础知识，如果你不懂，你就没有办法讲给顾客听；自己懂了也就是基础，还要学会怎样表达让用户也能听得懂。

学习基础知识是店员基本功，并且一个店面的员工做到这些是不够的，店面还需要准备大量的视听音乐，因为不同的音乐针对不同的产品，这个也是需要累积和训练的，比如你要知道爱听女生歌曲的一般推荐铁三角，喜欢听重金属的听森海塞尔，喜欢听现场感的可以用马歇尔，如果就是喜欢时尚潮酷的可以用 beats，等等。

要做到专业，就要求店员本身喜欢听音乐，因为很多事情，只有喜欢，才能有爱好，才能花更多心思去研究和学习，所以音频店不一定要发烧友，但肯定是音乐爱好者，一点不喜欢的人，招聘过来也很难培训出音频销售高手。

HiFi+ 店面正常有 7 名店员，96 平方米面积，个个都对于产品了如指掌，能讲出众多你未曾听闻的产品背后的故事。

4. 培训，每天的必修课

HiFi+ 早上 9 点上班，培训 1 个小时，然后店面 10 点开门迎客；为什么每天都要培训呢？他们认为一年365天，坚持每天进步一点，一年以后就是专业的销售了，两年后就成为销售专家了，Top sales 可不是一天可以炼成的，需要时间的积累。即使有竞争对手，但是他们要是没有积累，也是很难和 HiFi+ 竞争。

培训是零售店的一个常规任务，有些规模大一些的公司还会配有专职培训师，但是能坚持每天都培训的应该是凤毛麟角，一般都是按照1~2小时讲课，讲完就结束了。而在 HiFi+，还有很多事情要去做。

要考试，考试成绩决定收入；

要拍照，拍照上传便于监控；

要分享，没有专职培训师，每个人都是培训师；

要坚持，新品要培训，但是更重视老产品培训。

培训是 HiFi+ 擅长的地方，也是现在输出的重要资源之一。

5. 装修，用产品衬托产品

HiFi+ 的装修很简洁，并没有出现一些潮品店的豪华装修风格，店面更讲究实效，店面面积曾经从150平方米，调整到96平方米，店面月均销售额并没有下降，坪效和人效却明显在提升。

HiFi+ 店面用产品来衬托产品，在店面走一圈之后，还是很有购买欲望的，因为这么多产品，体验一圈，如果一点都没有心动，要么没有需要的品牌，要么可能对于音乐的理解和 HiFi+ 的定位有不同的思路；其实这个店面的产品都是有故事、有内涵、有品质的，有的可能不属于我们的消费范围，但是绝对不会说这个产品不好，这就是产品丰富店面的价值。

有很多资深的音频产品发烧友，在店面体验时都忘记吃饭，特别是对于定制、HiFi 级别的产品，有的真很难寻见，在这里坐上几个小时、听听音乐、发发呆、偶尔和店员扯上几句，也是一种生活的方式。

6. 服务，HiFi+ 的用户粘合剂

服务，是一个店面核心的竞争力；但是服务说起来容易、做起来难，能够做到人性化、标准化的就更难上加难。

在体验耳机的时候，有几个小细节能够说明他们服务的水平：一位男生店员，自我介绍是一个香港籍的会唱歌的店员，帮我调试耳机，用的是艾利和最好的无损播放器（零售价 12000 多人民币），问我喜欢听什么歌曲，我说听邓丽君的，他帮我调好歌曲和音量，然后递给我说这个是左耳、另外是右耳；我不会佩戴，又帮我戴好，告诉我如何调整音量和歌曲，就去接待客户了，我刚好一个人安静地欣赏音乐；说真的很多店面并不会帮你调好，有很多次体验都是音乐声音很大，吓了自己一跳，而在 HiFi+，你却能感受到这些细节，这才是服务的真谛。

听了 4~5 曲后，又让他换了一个耳机，他很热情，用同样的流程帮我调好，并告诉我这个耳机更适听乡村园音乐，两个耳机的差别需要我自己体会，他怕误导我，所以请我先听。

虽然是老板的朋友，但是这种待遇还是比较少见的，可以

说在我去过的绝大多数店面都没有享受过这样的服务,一般认为我不会购买,能给我倒杯水就已经很不错了,所以可以看到这家店面服务的细节和态度,让你下次还愿意再来。

服务要发自内心去做,如果只是应付,我们称之为"热情的冷漠",很多僵硬流程化的公司就是如此,那只会是一种生意,而不是一种生活;如果想把服务做好,你要让店员喜欢这个工作,有音乐方面的兴趣爱好,是选择店员的基本标准。

7. 未来,服务好每一个顾客

HiFi+ 采用会员制度管理,每个店员都有自己的老客户,有的客户在他们的店面一年要消费近30万元,更多的是把周边的朋友推荐过来购买产品。

HiFi+ 经营理念非常简单,就是服务好每一个进入店面的人,无论你是随意逛逛,还是有目的地来询个价,他们都把这些消费者当作自己的朋友,笑脸相迎、有问必答;既然来了就是缘分,又何必要区分缘分大小呢。

服务好每一个顾客,说的很容易,但是能够坚持做下来,不是一般的困难,因为做久了的店员,往往会带有色眼镜看顾客,而这个眼镜一旦带上,就成为差别服务了。在零售店,就会留下很多的隐患,久而久之,有些用户就被我们挡在门外了。

目前 HiFi+ 采用了合伙人制度,初期合作伙伴宋总已经成为公司的股东之一,未来店长等管理职位都将采用合伙人制度,这种合作方式让 HiFi+ 拥有了更多的竞争力,创始人可以拥有更多自己的时间,去处理更多的具有趋势性的事务,这也是一种管理的价值。

音频类店面,与一般的潮品店大有不同,音频店是一个需要有一点艺术气质的店面,HiFi+ 给很多零售企业做了一个很好的榜样,因为音频是零售店除了主机外销售规模最大的类别,值得很多零售店好好珍惜和琢磨,随着人们生活水平的提升,对于音乐的追求会有明显的不同,音频的规模会持续增长。

最后透露一个小秘密,这个店面月销售额在 65~100 万之间,至于毛利率,比业界平均数字稍多一些吧,是不是很羡慕呢?

4
专注、细节、数据化,看鹰巢数码的运营之道

北京 SKP,2017 年有 125 亿销售额,2018 年有 135 亿销售额,2019 年总销售额达到 153 亿元,位列全国单体商场业绩第一,全球仅次于英国奢侈品百货 Harrods,位居全球第二;而 Harrods 拥有 170 年历史,SKP 成立只有 13 年时间。

这是一个高端大气上档次的商场,豪华奢侈引领潮流,在这里开一个数码店面谈何容易,要求高:必须是一线高端品牌商品;审核严:必须是授权正规品牌;服务好:必须按照商场要求 100% 达标;费用不菲:扣点加租金,一样都不能少。当然,这些都必须达标,而且这仅仅是基本要求,还有数十项规范,样

样都不能打折扣，只要有一点差错，就会有被扫地出门的风险。

"在这里开一家店面，对于我们自己也是一种考验，但对于公司来说，也是一种督促"，鹰巢数码创始人庞娜说；其实获得在 SKP 的经营权是通过数年的争取，也是在北京这个商圈林立中不停地摸爬滚打积累了丰厚的经验后，意料之中的机会。

说起鹰巢数码，成立的时间不是很长，但是发展速度之快，让同行颇为吃惊；还有一个让大家惊讶的是"鹰巢"这个霸气的名字，创始人其实是一位女士，管理团队也是以女性为主，在北京这个充满各种商业竞争的城市，真的是非常难得一见。

让我们一起来看看这家公司以及零售店的与众不同之处吧。

1. 创始人的坚持

鹰巢数码成立于 2015 年，2019 年底已经拥有 9 家潮品店（3C 数码），数十家通讯专卖店以及品牌专卖店，成为北京极具实力的零售商，这些成就都来源于其创始人庞娜女士，她拥有 10 多年的行业经验，她有两个坚持和两个转变的思想：坚持做百货商场、坚持做高端客群，从传统手机店到全品类集合店模式的改变、从销售品牌到创建鹰巢数码品牌的转变。

在这种坚持和转变下，鹰巢数码通过自建、收购、联营等多种形式，逐步形成对北京高端商圈的覆盖，形成了目前的销售网络：SKP、燕莎、中环、乐成国际等高端商场或者商圈。

2. 坚持细节管理

在高档商场或者商圈开店，因为周边用户对于零售要求更高，鹰巢数码坚持以用户为中心，开展细节管理，每一个店面的设计、每一面墙、每个产品的站位，都需要经过精心分析策划，并且每周总结优化，力争让用户看起来更舒服、更有亲和力。

因为高端商场能够给予的销售面积一般都不是很大，所以店面在陈列细节上就需要下工夫，基本上再小的店面都有流水台，每个节日都会提前准备，有的会提前10~15天以上，因为节日消费本来就是商场的重头戏，这种对于流水台的变化，虽然很多公司都在做，但是如此重视的不是很多。

细节是零售店的成功之道，只有关注每一个细节，零售才能出精品。

3. 主打高端商场

北京是首都，人口众多，北京城有2000多万的人口，你首先要知道自己的零售店是服务哪些人群的，因为都服务好是不可能的；这是鹰巢数码的思路，他们最终还是选择北京高端商场和商圈，虽然这类人群服务起来要求更高，但是定位清晰，沿着自己的路走下去，就一定能看到不同的机会。

经过几年的布局，现在鹰巢数码基本上占据了北京主流的商场，无论店或大或小，都在装修策划上下足功夫，争取自己的调性和商场相匹配；当然在商场选择上，鹰巢数码也有自己的一套选择标准，通过不断迭代这种标准，目前已经拥有一套成熟的选店机制了。

4. 精心维系用户

用户是企业之本，既然是针对高端商场用户，对应的客户维系就显得非常重要，店面每天都有比较大的人流量，接待、沟通、洽谈、售后都有明确的流程，尤其是客户成交后的后续服务都有跟踪，因为跟踪得好，才会二次成交、三次成交以及客户转介绍。

鹰巢数码在客户服务上有一套明确的流程，进店一杯水、成交关注微信、后续微信随访等，店员都是统一的服装，让店面看起来清新自然，细水长流。

庞总讲了一个例子：现在很多人都说零售店人流下降，但是你所在的商场有几百家商户，光是店员就有上千人，这些人背后又影响更多的人，那么这些人是不是你的客户呢？如果是，你是不是应该也想办法维护好，其实只要维护好这些人，你的店面就会有不一样的生意。这个例子说明客户就在我们身边，就看你有没有发现的眼光和相对应的营销推广策略了。

5. 让数据成为唯一标准

"店面坪效是每个月必须看的一个指标，坪效要细分到每一个桌面、每一个品类，如果没有达到平均标准，就要看看是产品问题还是培训不足问题，经过调整如果还是不达标，就要更换产品",庞总告诉我们,他们对店面的唯一要求就是数据,只有量化各种指标,才能真实了解店面的经营问题。

数据化不仅仅是大数据人脸识别,还有更实际的坪效、投入产出、同业对比等,数据化一定要以有利于店面运营为指导。

6. 坚持高品质产品运营

鹰巢数码店面产品偏向于高端高品质,肯定没有三无品牌,没有合法授权链的产品肯定是不会引进的,知识产品有异议的产品是不能触碰的,虽然有时候看似失去了一些生意,但是对于公司的长久发展是有利的。

因为店面位置的原因,店面有数万元的手机(现在已经不是什么新闻了,但是几年前依旧比较小众),有数十万元的音响,有顶级的电视,当然也有一些常见的品牌,但是都是具有颜值和担当的。

每家公司都有自己的选品标准,其实就是一个公司的价值观体现,这个价值观不是一时兴起,而是需要不断地试错和迭代,选择最适合自己的模式。

7. 坚持北京基地运营

鹰巢数码店面目前全部集中在北京,"也许未来会在别的城市开店,但是这不是我们的追求,我们就希望把北京扎扎实实地做好",庞总如是说,"因为北京市场足够大,我们并没有要全国开店的规划,只想做好北京市场;即使偶尔去外地,也是因为商场扩张的被动选择。"

很多零售企业，一旦有一定的规模和成绩，就开始想着进行国内大规模扩张，有这样的理想并没有错，但是能有这样能力的企业少之又少，跨区域管理成本极高，并不是每个企业都具备了这样的资本和能力；鹰巢数码是一家非常务实的公司，只追求北京的成功，这是未来企业的一个重要选择。你可以只做好区域诸侯，能做大做强，占据一方，就已经是一种很大的成功；其实北京企业有这样的传统，踏踏实实做好本地市场，同样具有行业地位和核心竞争力。

鹰巢数码是一家典型的定位清晰、专注发展、细节制胜的公司，也是在北京市场上难得一见精益求精的公司，与鹰巢数码合作，不仅仅是生意，更是一个交流学习的机会。

附：鹰巢数码的产品管理法则

对于数码集合店来说，超多的SKU对产品管理要求比较复杂，产品管理法则有以下两个管理体制。

1. 滞销商品的"三星管理体制"

第一步：每月盘点表一同上报的还要有《滞销商品明细表》；这个表要求各店店长和产品经理各自出一份后进行汇总。

第二步：将汇总好的明细单上的产品进行分星。

一星：首次报警产品：市场部或店面自行上促销活动＋员工奖励。

二星：确认为滞销产品：调整价格（底线保成本）＋制定销售任务＋员工有罚。

三星：本月必须清库存产品：再次调整价格（可低于成本价格）+内购群营销+产品部最后清尾清库存+从员工到店长再到产品部每一位员工都要自己出钱补齐低于成本的差价。

这样的产品从上柜到下柜每一位员工都会重视。

2. 新品上柜的"三月管理体制"

产品部引进的新品都会伴随一张《新品上柜表》到达每一位管理者手中；这个表包括产品到柜时间+厂家培训时间+陈列道具摆放标准+产品资质+上柜价格+售后政策以及产品部预估产品下柜时间等，例如猪小屁这个产品就曾经给产品部的下柜时间是大年三十必须清库存，有需求也不能再进货。

第一月：熟知产品：预售宣传+产品到店宣传+产品到店评测+邀约品牌方培训+各店总结销售话术；

第二月：拉动销售：各商场官宣+联合品牌促销活动拉动+制定销售奖励+店内每天的销售分享；

第三月：巩固销售：各店店内宣传+店内自行策划活动拉动+公司制定A类任务（有奖有罚的销售任务）+店间PK赛。

三个月下来，循序渐进地跟进新品，整个销售测评也就出来了。

5
从论潮到时光印社，打造与时代同步零售体系

提起论潮，在行业内也是一家颇具影响力的企业。他曾经在行业内第一次举办零售论坛，并且让很多人第一次踏上鲅鱼圈、锦州这样的城市，不仅宣传了自己，也让整个行业对于东北这片黑土地有了更多的了解。

2018 年，论潮开始多元化经营，将公司分为论潮商贸和时光印社两部分。论潮商贸主要经营品牌专卖店、体验店，时光印社以经营潮品类产品为主。论潮创始人王涛先生认为，潮品店的名字不仅要表达一种潮流，还需要有情怀和文化，否则仅仅靠产品思维去经营潮品是很难让用户保持一种长期的粘性，因为现在有很多能够购买产品的渠道。

目前论潮的方向是在产品经营的基础上，实现以用户为中心的经营思维，打造区域私域流量，并将企业从单一的雇佣形式转变为合伙人模式。

1. 品牌经营是以厂商诉求为主导

因为论潮的基因里一直都有品牌的因素，所以论潮不会放弃和品牌商合作开设授权店面，现在论潮是苹果、华为、小米等授权零售商，在沈阳、大连、抚顺、营口、铁岭、阜新、葫芦岛、

锦州、兴城等地有不同形式的 Shopping Mall，如万达、柏威年、k11、大悦城、大商、兴隆、欧亚、茂业等，拥有超过 15 家店面。

"品牌商有品牌的影响力，论潮有自己的区域优势，和各大厂商有良好的合作关系，所以我们还会继续和各大品牌保持良好的合作关系"，论潮王总如是说，"论潮的品牌合作，均以论潮商贸团队为主导，专业的人做专业的事情，未来对于地标店面、有潜力的品牌，论潮还会继续投入，因为专卖店的模式，未来依旧是消费类电子一个主要的发展方向"。

2. 潮品店面以用户需求为核心

现在论潮旗下还有 5 家潮品店，均以是时光印社为店名，公司内部也是成立专职的时光印社团队，经营不同类的潮品，并且非常坚决地将潮品店的发展方向，转变为以用户为中心，即用户需要什么，时光印社就想办法经营什么。

这两年盲盒流行，而爆款盲盒采购是行业内比较困难的事情。论潮采购人员多次往返北京、广州、深圳等地，经过数次的沟通，提交各种合作报告，终于成为几个重要的盲盒供应商的授权客户，目前盲盒和手办类产品的销售是时光印社的一个重要收入组成部分。

3. 员工从雇员到合伙人再到阿米巴模式

论潮在内部员工管理上，一直在寻求突破。从一开始的部门分权制度，即各个事业部门和店面都独立核算，提升员工的积极性；再到准合伙人制度，即核心员工缴纳一定数额的保证金就享有分红制度，再到今天的阿米巴模式。

为了学习阿米巴模式，论潮创始人王涛加入了盛和塾，参加阿米巴的专业学习。阿米巴的经营方式，其实就是将各个部门拆成独立营运的利润中心，并且由堪当大任、有经营概念的人作为负责人，与国内的合伙人模式类似。

现在论潮所有店面的经营都采用合伙人模式，经过近一年的运行，70%的店面利润环比增加了30%，70%的员工的收入普遍增长20%以上。公司的运营成本也大大降低，这些变化，让论潮公司整体运营保持良性循环。

"阿米巴模式实行后，员工的积极性大大增加，不用再督促，就有很强的主动性。"在和王总沟通时，王总非常兴奋地说："以前虽然给予员工激励，但有些员工还是没有积极性，店面多了，员工也增加了，管理上就必须要变革，不能再用以前的简单的雇佣关系去管理了。通过阿米巴模式变革后，鼓励更多的员工拥有老板思维，公司也给员工更多做老板的机会。"

论潮在员工管理上一直在寻求更新的方式方法，尝试不同的运营模式，下一步将重点解决普通员工的管理问题，希望通过新的工具和合作模式，将普通员工的积极性发挥到最大，这样企业的运营管理会得到进一步提升。

4. 建立公司层面下的私域流量

现在私域流量是每个企业都在谈论的一个话题，特别是

2020年初受到疫情的影响，私域流量已经成为企业赖以生存的重要方式。论潮的私域流量建设已经有好几年时间，并不是因为疫情才去组织扩建的。

论潮非常重视店面用户信息的收集，2016年就开始实行会员制度。每个店面都有自己的会员群，根据会员不同级别开展不同的服务，2019年会员累积到10万+的水平，论潮开始通过直播、群内秒杀、团购等方式，激活这些私域流量。

"其实激活的工作一直在做，只是最近加大了力度。因为论潮通过产品整合，获得了更多的优质产品资源，这样激活才会更有效"，王总说他们对私域流量一直比较关注，因为私域流量是公司的巨大财富，所以在管理中投入的精力也是最多的，所有的私域流量都是在公司的管理层面之下，让私域流量更安全、更有效。

5. 打造共享直播间

直播也是这两年越来越热的一个工具，论潮的直播基本上都在围绕私域流量，因为他们认为像公域流量如抖音、快手都已经有一个非常成熟的商业氛围，一般企业进去，很难有很大的作为，而私域流量对于零售企业更为精准，效果更好。

因为论潮已经积累了一定的私域流量，目前正在打造共享直播间。通过自己的直播间，整合更多的产品资源和零售资源，比如有很多品牌商或者供应链，手中有大量的资源但是不知道怎么利用，论潮可以借助自己私域流量帮助其推广；很多零售商也想转型，由于自身原因很难学会各种招式，论潮可以通过共享直播间，帮助其他零售商也实现在线化。

共享直播间现在已经启动，正在探索不同的方式，目前拥有论潮优品和捡漏王两个线上运营平台，帮助不同的企业，实现不同的诉求。

6. 筹划论潮潮玩基地

论潮下一步计划打造一个论潮潮玩主题基地，面积1000~2000平方米，基地以文化为核心，分为找心情的脱口秀小剧场、VIP茶室、唱吧、独处地、找刺激的发泄房、德州俱乐部、VR体验区、电竞手游、找爱的失恋博物馆、亲子体验区、情侣影院、浪妞领地等。计划每个月变换场景，主要针对会员服务，通过自主研发的AI技术，逐步实现数据化、精准化的服务和推广。

"因为现在店面太过于直接，并且产品复购率不高，很难吸引年轻用户的长期关注"，王总介绍道，"论潮潮玩基地采用多种文化组合，实现以文化为中心，吸引用户的长期关注，常变常新，实现一个城市社区的概念"。

城市社区，在零售行业是一个比较前沿的概念，苹果曾经提出过城市小镇的概念，希望这个潮玩主题基地能够早日开业。

7. 通过盛和塾实现跨界合作

2019年，王涛先生加入了盛和塾，1983年京都一部分青年企业家希望稻盛和夫先生向他们传授经营知识和经营思想，自发组织了"盛友塾",不久改名为"盛和塾",取事业隆盛的"盛",人德和合的"和"两个字,又恰与"稻盛和夫"名字中间两字相一致。

王涛加入盛和塾,主要是为了学习经营哲学和阿米巴模式,因为一个企业发展过程中仅采用"术"是很难有凝聚力的,还需要有经营"哲学"。还有一个更重要的想法,就是跨界交流,争取未来有更多的机会跨界合作。因为通讯数码这个圈子,虽然也在积极发展,但是因为用户需求变化快,对于跨界产品和文化有更多不一样的诉求,所以盛和塾对于论潮是一个很好的交流学习平台,因为有更多元的企业家在这个平台上深入交流。

目前论潮已经开始实行阿米巴模式,在零售上将管理向前推进一步,尝试通过更为有效的方式实现员工与老板之间的和谐共处,一起奋进。

论潮是这几年零售发展过程中为数不多的能够持续创新,并且坚持下来的企业之一,他们坚持企业发展的本分:积极抓营销、促进销售的同时,也在尝试让公司管理更加正规化和与时俱进,打造与时代同步的零售体系。

社会在变化,人也在变化,需求也在变化。一个零售企业如果墨守成规,也许还能坚持三五年,但一定是一个艰辛的过程;虽然升级、转型、创新,也不一定会一帆风顺,并且还需要老板带头坚持,但是如果不走这条路,就很难看到清晰的未来。而论潮就是这中间一直在潮头的企业之一,从论潮到时光印社,他们创造了很多行业内的第一次和不可能。

希望论潮越走越远、发展得越来越好。

6
简约而不简单的微缤礼物店

2019年6月份,微缤在长沙国金中心又一家全新店面开业,开业排队、销售情况超过预期,在现在新零售竞争态势比较混乱的大环境中,潮品店能够有这样的状态实属难得。

那么,微缤的经验是什么?他们是如何经营的?

1.定位清晰

微缤在门头打出礼物店,这是一个非常重要的举动,就是微缤终于确定自己的定位。经过一年多的磨练,微缤一直在宣传自己定位的"礼物"信息,而这一次干脆直接打出这个旗号。

定位是比较传统的营销模型,很多零售店老板希望自己的店面是万能的,男女老幼不同层级的需求都可以满足。其实这是不可能实现的,因为零售店不是网站,没有能力满足所有人的所有需求,所以只能垂直细分,所谓垂直细分其实本质上是更为清晰地定位某一类产品的特定需求。

微缤将自己的店面定位为礼品店,这是一种进步,行业内其实都应该思考一下自己店面定位是否清晰、精准的问题。

2.鲜花的场景

因为这一次店面面积比较大,在300平方米左右,微缤在店门口开设了花店，鲜花的生意并不容易做，因为生命周期很短，并且需要较强的插花水平，结合效果如何还需要观察。

鲜花也是一种典型的生活礼品，可以给店面带来更多的关注度，只是这种模仿成本比较高，售卖鲜花如果当做生意来做，需要的是专业和品牌。不过潮品店的尝试，尤其是微缤定义为礼物店之后，这种结合就非常有意思了，因为花本身就是一种强烈的礼品暗示。

微缤的礼物店不仅是字面的意思，而是运营产品，让顾客有非常直观的感受，这种感受加深了礼品的定位，给用户一种在意识层面的递进定位。

据悉，2019年底该区域已经调整，主要是因为鲜花在商场的购买频次不及街区独立门店。虽然消费者都很喜欢，但是属于看得多买得少，很难给店面带来高频的销售和流水，所以该区域调整为女生潮牌包的区域，调整后的购买率获得了大幅度的提升。

3. 茶饮与潮品的结合

茶饮，尤其是创意茶饮是未来的潮品店可以增加的一种服务方式，因为再潮流的店面，也很难形成一种高频消费行为，在店面必须有一种能够促使用户高频消费的因素，比如星巴克也是一种高频消费，虽然它单品价格都不高，但是消费频次高，这就是一种价值。

潮品店，现在的儿童产品也是一种潮流，因为客流量比较大,但是消费依旧不是高频。主要是儿童产品的购买用户更看重实用性其次才是潮流,所以儿童区主要目的是吸引客流,而不是高频消费;微缤的茶饮区域,视野比较开阔,在此待上一个下午也未尝不可,科技与生活相结合就该是一种快乐的生活状态,而不是被科技绑架。所以这种尝试潜意识帮助购买礼品的人,使其在这里享受更美好的二人世界。

不是每一个潮品店都可以尝试这种方式,这样的尝试需要店面位置具有茶饮的氛围,商圈人流量足够大;同时也需要店面有比较大的面积,否则经营起来会有很大的压力,有堂食的茶饮区域还需要一定的空间和氛围。

4. 递进的陈列方式

微缤店面的陈列未来还会有很大的调整空间(其实一直在迭代),但是就目前来看,还是采用了比较巧妙的思维方式。典型礼品导入(鲜花,后改为女士潮流包和香水)—女生区域(美容类产品,包包)—男生区域(剃须刀等)—定制产品区域(车载冰箱等)—IP产品区域,这种递进陈列更能够突出礼品,也是一种由易到复杂的过程,本身也是一种人比较容易接受的思考方式。

店面陈列,是一个比较复杂的工作,因为我们绝大多数企业都没有专职的陈列师,所以很多陈列都是靠店面老板或者店长的直觉,建议还是要学习一下色彩心理学、消费心理学和陈列的学问,让店面陈列更加符合人性的特点。

5. 坚持投入与产出

微缤创始人刘利先生介绍，这个店面设计费用比较低，主要是自己提供想法、设计师帮助画图，整个店面装修费用在业界是比较低的，整个店面设计装修不及预算的一半；但是店面给人的感觉却非常舒适化，更加突出生活场景和产品销售。

有段时间新零售店兴起，动辄投资数百万，装潢非常豪华、奢华，这种店面看起来确实让人振奋，漂亮的东西固然会让人喜欢，但是需要成本。开门做生意，必须考虑投入产出，因为未来的利润才是能否坚持的关键（资本化投资的可能不会看短期效益，但是可以看中长期效益）。

微缤的店面更适合众多零售商学习，因为只有重视投入产出的店面，才会有更多生存空间。

6. 敢于尝试注重细节

面对走道的背景墙，是一个大面的灯箱加上前面一个可以变换背景的小灯箱片，但是这种设计让店面显得格外突出，因为人和绝大多数动物都是趋光性的，明亮的店面更容易吸引人。

店面后半段的产品陈列墙采用的是瓷砖的设计，这种大胆的设计是在零售店很少见的，自从小米旗舰店采用水泥桌，我们就期待新的东西可以在店面体现，因为原木色已经太普遍了，店面建设必须有创新的材料，但是又不能过于昂贵，瓷砖的尝试，确实是一种有益的实验。

冰箱内的定制可乐瓶，应该说这是一种小小的惊喜，很多时候我们如果给顾客的仅是一个产品，即便是定制款式，如果不能制造惊喜，也起不到推波助澜的作用，每一听可乐上的字，就是一种惊喜的细节，在零售店不能没有惊喜。

店面就是细节的产物，如果一眼看去，平淡无奇，给顾客留下会心一笑的机会都没有，这种店面的未消费顾客下次光顾的可能性就会大打折扣。

7. 简约而不简单

微缤长沙国金中心店面，给我的整体的印象就是简约而不简单，说是简约，就是店面除去产品没有奢侈之处；说不简单，因为店面处处细节都让我们能够体会到精心的布置；其实能够成为经典的零售店，本就该如此，就像很多奢侈品牌，经典款永远都是含蓄而不张扬。

微缤是一个买手店，300平方米面积店面的SKU数量没有超过2000个，其实他们期待的是用户的复购率，这对于店面是一个很大的挑战，也是极为锻炼人的挑战，但是零售确实应该如此，因为太多的SKU就会失去买手判断的价值，买手是什么？买手就是熟知用户需求、清晰店面定位、敏感行业变化、又有广泛人脉的一群人，是新模式零售店的价值所在。

当然不能说这个店面没有任何的改进空间，在选品、细节处理、营销宣传等方面，微缤依旧有很长的路要走，但是在国内新零售的探索上，微缤确实值得长期关注。

7
联发世纪，不断迭代中寻求零售的创新之道

LFS（联发世纪电讯）是为数不多在2019年开建了新的科技潮品店铺的零售企业。新的潮品店铺位于武汉商业潮地——武汉天地壹方购物中心四楼，店铺面积较之前处于同一商业体的老店面积扩大了3倍左右。店铺整体风格从之前的英伦复古风格变身为现代摩登风格，店铺名称从之前的e·Fun studio迭代升级至其旗下最高阶零售品牌e·Fun Super。较之老店，新店无论是在店铺的整体色彩和空间构建，或是在产品定位及陈列细节，都有了更大的突破和提升。

2019年，本是潮品发展方向的一个小年，很多企业都已经不再开建新店，为什么联发世纪还会在这个时候开新店呢？联发世纪创始人王立强先生认为，数码科技+科技潮品+文创产品，是传统数码零售店铺未来发展的小众方向，也是自己的一个梦想及情怀。既然选择了在这条注定充满变化的曲折道路上前行，就需要有人去摸索和尝试。

联发世纪愿意不断迭代，在迭代中去寻求潮品店的发展及创新之道。

联发世纪是一家成立于1998年的手机零售企业，目前在武汉市各大核心商圈运营着十八家零售店铺，其中有六家为科

技潮品店铺。在新零售这个名词尚未开始流行的时候，他们就已经开始在尝试和探索，寻求未来零售门店的运营之道。

1. 从手机+潮品开始

联发世纪第一家带有潮品和跨界风格的数码店铺，2012年就在位于全中国大学生最为集中的武汉光谷商圈开建。早在那时，该店铺里就已有各大品牌手机专区、三家运营商营业厅、游戏产品销售、电竞区域、水吧等一系列新兴业态的组合。苹果直营店在数年之后才采用的将大型绿植真实引入店内的设计，而在联发世纪2012年的跨界店铺设计中，就已由其创始人提出创意并亲自设计打造完成。2016年，联发世纪在光谷商圈再度开建面积更大的全新潮品店铺。店铺的产品组合，以手机、平板和更多品类的科技潮品进行多元组合。

新的店铺采用loft工业设计风格，宽敞大气、时尚别致。一楼为品牌手机全开放式体验销售区域，让用户能够非常轻松和直观地感受到各类手机的极致体验。在2016年，这已经属于让业内耳目一新的店铺模式。二楼以维修和客服为主，当时还有跨界销售澳洲保健品及红酒的专区，这更是开创了数码店铺的跨界先河。这个店铺是联发世纪开始尝试整体多元化经营的一个重要起点。自此，他们在手机综合卖场和科技潮品两个类别的销售融合上一直在不停探索，并不断迭代和升级。

这个店铺的开设是一种开创性的尝试，毕竟在手机销售红火的时代，很少有零售商愿意在店面增加更多的品类。因为无论是选品、还是 SKU 的管理，对于传统手机零售企业都是一种很大的挑战；但只有去尝试，才有可能摸索出数码零售的未来运营之道。因为其实在 2016 年前后，国内省会级城市中已经有相当一部分客户达到了中等收入者的水平，他们正在从单一购买型向超级用户型发展，他们也希望追求更多元和更高品质的生活。

手机＋潮品的模式，很多城市的不同零售商在之后都有尝试，这被认为是通讯零售商转型的一个选择方向。

2. 潮品网红小店的打造和经营

壹方中心位于汉口的武汉天地商圈，它与上海新天地同为香港瑞安商业集团精心打造，是武汉最为小资的时尚购物中心。2017 年，联发世纪在武汉天地临街商铺营业数年的苹果和潮品集合店的合同到期之后，决定放弃临街店铺，在壹方中心这个高端的 Shopping Mall 内开建全新的数码潮品店铺。该店铺面积不大，仅有 50 余平方米。但店面经过创始人汇聚海内外各类创新商业空间设计灵感而精心构建，全店为复古英伦风格，店内每一个道具更是精雕细琢，所有陈列都经反复调试。店员的着装也是绝对的英伦风范。复古英伦风与现代科技产品相结合而形成的巨大反差，对每位入店客户都带来了强烈的视觉冲击和内心的愉悦。

这个店铺以产品精选、服务高端、网红景点打造为基本理念，其整体定位和经营思路在行业内属于小众且别具一格的领先模式。当然,这家店铺同样销售手机、笔记本、电脑等各类主机产品。虽然陈列面积占比不大,但是销售额依旧占到全店营业额的一半以上。

2017 年~2018 年,正是潮品店流行的阶段,国内有大量的零售商开始转型的潮品店的模式,店面也是越来越大,装修越来越前卫;联发世纪选择的是开建一家"小而美"的店铺,而不是当时流行的大面积店铺。后来证明,这是潮品店的一个发展趋势。因为潮品店模式本来就存在争议。从小店铺开始摸索管理方法,逐步发展,对于线下零售这种需要重资产投入的行业来说,是一个更为稳健的方式。

3. 潮品店的升级尝试

2018 年,联发世纪再次开始升级旗下的部分店面。将光谷天地商圈的一个传统数码店铺再度进行品牌升级,将其改造和升级为以潮品为主、手机为辅的全新数码潮玩零售品牌——e.Fun+ 数码潮玩社。店铺将街头文化及动漫文化融入了设计风格,仍是上下两层、两面临街、空高近 8 米的全通透 loft 空间打造,同样精选了国内外的所有主流科技产品及时尚潮流产品。这个店铺开业之后,更是迅速成为武汉乃至湖北数码零售界一个具有象征意义的跨界网红店铺,不仅获得众多用户的垂青,全国各地友商也多次前来打卡。

这个店铺位于商业中心正入口处,店铺斜对面是联发世纪旗下的华为授权体验店。两个店铺互成犄角之势,店铺定位迥异,但自身都有强大的吸客能力,从而形成了相互引流的良好状态,为各类数码产品和科技潮品的销售都带来了更多的商机。

潮品店到底要不要销售手机,其实在行业内一直有不同的声音。联发世纪坚持认为,既然用户有需求,店铺就应该提供产品的销售和服务。因为公司本身就是一家在武汉本土踏实运营了 22 年的通讯零售商,拥有武汉本地最优质的各类别上游厂家的产品资源。所以,他们一直坚持在店铺销售手机等主机类产品。只是在店面陈列占比上,他们不会完全盲从于手机厂家的标准化陈列。他们更喜欢通过自身对产品及客户体验的商业逻辑理解,自己规划和构建不同于其他友商的产品陈列模式,希望构建不同的客户体验氛围。这样也有利于把节约出来的空间让渡给更多不同品类的潮品进行陈列,让店铺的商品层次看起来更丰富、更别致和更有时代感。其实,这也是零售店多元化 DNA 的一个打造趋势。

4. 独立潮品大店的运营

2019 年底,联发世纪再度升级位于壹方中心的零售品牌,已搭建了湖北数码零售店铺中的标杆店铺 e.Fun Super,它引进了更多轻奢潮品或国际潮牌、中高端音频产品、中高端手机品牌、美容美妆产品、家居类产品、骑行类产品、游戏类产品、健康类产品和文创类产品。开业以来,好评如潮,已成为武汉商业地产中的网红潮店。

虽然经营一家大店的成本比较高，前期的经营压力也非常大，但是他们坚信随着城市消费者对生活品质认知的不断提升，每个城市中，至少应该有一家这样审美级别和产品级数的科技潮品店铺。他们希望通过自身已沉淀了22年的商业店铺运营能力、自身在持续提升的选品能力和客户服务能力，为城市中更多的中产阶级提供全新的科技潮品体验感受。

2019年对于国内的潮品店发展而言，是一个小年。因为大多数零售商都选择去开一些品牌授权专卖店，专卖店经营比较简单，厂商也会有不同的支持力度；而潮品店的经营难度很大，零售商自己需要付出的工作心血也要多的多，初期还会有较大的盈利压力。一家成功的潮品店铺的经营本质，也必须是一种以用户为中心、线上线下同步运营的模式。对于一个有一定实力的公司，在风险可控的前提下，是可以尝试投入的。类似这样店铺的经营过程，更会大大提升整个公司业务团队的管理能力和零售运营能力。

联发世纪的零售革新之路，其实代表了这几年消费电子类零售商的一个发展方向。虽然一路很艰辛，但是当行业发展到一定程度时，尝试迭代就是唯一的选择。这个尝试过程，其实就是逐步形成以"用户"为核心的过程，这就需要通过"店铺"这个业务平台作为载体，让整个公司也实现管理的革新。

用户思维，说起来容易，做起来难；为了实现零售的转型升级，国内及亚洲范围内的大小展会、各种论坛、各种游学，联发世纪都一定会安排人员参与和学习。联发世纪创始人王总认为，虽然这些外勤活动增加了管理成本，但零售企业的发展不仅仅是老板一个人的思维跨越，更应有整个管理层团队的能力提升；一个企业，仅仅靠一个老板的进步很难实现整体的提升。只有团队的整体向前，才有可能获得各阶段性目标的达成。在这个关键过程中，所有人都要参与学习。国内外的各种零售尝试和各种优秀经验分享的过程，就是最好的学堂。只有学以致用和兼收并蓄，企业才能有前途、有机会。

2020年初至今，联发世纪正在全力拓展自己的线上销售平台。各类线上商城、各类社群、直播、抖音等私域流量池的摸索和建立，是他们目前正在前行的方向。因为年初的疫情，武汉所受的影响是极为严重的。这次突发的黑天鹅事件，给企业增加了巨大的经营压力，但同时也带来非常现实的思考。线上线下的融合已刻不容缓。毕竟，这是现在和未来连接消费者的一条重要通路，在未来，消费者也一定会更倾向于和这种拥有多通路融合的零售商产生交易，这也会是必然的消费趋势。

武汉联发世纪电讯的发展，是国内消费类电子零售业的一个缩影。一群有情怀的人，在不断迭代中寻求着零售的更多真谛。在他们未来的发展之路上还会持续的创新和摸索，直到形成在全新时期及全新市场环境下零售运营的运营之道。

8
云南九机，新零售模式范本

现在提起云南九机，在通讯行业应该是无人不知了，当然他有一个非常励志的故事：一个没有什么背景的在校大学生运用互联网技术，从一个小区民房开始创业，经过10多年的努力，成为云贵最大的通讯零售商，也成为现在国内同行争先恐后学习的对象。如果把民房改为仓库，就和我们熟知的诸如苹果、大疆无人机仓库创业的故事一样了。

这是一个非常励志的故事，但是今天不仅仅让大家听一个故事，而是要研究九机是一个怎样的九机，他们的发展历程中，有哪些是值得我们关注和学习的，当然，有的可能短时间内学不会，但学不会的东西，才是最有价值的。

长话短说，我们先从九机的历史开始吧。

1. 从做"京东"到做零售

九机在创业初期的理想是成为一家像京东这样的互联网公司，所以在2016年之前通过优选供应链、将服务客户的零售店开在写字楼里等方式降低采购成本，让消费者获得高品质产品的同时，获得更优惠的价格。

但是到了2016年前后，创始人陈鸿睿先生明显意识到，如果这样发展下去，就会遇到明显的天花板，因为消费者关注点变了，这个时候不仅关注价格，还更多关注产品的品质，也就是说消费升级了。而这种转变，如果仅仅给客户提供低价格产品，已经不会有持续的用户粘性，所以九机需要转变，寻求下一个增长点。

从2016年起，九机网正式更名（原来叫三九手机网），并且将零售店从写字楼开到了 Shopping Mall，从一家互联网公司，转变为一家 OTO 模式新零售型企业。

这种转变是创始人的眼光，更是时代的需求，用户需要高品质的服务，零售企业需要提供专业的多元化消费场景。

2. 不做传统零售而进行服务消费升级

传统手机零售企业是什么样的生意模式？陈总认为，传统零售企业其实更多是一种 TB 模式，比如要做好和运营商的关系，因为运营商有补贴；比如要处理好和各种企事业单位的关系，因为会有很多行业礼品需求；当然也要处理好上游厂商的关系，获得更多的资源。这些重不重要？这些当然很重要，因为这里面有太多的商业机会；但是对于一家新进入者，这可能就是一个高山，因为这种模式下，利益分配已经基本成熟了，新企业很难有爆发式增长的机会。

既然很难从原有的大饼中分得一块，那就要想办法把饼做大，做大的办法就是：九机网的零售专注于用户、专注于这些用户的消费升级需求，立足于满足客户的多方面需求，这里面不仅仅有手机，还有更多的数码产品、家居产品等。

所以九机网的店面大多数都是综合店面，据陈总透露，经过3年多的调整发展，九机网的零售店形成了334原则，即30%靠位置，30%靠营销，40%靠运营管理；现在手机收入只占到他们总收入的40%，已经成功将九机的品牌推广给更多的用户。

3. 店面5.0: 舒适的场景体验

进入现在的九机自营品牌店面，有一种特别的舒适感，这种舒适感来源于九机网对店面的升级，现在的零售店已经是5.0版本。陈总介绍说，其实刚开始做零售的时候，也是希望请一个行业知名的设计师设计，但是设计师报价除了价格昂贵外，还因为生意太好没时间及时接单交付；经过一段时间的周折，九机网决定建立自己的设计团队，现在的店面形象都是自己设计的。

现在的店面已经是九机网的5.0版本，更符合现在用户的体验诉求：简洁、场景体验、布局突出产品等，这个版本出来之后，2018年一年内九机就改造了100多家店面。对于这种经营成本上的增加，陈总说这个没有办法，要知错就改，不能因为成本，而失去大批的客户。目前九机网基本上所有的店面都是5.0版本店面，而新模式的店面也在探索试点之中。

4. 选品: 3道轮回

九机网零售店的SKU和传统手机专卖店相比较，数量还是大大增加了；除去手机以外，其余产品怎么选择，可分为3步。

（1）初选

采购人员每个月在市场上寻找各种品牌的信息，根据九机内部采购要求，初选一些能够参加公司精选会议的产品，要做PPT、看真机、接受参会者提问，等等，然后打分评选出一部分产品，参加下一轮精选会议。

（2）精选

精选会议要看商务政策、样机政策、销售规划等更为细致的问题，让所采购的产品更符合九机的销售体系，保证产品落地后的无障碍性。

（3）试点

通过精选会议的产品，九机会选择一部分店面试点销售，并根据销售情况进行调整决定是继续推广，还是仅限一部分店面销售，还是下架处理。

应该说九机网建立了一套相对完善的选品流程，选品的精准性越来越高，用流程管理选品，是保障选品成功的一个重要法则。

5. 管理（1）：能用系统解决的问题，绝不用人

这一条往下是比较重要的内容，也是九机网的最核心内容，因为九机网拥有互联网公司的基因，所以他们有一个原则就是：能用系统解决的问题，绝不用人去解决；这个保证了九机网整个运营的规范化、流程化和数据化。

比如说店面产品陈列，一般都是店长带着店员根据店面框架按照自己的审美去陈列，这样的缺点就是容易出现杂乱的现象，毕竟并不是每个人都是陈列大师；而九机网有一个陈列样板库，所有的产品陈列都是按照公司的统一要求执行，要求就在公司的内部OA系统内，店面照着做就可以，这样的方式就保证了店面的专业性和形象统一性。

再比如员工考勤，九机网并没有采用传统的打卡模式，既不是指纹也不是人脸识别，而是在线模式，所有人打卡后立刻就能够在线看到打卡结果：正常上班就在早到榜；迟到就在考勤黑榜；加班就在奋斗榜；这些都是计入考核的，系统根据记录实现奖惩量化，这样考勤就和考核关联了，并且人人都可以看到，也可以实现相互监督、相互促进。

系统是九机网的核心竞争力，九机网的网站、OA、店面管理、ERP均是自主研发，拥有自主知识产权，真正实现了公司的数据化、流程化、规范化管理。

6. 管理（2）：能用后台解决的问题，绝不用前台

九机网在公司系统化管理的基础上，还有一个原则就是：能用后台解决的问题，绝不用前台。后台，就是公司的系统管理；前台，就是指公司的店面销售人员等一线人员。

九机网的后台可以做大量的工作，比如可以实现所有产品的在线展示，并且拥有详细的可视化的数据，如果前台店员是一个新员工，也不用担心产品知识记不住的问题，他们可以在

店面直接打开公司展示电脑的网页,给客户看或者读给客户听,这既增加了产品表述准确性,也可以增加客户满意度,还可以宣传一下公司网站、APP等。线上线下同价,用户的信赖关系也会加强。这就是大中台做好基础,前台只管服务,分工清晰,工具的价值大大体现。

大中台小前台,是现在很多高科技公司的管理结构,其实这最早是美军在伊拉克战争中的尝试,因为具有高效率、高精准度,逐步被很多企业学习;而零售企业前台如果有太多的复杂事需要去做,就一定会分散精力,无法专心做好用户服务工作。

九机网的操作,是需要强大的IT技术作为支撑的,这得益于他们的一直坚持的能用系统解决的问题,绝不用人去解决的宗旨,目前已经有50多位专职工程师,并且还在持续增加中。

7. 建立系统围墙,然后领先一点点

传统通讯零售企业,做的是高科技产品,很多却实行的是极为传统的管理,没有打通内部管理系统、没有会员化、没有用户画像分析等,和销售的产品科技含量比,形成鲜明的对比,甚至还有很多店面都有独立的收银员;而像九机这样的企业,通过系统化、线上线下相结合,逐步建立自己的生态系统,这样的系统本身就有很强的生命力,如果在这个系统中再领先一点点,就会获得意想不到的结果。

陈总举例说,比如消费者购买手机,可能要思考两周以上的时间,学生思考的时间更长,这个过程就不会停上网收集资

料，其实去你的店面，已经决定购买什么样的的手机了，所以你必须有一条服务能打动他，这样基本就能在你的店面成交；但是像购买电动牙刷这样的智能类产品，消费者基本上都属于即时购买、冲动消费，所以，你就必须在店面环境、场景化上下功夫去打动消费者，甚至可能只是因为倒了一杯水，感动了顾客，顾客就在你这里购买了产品，这些不经意的领先一点点，就是竞争力的表现。

当然九机网的领先是逐步建立在自己的系统之上，这样其可拓展性就会更强，更有冲击力。

九机网，如果你只看看店面、看看网站，可能看到的只是价格、舒适的环境、多元化的界面，但是真的仔细了解研究，你就会发现，他们才是真正的零售的未来。

正如九机网创始人陈总所说，大家都说海底捞好，优质的服务、想你所想的各种惊喜、推陈出新的各种菜品等，这些确实好，但是都是外在的表现，而支撑这种外在表现的，其实是海底捞的一套体系、一套系统的管理以及内部信息化管理的无界打通；餐饮火锅行业和现在通讯零售何等相似，都是充满竞争的红海，如果想在红海中遨游，就必须有独到的、符合趋势的核心竞争力。

九机网以互联网技术为基础，建立系统化、数据化的管理体系，实现可以流程量化的大中台小前台经营模式，以用户为中心，建立闭环的生态系统，真正实现超级用户的长期经营，是当下无论是通讯还是数码亦或是其他零售企业都应该学习思考的案例。

本文仅仅描述了九机网很小的一部分架构，还不能完全解析九机网的全盘运营策略，14 年的发展，也不是一篇文章所能分享完整的。

我们祝愿九机网会越来越好，也希望九机网的案例能够给整个零售行业带来更多的启示。零售其实大有可为，但你需要向光生长。

9
京东之家，不断迭代中的零售新尝试

京东之家自 2016 年 11 月 11 日第一家店开业以来，一直是起起伏伏，到 2019 年底已经开出了 60 多家京东之家，如果加上京东专卖店，数量已经超过 2000 家。在国内虽然线下店面数量不是第一，但是在这几年的环境下，已经是高速度了。当然这也是很多加盟商的功劳，因为京东的线下门店是以加盟为主的形式，而京东之家是京东提出无界零售后线下实体落地的一个高级版本。

京东之家以手机通讯为主，同时增加数码、电脑、小家电、京东自有品牌等产品，京东自有品牌"京东京造"是京东之家布局的重点方向。

京东之家主要定位在一二三线城市，为加盟商提供全面的零售解决方案，为用户提供更好的体验式服务；京东专卖店主要是集中在四线以下的通讯商圈，为加盟商提供更多的选择机会,为用户提供更为贴心的多元化产品选择。

作为这几年互联网公司中在线下零售的一个相对低调的推动者,京东之家具体的定位是什么?他有什么样的选址标准?未来发展的机会点又在哪里呢?我们根据掌握的资料,分析如下。

1. 京东之家的定位

京东自提出无界零售之后,一直着力打造线下的零售体系,无论是日用品的便利店还是家电、通讯、生鲜的体验店模式,都在持续的推进。

京东之家属于3C部门的发展方向,其定位是集消费、休闲、娱乐、教育、社交于一体的市民中心概念,店面面积以150~200平方米为主,最大单店面积过1000平方米。

2. 加盟零售商的标准

京东之家除了北京大兴机场店和京东总部楼下店面以外,均为加盟模式,基本上是全国不同区域的通讯零售商为主,京东一般会选择具有较强转型意愿的通讯零售商作为其合作伙伴:

第一,在意识层面上,认同多品类的销售,积极转型多品类的零售商;

第二,对于零售店面的位置是认可并能够积极进入商业综合体的零售商;

第三,零售商需要能够积极使用互联网工具。

从京东之家选择合作伙伴的标准来看,京东更看重零售商的原动力和对于未来理念的共同认知度，因为未来的京东并不想简单的开一家卖货的店面，他还需要让这个店面能够符合时代的潮流趋势，线上线下形成合力。

3. 京东之家的选址标准

线下实体零售店，按照传统的零售经验，位置是最重要的。所以京东之家选址的基本要求就是必须在 Shopping Mall，当然不同城市会有不同的要求。

就当前数据看，京东之家大部分店面并没有进入当地最优的商圈，一半以上是以当地新开发的 Shopping Mall 为主，还有一部分是次级商圈。这应该是和店面成本有一定的关系，也和京东之家的品牌建设有一定的关联。

4. 京东之家在体验上的科技化

京东作为一个知名的互联网公司，拥有雄厚的技术基础，在京东之家的建设上同样也是不遗余力地推动店面的技术使用，如人流计数、上帝之眼、TAKE 设备、智能巡店、虚拟货架、电子价签，等等，其中人流计数器、上帝之眼、智能巡店系统等都是京东自主研发的。

人流计数运用专业客流统计摄像头采集人像信息、精准分析到访顾客的性别、年龄、到访次数、停留时长等参数，获取门店客流画像标签。帮助门店定位目标客户群特征，指导店铺运营管理。

上帝之眼是通过摄像头的人脸识别技术结合后台大数据分析，在屏幕上显示客户年龄、性别以及颜值分数等。在店铺门口部署上帝之眼可以很好地为门店聚集人气，吸引客流。

智能巡店是通过京东云部署实现主动请求门店已有摄像头视频信息，无需增加门店成本和操作。可在商家管理的 PC 端和 App 端随时查看门店多视角实时情况。

科技化，是京东之家与很多店面的一个较大区别。

5. 京东之家与京东线上平台的线上线下融合

很多加盟商选择和京东合作，其实看重的是京东背后的价值，当然京东也在线上线下融合上下足了工夫。

（1）顾客在门店购买产品过程中可选择现货销售，也可选择扫码下单、京东物流配送到家服务。并且京东之家门店结合本地化 O2O 生活平台，配送距离可以放大到 50 公里。实现一小时极速达配送服务。

（2）实现京东线上流量为门店精准引流，京东提供单品页引流功能，这是基于门店 LBS 定位的一种功能，针对门店已有的库存商品，线上单品页被浏览时显示距离最近的门店信息及联系方式，提示到店体验，这样就实现了京东与店铺网点的打通，实现门店活动及商品上线展示。

（3）京东之家门店配备有丰富的互联网工具，如店铺小程序、CPS 分佣工具、企业微信、优惠券的发放等。如每个门店配备的社交购物小程序"京挑好货"，每个店铺都有自己对应的店铺小程序，支持店铺小程序和店铺内的商品在微信粉丝群传播。

京东之家的这些数据化能力，经过后台数据分析，将给店面更多的指导。

（1）选品

根据门店周边线上用户下单情况、同类型门店销售情况，给门店推荐备货方案。

（2）选址

根据预选位置周边物业、交通、人口信息以及线上用户消费行为，以及已开门店销售等情况预测选址竞争力、目标人群、销售额等信息。

（3）用户触达

根据门店客流分布、顾客消费行为标签，反向在京东线上用户中圈定符合门店定位的潜在客户群体，利用短信、京东APP、企业微信等各种渠道进行精准触达和营销。

京东之家科技化门店趋势还是非常明显的，当然零售店数据化是一个长期工作，尤其要实现精准营销、线上线下结合、反向定制等，都是一些新课题，可以借鉴的不是很多，只能靠自己的不断试错，好在有京东这个海量的线上数据，相对一般零售店而言会更有优势。

6. 京东之家的私域流量运营

京东之家的私域流量主要是依靠企业微信管理，店员个人名片以及社群因为都有品牌背书，公信力大大提高；并且完整的沟通、交易流程都在微信生态内完成，符合消费者的信息获取习惯；消费者和门店建立了"微信好友+京东购物会员"双重关系后，基于京东大数据能力，就可以给用户更加精准的产品推荐；并且用户数据是沉淀在导购后台，即使有店员离职，门店和消费者的会员关系还在，还可以把这些会员分配给其他店员。

店员登录企业微信后台的"京东零售助手"，可以完成会员招募、产品分享、数据看板等各类运营功能。店面给店员设置销售任务，店员完成目标销量后可以获得佣金激励，直接打款到店员企业微信钱包，让激励清晰，并快速可见，有助于激励店员的销售主动性和积极性；同时企业微信常规的OA功能，比如打卡签到等功能，可以协助店面现实数据化管理。

另外产品分享模块，有CPS佣金产品、门店现货产品、万家后台产品，满足店员差异化的分享需求；完善的数据后台，可以查看会员数据、订单数据、佣金详情；而带有品牌认证的"企业微信群"，群成员最高达200人，可以提升店面和用户之间的沟通效率。

京东之家现在高效、精准、消费者信任度高的会员系统，对建立更为有效的私域流量池具有极大的推动作用，在这个过程中店员只要把"微信好友"切换为"企业微信好友"就可以了，这既升级门店会员管理效率，也使店面更加专业化。

7. 京东之家的未来发展

对于2020年以后京东之家的规划，京东相关负责人介绍说主要集中在两个方面，一个是店面建设和优化，一个是供应链的持续搭建。

（1）店面建设和优化

京东将会陆续开设部分京东之家自营店，主要目的是更加深入构建门店盈利模型，并将成功经验推广至加盟门店。

同时针对京东之家和京东专卖店加盟店，京东管理团队将以现有的京东之家和京东专卖店服务商为基础，优先满足现有客户店面建设需要，给予经销商领地意识，保障现有加盟经销商的利益。同时针对现有店面，建立店面分层管理体系，实行店面升降级体系，针对不同层级店面匹配相应的功能开放权限。

（2）供应链的持续搭建

京东之家的供应链一直是一种合伙人模式，未来将会充分整合线下的优质供应链，找到适合当地店面的最优供应链，让这些供应链合伙人不仅给京东店面供货，同时京东还能够运用自身的流量优势为供应链合伙人提供产品的销售通路。

在品牌上，京东之家将整合更多的品牌，和品牌方形成深度融合联合经营的模式。

京东之家以及京东专卖店是国内互联网公司中为数不多的，一直坚持线下之路的公司。这一路发展并不算一帆风顺，刚开始的时候京东并没有找到合适的线下运营方式，首批加盟商有的已经黯然离场，这是传统互联网公司走线下之路的一个坎，主要原因就是对于线下行业发展没有足够的经验，步子迈得有点太大、太理想化。

但经过几年的发展，京东之家依旧在线下零售市场中占据了一定的地位，并且逐步获得了拥有共同理念的加盟商的认可，这对于整个零售行业来说，是一件有价值的事情，因为线上线下结合有更多的经验可以去借鉴学习。

据京东之家负责人介绍，京东之家大部分店面都是盈利状态，个别是店面还在盈利边缘徘徊，2020年虽然遭遇疫情这样的重大事件，对第一季度经营数据带来了负面影响，但是京东之家也在尝试直播、团队、秒杀等方式，尽可能减少线下零售店的损失，所以面对未来，他们还是非常有信心和期望的。

希望国内的零售业，有更多的科技化、数据化、互联网化相结合的尝试，这样的零售才会更为丰富多彩，更有机会发现不一样的空间。

附京东之家选址标准：

选址标准

T1、T2、T3核心城市的流量商圈，Shopping Mall进驻为主，一层200 ㎡左右。

潜在价值

线上线下全融合模式，场景搭建重体验、社交属性、强用户思维。

选址流程

量化观点，寻找机会点，制定拓展规划、锁定城市，了解城市商圈分布及项目情况，筛选商圈锁定项目。

常驻人口数量（城镇、农村）、GDP水平（人均收入、可支配收入、消费支出）、政府规划及政策。

商业地产的运营能力评估

周边消费者结构，如住宅、办公、学校、企业、科技园区、医院等周边配套设施。

用户特征，如性别、年龄、职业、收入、消费能力等。

交通，如地铁、公交、停车场位置、停车位数量等。

竞争环境，如商业数量、竞争品牌、竞品距离、竞品销售情况等。

另外还有房产合规性，避免房屋纠纷（街边店较为凸显），临街店门头广告面积、店招面积等。

店铺开业初期营销活动场地及广告位支持，店型结构及出房率的要求。

了解项目业态布局、客流动线、提袋率、客单价，尤其是同品类品牌。

对标品牌

京东之家目标客户为年轻消费群体，与快时尚、国潮、星巴克一致。

数据支撑

进一步了解消费者需求，提高线下运营效率，精准触达，线下数据监测汇总。

智选系统数据剖析

该系统为京东自主研发，以京东&众多盟友的大数据为依托，通过智能算法，提供选址位置、人群价值、线上价值、竞品信息、人群数量、消费水平、用户性别、年龄分布、产品品类需求以及租金预估，并通过后期线下数据的持续校验，完成线上线下全融合的深度闭环。

10
燃逅的跨界之路

燃逅，点燃激情、邂逅未来的意思，是一家以烟草为主题的新零售店面，它还有一个浪漫的英文名字，叫做"kissing the fire"，这句话出自徐志摩一次在上海的时候，拿着一根纸烟向一位朋友点燃的纸烟取火，后来梁遇春在一片同名文章中赞叹道："他（徐志摩）却肯亲自吻着这团生龙活虎的烈火，火光依照，化腐臭为神奇。遍地开满了春花，难怪他天天惊异着。难怪他的眼睛跟希腊雕像的眼睛相似，希腊人的生活就像他这样吻着人生的火，歌唱出人生的神奇。"真的是一位有情怀的浪漫诗人，真的是一家有情怀的店面。

燃逅，位于杭州上城区浣纱路与将军路交叉口，一个300平方米面积的店面，是烟草公司下属的"香溢零售"自营店。本来，烟草公司作为垄断性国有企业，有丰厚的利润，打造一家新零售店面，是出乎预料的。因为本来按常理说传统行业很难有这样的创新能力，但是当巨无霸式的传统企业一旦觉醒，他们的能量是惊人的。

燃逅的门头采用民国复古的设计风格，类似于上海的百乐门，刚开业的时候门边上有一个一代宗师的剧照场景，可以供顾客拍照发朋友圈。红色帷幔下，拍一张民国风的照片，能够给你忙乱的人生带来一种安静、一种穿越，让你有一种不自觉的时代代入感。当然这是刚开业时候的景象，这个位置每个季度都会调整场景，用户可以把这里当作一个打卡拍照的小景点。

进门时会经过一个人脸识别的门禁，进入后客流信息即会被大数据记录，如果再用支付宝绑定个人信息，就可以在这里采用人脸识别支付了，实现无人收银，全程不需要人工干预，但刚开业的时候只能是支付宝支付，其他支付方式只能走人工通道，毕竟这是在杭州。

正对门的一面墙采用亚克力格子铺的方式，一共有440个格子，每个格子都展示一个品牌的香烟，其中不乏有一些在外面买不到的独家礼盒，这就是差异化。非常具有视觉冲击效果的一面墙，以至于不抽烟的我都会买上几盒，这就是卓越陈列的魅力。

陈列墙上还有两个阿里云货架，虽然烟草产品不能线上销售，但是在这里注册会员之后，可以评价你购买过的产品，评价之后，可以获得一个礼品领取编码，去店面另一个角上的礼品发放机领取一个随机的礼品，这样也刚好实现了店面的动线管理。当然这个会员，在浙江范围内购买产品都可以获得积分，积分可以兑换一些非卖品，这恰恰又是烟民的所追捧的产品。

店面还出售设计各样的礼品盒，顾客可以购买后自己DIY礼品，这种个性化的设计，对现在的年轻人非常具有诱惑力，同时也是一些行业礼品的选择之一，对于店面来说是一个营销好方式。

店面临街的橱窗，有一个全国限量产品和已经停产的产品展示区域,这几十根亚克力柱子里面都是收集起来的宝贝,有些产品设计放在现在也会变成网红产品,所以在这里你即使不抽烟,也可以开拓你的整个思维。

当然在店面还有各种烟草的衍生品,比如烟标、烟徽、打火机、电子烟等,可以说定位精准,是集烟草产品大全的一个店面,难怪还没有正式对外营业,就已经在圈子里引起巨大的轰动效应了。

当然,如果文章到这里戛然而止,我想这也就是一个加了一些科技含量的烟草店而已,其实真正零售的店面面积不是很大,也就是30平方米左右,而真正的神奇之处,还是在后面。

店面有一个看似很普通的门,很多人不注意都可能觉得是一个通往仓库的门,其实机关就在这个门的中间,把手放上去,就变身一个任意门,灯光四射,颇有时光穿越的感觉;门打开有一个时光通道,右边是互动显示屏演示了烟草生产、加工、流通流程,右边是烟草文物展示,有很多比较珍贵的文物。

长廊尽头是徐志摩的画像和语录,对年轻时候把徐志摩当作偶像的我,今天才发现他不仅仅感情经历丰富,还是一个不折不扣的烟民,到现在还会被放在一个烟草新零售的店面,不知道他要是穿越回来会怎么想。

尽头拐角处是一个休闲吧,最有特色的是长长的金色烟叶吧台,采用来自张家界的烟叶压制,是国内首创的烟叶吧台;顶上是十多面纱幕投影,你在这个休闲吧内任何一个角落,都可以欣赏到投影的内容,完全是一种沉浸式的体验;这里大约有

30多个位置，可以约朋友小聚，也可以在这里举办一个小型的发布会。

休闲吧旁边是一间DIY空间，有来自各地的烟叶烟丝，在这里你可以亲手做一个全球独一无二的产品，自用送人，都是一种非同一般的体验，这才是这个店面的精华之处。

当然亮点还不仅如此，休闲吧还提供各式特色糕点，基本上都是网红款式，特别是与烟草造型相关的烟盒蛋糕、雪茄蛋糕和烟灰缸蛋糕，烟灰和烟都是可以吃的。来这里喝一杯咖啡、点一个网红蛋糕、拍一段抖音视频，不仅潮流还很炫酷。

休闲吧边上还有一个雪茄存储、收藏空间；一个私密的雪茄体验吧，可以约上几个好友，在这里体验不一样的文化，很多参观过的人们都认为这将是未来杭州乃至全国的一家网红店。

实事求是地讲，这家店面作为烟草新零售形象店，是烟草行业的一种探索和实验，其功能和设计，在定位、格局、动线、科技的应用等方面在业界确实是非常领先的，能够将一个不吸烟的人打动，还愿意推荐过来，这已经是一种成功了。

店面还有众多亮点，有机会不妨去体验一下，留一点惊喜给没去过的人。这里我们需要有几点思考。

1. 未来的新零售店面，谁才是王者

谈了快四年的新零售，有很多自以为王者的新零售店面，每个参与的企业也都以为自己是王者，结果几年之后才发现就是一个青铜，为什么呢？

更多的原因是零售企业在新零售研究上下的工夫少了,有限的资金都是剑走偏锋,以为搞搞装修颜值就是新零售了,其实真正的用户定位还没有搞清楚,或者说定位太宽泛,让很多机会白白流失掉。

2. 为什么这两年消费类电子行业新零售又出现了迷茫

消费类电子行业,新零售风风火火,但是最终成大器的却没见着,更多的原因是固守在自己的一个小圈子里,没有更多的跨界精神,人才流动也大多是在行业内;一些行业外的互联网公司人才又太清高,脚落不了地,结果就成了现在的模样。

未来消费电子如果想有大成,既需要理论高度,也需要有能够有落地的人才;既需要在行业内学习,也需要跨界学习;当然你也需要有足够的资金和勇气,因为试错成本还是非常高的,只有向不同行业的优秀创新者学习,才能避免跌进更多不同的坑里,毕竟机会成本太高,所有企业都耗不起。

3. 关于数据化

燃逅的店面数据化应用有许多大胆的尝试,比如可以让用户成为会员,这些会员数据通过在线互动又形成一个立体画像,通过和支付宝合作能将这个画像更为清晰,这些数据化都是未来零售企业需要去尝试的,因为精准营销都需要数据的支撑。

燃逅店面数据化尝试,虽然已经过去快一年时间,但是依旧是一种领先的状态,相信未来他们还会继续升级,因为这种方式给他们带来了更多的选品指导，也为他们创造了意想不到的效益。

4. 为什么国企会有这么大的魄力

国有企业在很多人眼里都是创新乏力、变化缓慢的印象，但是这几年一些有人才、有资金、有领导魄力的企业也在脱颖而出，一些事情一旦想明白了，他们动作就会非常快，且不是一般中小企业所能为的。

除燃逅体验店外，烟草行业还有广东烟草20支连锁、四川中烟优品生活体验店、大连烟草春天便利等探索性实践。烟草行业开始走新零售路线，中石化开始卖咖啡、卖菜，并且取得了不俗的成绩，都是在预料之中，因为他们在市场环境下已经越来越适应，站得高也看得远。况且现在年轻人成为这些大型企业的中高层，他们拥有高学历、思维更宽广、更愿意去实践，他们的策略对市场的冲击会更大。

大型国企、大型传统企业，将是未来两年新零售的主力方向之一，甚至会创造更多的奇迹，也许行业更多的创新机会就会在这里发生。

很多行业内的企业，在一个行业内这么久，自以为已经成为专家高手，转瞬间，却发现机会已经成为别人饭碗里的菜，这些跨界打击、降维打击的发生，让我们明白一定要更加勤奋、更加抓紧时间、更加快速行动，因为在犹豫迷茫之时，机会就真的从我们身边溜走了。

燃逅的例子仅仅是一个开始,未来还会很多"燃逅"。

11
不断演化的 Apple Store

苹果这几年在全球开了不少新的直营店面,从澳门到意大利米兰、从迪拜到日本东京、从韩国到奥地利维也纳,并且还有巴西、墨西哥等地正在规划的全球旗舰店,而一大批原来的店面也经过重新装修后开业,比如北京王府井、英国科文特花园(Covent Garden)店等,苹果正在创造一种全新的零售模式,以适应未来五到十年的零售市场的变化。

苹果全球直营的 Apple Store 其实在 2016 年起就在酝酿变革,并且开始改造之前的 Apple Store,新开业的店面也采用全新的理念,不停迭代,纵观全球 Apple Store 的变化,从中应该能够感受到一些与众不同,这些别具一格的改变,隐藏着苹果公司新的规划和对于世界的理解。

2020 年初,苹果全球有 500+ 直营店,中国内地 42 家,其中新开的店面位置和风格较以前相比有较大的变化,这一次站在全球市场的维度,看看变化中的 Apple Store。

1. 从店面到社区

苹果的 Apple Store 在 2016 年之前,全球的直营店都可以说是一个重度体验的店面，也就是说它们更侧重销售，无论是主机还是配件，苹果将店面就是定义为一个有着良好的产品体验的店面，并且给整个消费类电子产品的零售都注入了体验式营销的思维。

但是新的 Apple Store，更重视的却不是销售概念，而是一种社区，从苹果店面开始引进自带水氧系统的榕树开始，思路就已经非常清晰，要做一个城市的社区，而这种社区不是一个生活小区的概念，而是市民公园的概念，树恰恰是公园的基本标志。

为什么要做社区，曾经的苹果零售主管阿伦茨的说法是："我们并不想要建设更多门店，但我们希望提供类似城镇广场、集会中心的地点。当活动开始时，我们希望你们可以在苹果见到彼此。看看正在发生什么。"

社区是现代互联网下民众更容易接受的一种生活方式，年轻人更容易接受的不是有界限的门店，而是需要一种开放的生活，苹果看到并且抓住了这一点；国内天津恒隆广场是国内第一家这样的店面，大门是开阔的、logo 是小小的、凳子是移动的、大树是笔挺的，即使你坐在树边，也不会有店员过来打扰你，你可以静静地看、也可以细细地想、更可以什么都不买只是待一会儿，这才是社区的价值所在；当更多的人把这里当作一个休闲的去处，这就是苹果期待的成功，更多频次、更多逗留、更多机会。

2. 从销售到服务

目前新的 Apple Store 提供更多的服务方式，比如"光影漫步"，就是由专职的店员带领经预约过的用户走到户外，教顾客如何用手机拍摄更好的风景，这种走出去的方式吸引很多年轻人参与，毕竟现在手机拍照确实是一种生活的方式，如果能有机会免费学习拍摄技巧，那为什么不学呢，要知道现代人的学习欲望其实是远远超过以往的，因为没有人希望落后，更多人在追求美好。

苹果手机发布之后，苹果一直在加强宣传用手机拍摄，比如征集 iPhone 手机拍摄的各种全球大片，很多苹果广告都改用苹果手机拍摄的风景或人物，每年在国内发布不同的新春短片，比如《三分钟》《一个桶》《女儿》，都到了刷屏的热度，苹果产品在抓更多人的痛点，特别是在应用层面上，它总能先人一步。

而在苹果的直营店，你可以享受更多与众不同的服务，无论是一对一，还是一对多，还是咨询维修等，苹果都在加强服务的能力，尽可能让用户在店面一次就能解决所有的疑虑，尤其是在应用层面上，苹果给出更多的培训、教育机会。

"有些零售店的目标是销售，实际上所有零售店都会这么做。"苹果 CEO 库克在一次采访中说："零售只是我们商店很少的一部分。我们更专注服务、支持客户，成为一个人人都可以发现、探索产品和教育的地方，一个人们可以互相连接的地方。"

这是苹果一个重大的变化,从以产品为中心,转向以服务为中心,或者更准确的说两个都是中心,苹果希望给用户提供的不仅仅是产品,还会有更多的超过期望值的服务,Apple Store 正在做这样的尝试,这些成功的尝试将会被推广到更多的授权店面中去,这种潜移默化的转变,如果你不仔细对比观察,是难以发觉的;而一旦到了全民皆知的时候,那个时候再想追赶,苹果零售已经策马扬鞭跑的很远很远了。

3. 从交易到交流

零售店,顾名思义就是一个发生交易的地方,但是苹果却在新的零售店内把交易变成一种交流的空间。

看看最新设计的全球新店,基本上都是开在一个城市最核心的区域,店面有可以坐下休息交流的区域,这些凳子是可以移动的,比如一个人可以看店面里面价值 150 万美金的 6K 显示视频的精细画面,当然也可以和周边的年轻人搭讪,因为互联网下的年轻人,需要这样的环境和场所,因为人需要最基本的面对面的交流。

苹果利用自己的设计能力和影响力,给新的用户打造了这样的空间,这里如果仅仅是一个店面,可能并不会吸引更多的人来这里待一会,因为销售空间会给人一种压抑感,但现在这是社区,一个可以轻松聊天的并且有仪式感大树的社区,那么更多的用户就会放下被交易的压力,得闲就可以在这里待一会,哪怕是独自发呆。

苹果新的 Apple Store 都是一种敞开式大门，有的在商场的店面，是多维度的敞开，让用户进出不再有任何的负担，这种设计其实就是降低店面的氛围，让这里变成随时可以进出的空间，交流的最基本心法就是无意识，而不是有负担，在这个潜在焦虑的世界里，苹果希望把店面做成一个短暂放松的空间，而不是交易空间，这将会成为一种店面未来发展的时尚趋势。

4. 从景点到连接

苹果之前的店面，在一个城市就是一个景点；在 Apple Store 刚进入中国的时候，确实有很多人提前一天排队，当然那个时候苹果产品本身也具备这样的吸引力，但是更多的人去苹果，都是为了拍照打卡，因为表示你去过这个城市了。

但是只要是景点，就有被看厌的一天，人总是喜欢新鲜感，而苹果本身不可能一直改变店面的装修，毕竟这还是一种商业行为。

现在苹果所有新的店面都有一个共同的特征，就是有着连接的作用，苹果公司首席设计官 Jony Ive 在芝加哥店面开业的时候表示："苹果密歇根大道是为了消除内外的界限，恢复城市内的重要城市连接。它结合了一个从水中被切断的历史悠久的城市广场，给芝加哥一个动态的新竞技场，毫不费力地流向河流。"

这种连接通过大型的落地玻璃，将店内店外的景色融为一体，更将苹果 Apple Store 融入整个城市，变成城市风景的一部分，这种效应将会延长 Apple Store 的独立景点效应，能够使 Apple Store 具有更加注重体验的一种开放的形态。

这种从景点到连接的变化，看似一小步，实则更是一种态度的转变，苹果以前是傲视群雄的王者，孤傲独立高高在上，受到万众朝拜；但是时过境迁，现在苹果要走下神坛，成为大众中的一员，虽然才华横溢，但也要有站在凳子上开会的态度，这样才能被更多的理性世界接受，因为冰冷单调的时代已经过去了，现在要你中有我、我中有你，世界是一体的。

这种连接，将会为苹果带来更多的年轻用户，甚至是青春用户，这是在培养下一代消费者的举动。

5. 从品牌到文化

苹果的 Apple Store 标识就是一个大大的 logo，这是苹果的特权，所有别的授权经销商都是不可用的（非授权店面的会有使用，但是实质上属于侵权行为），但是现在很多新开设的苹果 Apple Store 的 logo 越来越小，有时候不细心看都发现不了。

比如在英国伦敦摄政街上的苹果店，改头换面重新开张后，你会发现四个超大拱形玻璃门上的四个大"苹果"全都没有了，唯一的 logo 在中央插着的白旗上，并且斜着才能看到。这家苹果店是欧洲的第一家零售门店，这个具有 200 多年历史摄政街是伦敦城市文化的象征，苹果在争取融入这个文化，而不再是一个特立独行的品牌。

一方面是因为苹果的品牌已经强大到不需要这种显眼的

外露展示，一方面也是一种去中心化的表现，现在的社会人们越来越回归本土文化，越来越重视小众文化，苹果在不同国家和地区的店是一种回归的表现，更是对于当地文化的理解和尊重。

这在国内杭州西子湖畔的店面也有明显的体现，杭州苹果 Apple Store 设立在有 100 多年历史的雕花楼前，并且在开业前还特地请来当地书法家王东龄先生，创作了一副书法作品并放大印到杭州新店临时外立面上，以传统的中华文字装裱其红色苹果 logo；这不仅仅是对于当地文化的一种认同，也是苹果自身文化的一种重新塑造和升级，让苹果不仅仅是一个商业品牌，而更是一种文化存在。

从品牌到文化，本身是一种社会变迁的作用，更是品牌商对社会发展的深层次理解，应该说这一点苹果走在了众多品牌商的前面，这种文化不仅仅是一种对传统文化的理解，更是一种互联网文化的理解，以及这种文化下人群的演变和发展，把这个研究透，才能理解苹果这种去品牌化的价值所在；说的通俗一些，就是苹果以前的野心是改变世界，现在的野心变成了我就是世界的一部分，这就是文化的深远意义。

6. 从展示到艺术

苹果以前的展示，都是一种体验式样的展示，通过大面积陈列和集中产品布局，显示更强的销售价值，给顾客更多的视觉冲击力，在这种冲击力下让顾客有购买的冲动。

当时苹果之所以这样，主要是因为苹果还是一个跨时代的移动互联硬件智能产品，当时消费者是被教育的，需要去体验和感知才能理解这种科技的价值。

但是今天，消费者都成长了，大家不仅知道，并且还是使用多年的用户，这个产品虽然依旧是高科技产品，但是人们的认知发生了很大的变化，一个手机拿到手基本上都不需要培训了，甚至还没有上市之前，已经有很多精准预测了，科技的普及让更多人更能够想象到未来的样子。

所以这个时候再采用密集的陈列、全体验式的布局，已经跟不上时代的发展了，这个时候在没有新的技术革命之前，人们需要的是艺术化，这是社会发展的必然。

什么是艺术化的展示。就是对同一类产品中某一个系列或者某一个型号通过特别的展示，以显示其不同的价值、机会以及文化内涵，比如苹果对手表的展示就不再像手机那样，而是像博物馆的方式设有一个玻璃罩，显示其珍贵、高端的同时，也让人有一种尊重的感觉；苹果的手表，已经不是一个普通的电子类手表，而是一种文化进步的象征，它代表一种时代的到来，只有这个跨时代的产品才更具有文化传承；如果我们想象不出来，建议多去博物馆瞧瞧，应该会有更多的收获，尤其是那些精品、极品、跨时代的产品，展示方式还是不太一样的，虽然伸手不可及，但是你能够感受到他们的存在。

其实新的 Apple Store，不仅仅是展示，连凳子都换成不一样的了，轻艺术展示风格在新的店面越来越明显，当然这其中选择的是年轻人都能够愿意接受的方式，而不是老古董的方式。

7. 从一统到百变

应该说苹果之前的 Apple Store 虽然外形各不相同，但是其实本质上还是一种标准化的复制，优质的地段、落地玻璃、大 logo、平面展示风格、多样品体验、天才吧等，相互之间差异不是很大，所以说前 10 多年的成功，都是靠本身技术和品牌加上时代发展的红利，再加上当时领先的体验模式，所以之前是标准统一的模式，看一个店就知道所有的店，店与店之间除去位置没有太多的不同。

但是新开的或者改造过的店面，每个店有每个店风格，虽然也有标准化的东西，但是差异化大于标准化，目前在网络上你可以看到每个店面都有一个知名设计师独立设计，融合开店区域的文化、环境、需求等特征，比如在台北 101 的 Apple Store，开业前出现了一棵出自当地剪纸艺术家杨士毅先生之手的巨型苹果树剪纸，表达欢迎大家"有闲来坐"；而新加坡在新加坡开设的首家东南亚苹果零售店就在其白色临时外立面上印上了三个巨大的 Emoji 表情，分别是苹果、爱心和圆点，表达了"苹果爱新加坡"的意思。

这些各不相同、自成一派的风格，让苹果的 Apple Store 从一成不变到千变万化，这样的改变更具有诱惑力，也是一种时尚的回归，从理论上来说更符合世界去中心化的变化。

去中心化是一个有意思的话题，是互联网社会发展的结果，更是人类本性的一种流露，每个人都是独立的个体，本该按照各自个性去生活和发展，但是以往的社会没有这个条件，而现在互联网尤其是移动互联网的发展，让人个性流露，通过网络能够找到一小批的复制者，这大概就是"量子纠缠"吧。世界这样发展，定制化、个性化就会成为趋势，苹果的 Apple Store 适应了这种发展，每个店面都是一道不同的风景，未来也许会出现追店者，因为百变的 Apple Store 更具有强烈的视觉价值，更具备去中心化的特质。

8. 从乔布斯到库克

苹果从乔布斯时代进入库克时代已经多年了，虽然还有很多人认为库克没有很好地继承乔布斯时代的风格，但是谁也不能否认库克现在是最具有影响力的全球 CEO；其实就算乔布斯还在世，也会做出改变，因为生意能够延续最重要的条件，是需要持续的盈利能力，市场考核企业的方式没有改变，一些企业经营的本质东西就不会改变。

Apple Store 在乔布斯时代通过强体验获得了世界的认可，但是世界变了，现在变得更加多元化，与苹果直营店刚开始开店的 2001 年相比，世界中产的数量已经数倍增长，全球的消费者对于智能产品已尽司空见惯，中国的发展更不可同日而语，所以现在 Apple Store 的变化是一种更深入的尝试，虽然预知未来模式的难度更大，但对于拥有 500+ 门店的 Apple Store 而言，也必须做出更多的没有办法全部标准化的实验，目前看这些实验，在每个区域，都有相当的影响力。有这些影响半径，对于苹果来说已经积累了更多的数据，也会有更多迭代的机会，当然也给市场更多不一样的惊喜，只是要想学习或者总结这些惊喜，会有相当的难度，因为 Apple Store 不是一成不变，而是一直在变化之中，你要能够辨识中间规律的能力才行。

2017 年后，苹果零售店每年进店人数均超过 5 亿人次，苹果的 Apple Store 改变成为一个有趣的、人人都可以长时间逗留的场所，这已经预示着一种新的机遇。

"我希望店员不仅仅是销售员，而是品牌的形象大使。营造优质的品牌体验，一切都会随之而来。"这是苹果前零售主管安吉拉的一句话，虽然她已经离开，但是苹果零售的方向并没有因为她离职而改变，这预示着苹果的 Apple Store 找到了一个新的方向。

Apple Store 这些年变化，是在特定的时期特定的环境下开展的，毋庸置疑本身就是超级零售店的苹果 Apple Store，在寻求更符合这个时代的方向的发展机会；从严肃到活泼、从拘谨到时尚、从封闭到开放、从冰冷到温暖，这就是苹果 Apple Store 的一系列的转变的结果，他们在试图紧紧抓住未来消费者的思想，其实他们一直在这么做。

"能量，源自于激情和热爱，这种能量会自对视间，呼吸间自然流露，汩汩而出。这是一种因为相信与渴求而诞生出来的，萦绕周身的气质。"这是安吉拉在 TED X 演讲中提及的一句话，这句话也是未来零售人要追求的一个新高度，只有这样，零售企业才能掌控未来超级零售的世界。

不断演化的 Apple Store，值得大家用全球化的思维去思考。我们也必须站在全球的维度认真思考，因为世界的零售，未来会相互影响，我们的零售也必将走向世界更多的国家和地区。

12
这家咖啡店，每天销售额 40 万，是怎么做到的？

一杯咖啡，一般也就是 30 元左右，即使是手冲咖啡也就是在 50~60 元；也就是说咖啡店客单价是比较低的，一般不会超过 100 元，如果一天要销售 40 万，也就是 8000 单左右，很显然，这是一件非常困难的事情。

但是社会总是充满奇迹，不可能的事情真的发生了，这家店面就是继上海迪士尼之后的又一必去之处：星巴克烘焙工坊。

这个店铺自从开业以来，去的朋友不少，少者花费数百元、多者付出数千元，甚至有过万的消费，他们为什么会有这种冲动型的消费？

2700 平方米，每天营收平均 64000 美元（约 40 万人民币），而在美国星巴克每家店面平均每周收益是 32000 美元，也就是说上海星巴克烘培工坊两天营业额就是普通门店一个月的销售额，星巴克创始人舒尔茨说：上海臻选烘焙门店打破了公司历史上所有的销售记录。2018年北京前门臻选门店开业,并计划到2021年中国大陆门店增加到5000家。

那么这家店面究竟哪些更值得我们关注呢?

1. 选址——繁华要道

上海星巴克烘焙工坊位于南京西路和石门一路交界,这样说似乎是上海人的习惯,但描述性不够,其实这里是上海的一个核心区域,旁边就是知名的吴江路小吃一条街(当然现在不仅仅有小吃),另一边是以年轻白领消费为主的Shopping Mall兴业太古汇,数条地铁直达,是上海时尚男女经常聚集之地。

零售店最重要的就是选址,选址决定未来的流量,没有流量的店面一定不是好店面;因为零售店一旦建设,就很难移动,像星巴克这种重型投资,就更不可能了,所以星巴克选在了一个四通八达的闹市区的要道口。这种繁华要道,是其成功的一个关键因素。

2. 定位——社交胜地

苹果直营店已经提出了城市小镇的概念,就是定位社交;而星巴克在践行这条道路,星巴克烘焙工坊目前已经是上海本土以及外来商旅人士的一个非常重要的社交场所,同时也成为很多游客的必选景点之一。

零售店成为社交中心是社会发展的一种需要,因为繁忙的人在信息化社会,能够社交的时间越来越在线化、碎片化,但是人的内心还是在追求一种"一见如故"的感觉，这个时候就希望能够有一种既可以社交、又可以商务休闲的地方，而很多零售商就抓住了这个焦点。而咖啡为主题，本身就是一个极好的概念。

现在很多上海的商务人士经常约朋友去星巴克吃早餐，就是为了在星巴克烘焙工坊体验一种与众不同的情调，这种改变是社交的需求，也是星巴克的成功。

3. 创意 —— 打造不可能

星巴克烘焙工坊最大的创意，就是将生产工厂和服务相结合；工业制造在很多人的想象中比较机械、冷漠、枯燥，所以很多人都喝过咖啡，但绝没有见过一个生咖啡豆是如何逐步被做成咖啡的，这是一个制造和运输的过程。

而星巴克烘焙工坊，有效地将两者结合，将科技和生活完美地结合在一起，你可以一边品尝咖啡的浓香，一边可以看到咖啡豆加工的过程，将科技可视化，这是未来客户发展的一个趋势。

当然这需要一个科技艺术化的过程，不是单纯地把科技摆在用户面前，星巴克的创意是值得学习的，也应该赞叹上海的审批效率和敢于尝试的精神，否则不可能这么快看到这样的创新。

4. 装修 —— 看得见的魅力

星巴克烘焙工坊这种科技转化为艺术的过程，就是通过流程设计和装修体现的，几乎所有到这里的人都会拍照、拍场景、自拍，打卡效果非常明显。

星巴克烘焙工坊的设计在零售店中是顶级的，尤其重视和中国文化的结合，比如咖啡豆储藏罐，就用烫金色＋汉字，既显得雄伟又显得神秘，柔和的灯光又让在这里工作的人看起来悠闲自得，和服务区域相得益彰。

5. 服务——让你想不到

一个咖啡店，能有什么想不到的服务？服务，是指有各种各样的咖啡口味，有不同的面包、果汁、调酒，还有国内独一家的星巴克啤酒，据说这里啤酒的味道还真的不一般呢。

这里的服务种类繁多，很多都是在我国第一次出现，甚至是亚洲第一次，对于喜欢喝咖啡的人，是一种幸福，几乎每次来都可以看到新增加的服务和产品。

这些服务的好处在于可以提高客单价，订一份蛋糕、一杯咖啡，客单价就超过 100 元了，如果还想小酌一口，估计要超过 200 元，一边吃喝、一边拍照、一边分享，还为星巴克做了宣传。

这个店还有虚拟现实体验，通过和阿里巴巴合作，通过手机可以看到咖啡豆的制作全过程，这就是一个科普中心了，节假日有很多家长带孩子前来体验。

6. 产品——创意和唯一

产品是店面的灵魂，很多消费 1000 元以上的都购买了一楼的星巴克衍生品，这个店是一个 IP 店面，你可以买到各种咖啡用品，限量的、不限量的，在这里玲琅满目。

IP 是星巴克的主打方向，带有这个店面或者上海标识的产品基本围绕咖啡展开，每个月都有不同的产品出现，是星巴克粉丝的一个重要"败家"之地。

联合品牌是星巴克这年重点方向，和各大品牌联合定制，然后是独此一家，让很多犹豫购买的顾客变得毫不犹豫。

当然二楼还有各种茶品可供选择，对于不习惯喝咖啡的人，在这里也能找到一个聊天的地方；产品同样是以自有 IP 以及联合品牌为主，其中联合品牌是主导，因为茶品其实更适合联合品牌，因为茶的衍生品一个有待开发的巨大市场。

产品最大的特色就是创意十足，并且大多数具有唯一性，这种非同质化的销售，是很多人冲动的一个原因，因为别的店没有，星巴克烘焙工坊天猫旗舰店也只有这里产品的 1/3 而已，星巴克主要希望大家都来线下店消费。

7. 复购——好了再来

如何持续保持每天 40 万的零售额，这是一个大命题，其中最为重要的一个点就是复购率的增加，这个店面主要有以下几种策略：

① 会有不同的咖啡不定期推出，对于咖啡爱好者是一个诱惑；

② 会有不同的衍生品推出，基本上一个月过来一次，你就

能见到不同创意的产品；

③ 提供仅限本店销售的咖啡豆，如果您想购买，只能自己亲自来一次；

④ 会有不同的活动，星巴克烘焙工坊定期或者不定期组织各种活动，吸引不同的人群前来，有的是培训、有的是体验，主题都绕不开咖啡；

⑤ 创造早中晚社交场景，吸引更多的人来这里吃早中晚餐，不仅是自己，还可以和朋友一起享用，毕竟对于没有来过的人，如果来这里一次还是能够留下较深的印象；消费不高，而效果更好，何乐而不为。

"下次再来"，是我们零售店追求的目标，复购率是稳定的店面业绩的保障，星巴克烘焙工坊这方面同样值得学习。

星巴克烘焙工坊是一个优秀的门店，创造了很多不可能的业绩，如果说这个店是一个新零售的样板，没有人质疑；星巴克创始人霍华德·舒尔茨说："我之存在，因为有你"，请理解这句话的力量，因为这句话有助于认清真正的零售。

后 记

　　写一本关于零售的新书,并不在意料之中,但是自《零售风口》出版后,零售行业变化太快,有的继续探索、有的已经不见踪影,这是新事物发展的常规状态,但是对于参与其中的人而言,这个过程总会有迷茫和感叹。所以今年又写了这本书,希望做一个阶段性的总结,也希望能够引起更多零售人关注。

　　书写得还算顺利,中间也得到家人和朋友的众多支持,更有众多零售商在案例上毫无保留的付出,所以真心谢谢大家。

　　我邀请了25位朋友帮我写了推荐,邀请之前心情很是忐忑,怕被拒绝和误解,所以每个人都只邀请一遍。但是大家都很快给了我回复,无论是多么忙,都写了一段情真意切的话,谢谢你们!这对我来说是巨大的鼓励,因为这本书其实对我的挑战很大,担心写得不如第一本,毕竟写第一本的时候初生牛犊不怕虎。

　　但提前阅读过的朋友和编辑都比较肯定这本书,因为无论是语言、结构还是逻辑,都胜于第一本书,这也让我稍稍有一些安慰,最终还是需要市场的检验。

　　在此,还要谢谢海涛先生,一直忙前忙后帮我打理这本书出版事宜,让我省去不少力气。

　　临了,我还是想说,研究零售行业15年,这个行业最近几年确实面对着众多的挑战和不确定性,各种新的模式都不太成熟,现在看似蓬勃发展的企业如果要想坚持走得更远,就一定要学会复盘和迭代,单纯的模仿并不能给企业带来长远的利益。

不过可以确定的是,零售行业未来的科技化、数据化、线上线下化一定是会有更长足的机会,只不过是何时介入的问题,所以对于零售商,以及和零售商相关的上下游,一定要密切关注这个方向的发展,避免错失时机。

我相信未来的零售业一定会蓬勃发展,我相信零售业未来会引领更多的潮流,因为我们都是勇于努力探索、不懈努力的人。

前路漫漫、后会有期!